VoG Verlag ohne Geld e.K.

n.31

Ada Zapperi Zucker

In Südtirol und anderswo ...

In Sudtirolo e altrove ...

Zweisprachig / In due lingue

Hauptpersonen und Handlung der Erzählungen sind frei erfunden, Ähnlichkeit mit lebenden Personen rein zufällig

Personaggi e situazioni dei racconti sono frutto della fantasia. Qualsiasi relazione con persone reali è del tutto casuale.

ISBN 978-3-943810-33-2

Registergericht München HRA 99261
www.verlagohnegeld.de
Gesamtgestaltung / Impaginazione: Heinz Weih
Deutsches Lektorat: Bärbel Yücel
Editing italiano: Fabio Zamboni

Umschlagbild / In copertina:
Ada Zapperi, *Halbmond*, 1994

Ada Zapperi Zucker ist in Catania (Sizilien) geboren. In Rom hat sie mit dem Gesang- und Klavierstudium begonnen um es an der Musikhochschule Wien abzuschließen. Gleichzeitig hat sie für das *Dizionario Biografico degli italiani* des *Istituto Treccani*, die *Enciclopedia dello Spettacolo* und an der *Enciclopedia Universo De Agostini* gearbeitet. Ihre sängerische Karriere ist hauptsächlich außerhalb Italiens abgelaufen. Sie unterrichtet Gesang in Deutschland und in Südtirol.
Von dem Südtiroler Maler Gotthard Bonell wurde sie in Malerei unterrichtet.

Ada Zapperi Zucker è nata a Catania. A Roma ha iniziato gli studi di canto e pianoforte per poi concluderli alla Musikhochschule di Vienna. Nello stesso tempo ha collaborato per il *Dizionario Biografico degli italiani* dell'Istituto Treccani, all'*Enciclopedia dello Spettacolo* e all'*Enciclopedia Universo De Agostini*. Cantante lirica, ha svolto la sua attività prevalentemente all'estero. Insegna canto in Germania e in Sudtirolo.
Con Gotthard Bonell ha studiato pittura.

Ihre Veröffentlichungen haben verschiedene nationale und internationale Preise bekommen, die wichtigsten sind:
I suoi scritti letterari hanno ottenuto vari riconoscimenti nazionali e internazionali, i più importanti sono:

2020 Secondo Premio *San Domenichino* per *Due donne del Sud*
2017 Menzione d'onore *Casentino*, per il romanzo *La casa del nonno*
2015 Primo Premio *San Domenichino* per i racconti *La cucchiara*
2012 Primo Premio *Casentino*, per il romanzo *Teatro di ombre*
2012 Premio *Stiftung* Kreatives *Alter*, Zürich per i racconti *Le inquietudini della sora Elsa*
2011 Primo Premio *Chianti*, per il romanzo *Il silenzio*
2008 Primo Premio *Giovanni Gronchi*, per i racconti *La scuola delle catacombe*

Editoriale – file audio

Si può ricevere il file audio, parte integrante del libro, seguendo il seguente sistema:

- Notare la prima parola, sopra a sinistra, della pagina 86 del libro.
- Inserire questa parola come 'soggetto' in una email.
- mandare questa email a audio@verlagohnegeld.de

In tal modo si può ricevere gratis il file audio

Solo una scommessa.wma

allegato a una email.

I nostri libri bilingue sono spesso usati per insegnare la lingua Italiana, per imparare vocaboli e grammatica. Inoltre costituiscono un aiuto per quanto riguarda la pronuncia della lingua italiana. Infatti un file audio fa parte del libro, nel quale l'autrice legge il racconto *Solo una scommessa* in lingua italiana.

È anche allegata una tabella che riporta la posizione esatta di ogni pagina sul file audio.

La lettura del racconto è anche registrata su un CD, che si può comprare al prezzo di 3,80€ nel nostro internet-shop www.verlagohnegeld.de.

Sia chiaro: non si tratta di un audiolibro dell'intero libro ma di un supplemento al libro stampato, nel quale viene letto dall'autrice soltanto il racconto *Solo una scommessa* per chiarire eventuale problemi di pronuncia.

Editorial – Audiodatei

Um die zum Buch gehörende Audiodatei zu erhalten, gehen Sie bitte wie folgt vor:

- Entnehmen Sie dem Buch auf Seite 86 das erste Wort links oben.
- Tragen Sie dieses Wort als 'Betreff' in eine Email ein.
- Senden Sie diese Mail an audio@verlagohnegeld.de

Sie erhalten dann die Audiodatei

Solo una scommessa.wma

als Anhang einer Email kostenlos zugesandt.

Unsere zweisprachigen Bücher werden vielfach im italienischen Sprachunterricht verwendet, sie sind dabei für den Vokabelerwerb und das Verständnis der Grammatik sehr hilfreich. Um auch die korrekte Aussprache überprüfen zu können, ist dem Buch diese Audiodatei beigegeben, in der die Erzählung *Solo una scommessa*, von der Autorin in italienischer Sprache gelesen wird.

Mit der Email bekommen Sie auch eine Tabelle, in der jeder Seitenanfang der entsprechenden Stelle in der Audiodatei zeitlich zugeordnet ist. Sie können so Textstellen mit unklarer Aussprache leichter ansteuern.

Sie können aber auch eine Audio-CD mit besserer Tonqualität zum Preis von 3,80€ über unser Internetshop www.-verlagohnegeld.de beziehen.

Es sei darauf hingewiesen, dass es sich nicht um eine Hörbuchversion des Buches handelt, sondern lediglich um eine Ergänzung zu dem Buch, in der die eine Erzählung *Solo una scommessa* von der Autorin zur Verdeutlichung der Aussprache gelesen wird.

Ada Zapperi Zucker

In Südtirol und anderswo ...
Erzählungen

Deutsch von Dominikus Andergassen

In Sudtirolo e altrove ...
Racconti

Zweisprachig / In due lingue

Burgl

La vecchia Burgl ha ottantasei anni e li dimostra tutti, anzi io pensavo ne avesse qualcuno di più, dato l'aspetto piuttosto cadente. Mi sono informata: è nata nel 1920, mi ha detto la mia vicina di casa, che la conosce da più di cinquant'anni. Di lei sa tutto, aggiunge con una certa fierezza.

La Burgl, che in realtà si chiama Notburga (ma nel dialetto locale Notburga viene trasformata appunto in Burgl) è una vecchina di piccola statura, quasi piegata in due da un'artrite alla schiena; i suoi capelli, candidi, pochi e fini forse per la tarda età, sono raccolti in una crocchia ben annodata dietro la nuca. Qualche ciocca ribelle spunta a volte da sotto il fazzoletto che secondo l'abitudine delle donne anziane del luogo copre la sua testa dalla mattina alla sera, in casa e fuori. Il viso minuto, solcato da profonde rughe, sarebbe insignificante non fosse per i grandi occhi chiari, acquosi, sbarrati in una espressione di terrore. Io la conosco ormai da molto tempo. È la mia dirimpettaia e ho avuto modo di osservarla già da una decina di anni.

Prima mi capitava di incontrarla per strada, di ritorno dalla chiesa o da qualche visita presso famiglie amiche; in seguito ho saputo che una volta alla settimana andava a giocare a carte insieme a un gruppetto di vecchie signore sue coetanee. Vestita con cura, non senza una certa eleganza e distinzione, c'è in tutta la persona, nel suo modo di camminare, in

Burgl

Die alte Burgl ist sechsundachtzig Jahre alt und die sieht man ihr alle an, ich dachte sogar, sie wäre noch älter angesichts ihres gebrechlichen Aussehens. Ich habe mich informiert: Sie ist 1920 geboren, hat mir meine Nachbarin gesagt, die sie seit über fünfzig Jahren kennt. Sie wisse alles über sie, fügte sie stolz hinzu.

Die Burgl, die in Wirklichkeit Notburga heißt (doch in der lokalen Mundart wird eben Notburga zu Burgl), ist eine Alte von kleiner Statur, beinahe ganz vornübergebeugt von einer Arthritis im Rücken; ihre schneeweißen Haare, vielleicht wegen des hohen Alters nur mehr wenige dünne, sind im Genick fest zu einem Knoten gebunden. Manche rebellische Locke lugt manchmal unter dem Kopftuch hervor, das nach der Gepflogenheit der hiesigen betagten Frauen vom Morgen bis zum Abend den Kopf bedeckt, im Haus wie im Freien. Das kleine, schmale, von tiefen Falten durchzogene Gesicht wäre unbedeutend, wären da nicht die großen hellen Augen gewesen, wässrig, in einem Ausdruck des Schreckens gefangen. Ich kenne sie mittlerweile schon lange. Sie ist meine Nachbarin von gegenüber und ich hatte ein Jahrzehnt lang Gelegenheit sie zu beobachten.

Früher kam es vor, dass ich ihr auf der Straße auf dem Rückweg vom Kirchgang oder einem Besuch bei befreundeten Familien begegnete; später erfuhr ich, dass sie sich einmal in der Woche mit einer Gruppe gleichaltriger Frauen zum Kartenspielen traf. Sorgfältig gekleidet, nicht ohne eine gewisse Eleganz und Vornehmheit, die an der ganzen Person zu beobachten war, an ihrer Art zu gehen, ganz im Kon-

contrasto con l'espressione dei suoi occhi, una fermezza e una determinazione a dir poco sorprendenti.

Risponde al mio saluto sempre stupita, o meglio con una domanda negli occhi: ci conosciamo? E ci conosciamo infatti, dato che da quando abito qui ho preso in affitto un posto macchina nel grande cortile della sua casa. Ma evidentemente lo dimentica ogni volta.

La cosa che più mi colpì in lei, fin dal primo momento, fu appunto l'espressione dei suoi occhi: è come se una scena, un avvenimento della sua vita, l'avesse terrorizzata al punto da lasciarne i segni per tutti gli anni a venire.

Da qualche tempo non l’incontro più in centro; solo di rado la vedo sulla porta di casa, una scopa in mano, mentre cauta si guarda intorno, lo sguardo più smarrito che mai, per accertarsi che non passi una macchina. Poi lenta si appresta a pulire i pochi gradini che introducono nella sua abitazione, gradini che vanno in giù e non in su, come si potrebbe pensare: una quarantina di anni fa, o forse più, il sentiero che passava davanti alla sua casa fu ampliato per ricavarne una vera e propria strada asfaltata.

La casa ha perso molto del suo valore, non soltanto per il rumore delle molte macchine e la polvere che ne hanno deteriorato la facciata, ma per la scomparsa del piano terreno che di colpo è diventato uno scantinato. Il livello del piano stradale fu rialzato di almeno un metro rispetto a quello precedente, con grave danno appunto per le finestre del pian terreno, che vennero così dimezzate, lasciando visibile solo la parte superiore, mentre il resto rimase interrato. Grosse inferriate di ferro, ora arrugginite e coperte da uno spesso strato di polvere, completarono l'opera. Al tutto si deve aggiungere la spazzatura che la gente, di solito turisti, butta lì dentro, sbadatamente, aumentando così il senso di abbandono di tutto l'insieme.

trast zum Ausdruck ihrer Augen, von einer gelinde gesagt überraschenden Standhaftigkeit und Bestimmtheit.

Überrascht, beziehungsweise mit einer Frage in den Augen erwiderte sie immer meinen Gruß: Kennen wir uns? Und wir kennen uns in der Tat, da ich, seit ich hier wohne, einen Autoabstellplatz im großen Hof ihres Hauses gemietet habe. Aber offensichtlich vergisst sie es jedes Mal.

Was mich vom ersten Moment an an ihr beeindruckte, war eben der Ausdruck ihrer Augen: es ist als hätte eine Szene, ein Ereignis in ihrem Leben sie derart terrorisiert, dass sie ein Leben lang davon gezeichnet ist.

Seit einiger Zeit begegne ich ihr nicht mehr im Dorf; nur selten sehe ich sie in der Haustür, einen Besen in der Hand, während sie sich mit verlorenem Blick denn je umsieht, um sich zu vergewissern, dass kein Auto vorbeikommt. Dann macht sie sich langsam daran die wenigen Stufen zu kehren, die in ihre Wohnung führen, Stufen, die nach unten gehen und nicht nach oben, wie man meinen könnte. Vor vierzig oder mehr Jahren wurde der Weg, der an ihrem Haus vorbeiführt, erhöht, um eine richtige asphaltierte Straße daraus zu machen.

Das Haus hat viel von seinem Wert verloren, nicht nur wegen des Lärms der vielen Autos und dem Staub, der die Fassade verdreckt, sondern wegen des Verschwindens des Erdgeschosses, das plötzlich ein Kellergeschoss geworden war. Das Straßenbett wurde gegenüber dem früheren um mindestens einen Meter angehoben, sehr zum Schaden der Fenster des Erdgeschosses, die somit halbiert wurden und nur mehr die obere Hälfte von ihnen frei blieb, während der Rest verschwand. Dicke, nunmehr verrostete und von einer dicken Staubschicht bedeckte Gitter vervollständigten das Werk. Alledem muss man noch den Müll hinzufügen, den die Leute, üblicherweise Touristen, gedankenlos dort hineinwerfen und so den Anschein der Verwahrlosung des Ganzen verstärkten.

La casa nel frattempo è una vera rovina (nel 1920 sembra che un incendio abbia provocato grossi danni) e ogni volta che la guardo mi si stringe il cuore. In realtà si tratta di un palazzetto di origine patrizia, costruito nella prima metà del XVIII secolo da un ricco signore, sindaco del paese: dalla lettura del catasto risulta essere stata una costruzione con vari locali, più salone al secondo piano, ricco di affreschi con fiori e frutta, foglie di acanto e stucchi ornamentali. Il salone, nel quale si presume siano state celebrate grandi feste da ballo, aveva tre finestre, ora incorniciate da un telaio di legno verde, rozzo, senza persiane; i vetri per la maggior parte rotti, sporchi, sono rappezzati con cartone. E pensare che sopra ogni cornicione era dipinto un putto! Dietro è possibile scorgere casse accatastate le une sulle altre, e altra roba vecchia di indefinibile provenienza, come si fa appunto in un solaio.

Pare che, un centinaio di anni fa, dal salone siano state ricavate tre stanze, indipendenti le une dalle altre: in tutta la casa si trova solo un cesso indegno di questo nome, un cosiddetto *abort* non altrimenti definito da chi lo ha visto. Non mi è chiaro dove abitino gli attuali padroni. Da tempi immemorabili non sono stati fatti lavori di restauro.

I muri esterni conservano resti di affreschi con motivi barocchi; sopra la porta d'ingresso si vede un qualcosa che in altri tempi era un tondo con Madonna e bambino, mentre ora è soltanto una macchia sulla parete. La parte della casa che vedo io penso fosse in origine l'ingresso destinato ai servitori; la facciata vera e propria offre una serie di ornamenti architettonici di raffinata eleganza: un balcone con veranda di legno, torrette e altro, in puro stile settecentesco,

Das Haus ist mittlerweile eine richtiggehende Ruine (1920 schien ein Brand große Schäden angerichtet zu haben) und jedes Mal, wenn ich es betrachte, spüre ich einen Stich im Herzen. In Wirklichkeit handelt es sich ursprünglich um ein Patrizieranwesen, in der ersten Hälfte des 18. Jahrhunderts von einem begüterten Herrn, Bürgermeister des Ortes, erbaut; aus den Aufzeichnungen im Kataster ist zu entnehmen, dass es sich um einen Bau mit mehreren Räumlichkeiten und einem reich mit Fresken von Blumen und Früchten, Akanthusblättern und Stuckwerk ausgestatteten Saal im zweiten Stock handelt. Der Saal, in welchem, so wird vermutet, große Tanzvergnügungen veranstaltet wurden, hatte drei, jetzt mit einem groben grünen Holzrahmen versehene Fenster ohne Fensterläden. Die größtenteils zerbrochenen, schmutzigen Fensterscheiben sind notdürftig mit Karton geflickt. Dabei, man muss sich das einmal vorstellen, befindet sich über jedem Kranzgesims ein gemalter Putto! Hinter dem Fenster vom Salon kann man, wie man es eben von einem Dachboden kennt, übereinandergestapelte Kisten und anderes altes Zeug undefinierbarer Herkunft ausmachen.

Es scheint, dass dieser Salon vor ungefähr hundert Jahren in drei voneinander unabhängige Zimmer unterteilt wurde; laut meiner Nachbarin befindet sich im ganzen Haus ein einziges, dieser Bezeichnung unwürdiges Klo, ein sogenannter Abort. Es ist mir nicht klar, wo die derzeitigen Besitzer wohnen. Seit undenklichen Zeiten wurden keine Restaurierungsarbeiten mehr vorgenommen.

An den Außenmauern befinden sich noch Freskenreste mit barocken Motiven; über der Haustür sieht man etwas, das in früheren Zeiten eine Rosette mit Madonna und Kind gewesen war, während es jetzt nur mehr ein Fleck an der Wand ist. Der Teil des Hauses, den ich sehe, war ursprünglich, glaube ich, der Dientsboteneingang. Die eigentliche Fassade besitzt eine Reihe architektonischer Ornamente feinster Eleganz: ein Balkon mit Holzveranda, Türmchen

purtroppo in completo stato di abbandono. È difficile vedere tutte queste bellezze perché nascoste da alberi, ma soprattutto da alcune ville costruite trenta o quarant'anni fa: qui prima si estendeva un meleto che scendeva fino alla sponda del fiume. Poi, per far posto a una grande strada, buona parte del terreno venne espropriato, mentre il resto della proprietà agricola diventò area edificabile. Gli attuali proprietari, cioè la Burgl e la sua famiglia, lottizzarono il terreno e lo vendettero con grande profitto, non curandosi di ostruire la vista alla casa, ma soprattutto rinunciando al passaggio dalla porta principale.

Questo palazzotto sorge su un terreno già abitato nell'era glaciale: proprio quest'anno sono stati fatti scavi archeologici sull'altro lato della strada e sono venuti alla luce reperti che testimoniano presenze umane in questa zona. Il luogo viene citato in documenti che risalgono al 1288.

In altri tempi, questa cosiddetta residenza estiva comprendeva vari vigneti, prati a foraggio, un meleto, stalle, e altro; il passaggio da casa di villeggiatura di un ricco signore a fattoria, con un contadino padrone e il conseguente decadimento della villa, è un dato di fatto che posso spiegare solo con un processo naturale, dovuto al progressivo impoverimento della classe nobile. Spesso accadeva che il nobile signore si indebitasse al punto da perdere, in modo del tutto legale, i propri possedimenti. Nella seconda metà del XIX secolo, non so in seguito a quali vicende legali, buona parte di questa proprietà passò alla famiglia della Burgl.

Sopra il tetto a scandole si apre un lucernario dal quale di tanto in tanto esce un bel gatto nero, grasso e ben pasciuto, in cerca di avventure. Fa infatti un giro di ricognizione, an-

und anderes mehr im reinen Stil des achtzehnten Jahrhunderts, leider in einem völlig verwahrlosten Zustand. Es ist schwer all diese Schönheiten zu bemerken, da sie von Bäumen, vor allem aber von vor dreißig Jahren erbauten Villen verdeckt sind. Hier gab es vorher eine ausgedehnte Obstwiese, die sich bis ans Flussufer erstreckte. Dann wurde ein Gutteil des Areals enteignet, um einer breiten Straße Platz zu machen, während der Rest des landwirtschaftlichen Besitzes in Baugrund umgewidmet wurde. Die derzeitigen Besitzer, das heißt die Burgl und ihre Familie unterteilten den Baugrund in Parzellen und verkauften diese mit großem Profit, ohne sich darum zu kümmern, dass so der Blick auf das Haus verstellt wurde, vor allem aber, dass sie so auf den Zugang durch das Haupttor verzichteten.

Dieses Herrenhaus befindet sich auf einem Areal, das bereits in der Eiszeit besiedelt war. Gerade dieses Jahr wurden Ausgrabungen auf der anderen Straßenseite durchgeführt, wobei Fundstücke zum Vorschein gekommen waren, die die menschliche Präsenz in dieser Gegend bezeugen. Der Ort wird in Urkunden erwähnt, die auf das Jahr 1288 verweisen.

In früheren Zeiten gehörten zu dieser sogenannten Sommerresidenz verschiedene Weinberge, Heuwiesen, Stallungen eine Obstwiese und anderes mehr. Die Umwandlung von einer Sommerresidenz eines reichen Herrn in ein landwirtschaftliches Anwesen mit darauffolgendem Niedergang der Villa ist eine Tatsache, die ich mir nur als einen, der allmählichen Verarmung der oberen Klasse geschuldeten Prozesses, erklären kann. Häufig kam es vor, dass der adelige Herr sich derart verschuldete, dass er auf ganz legale Weise seine Besitzungen verlor. Ich weiß nicht auf Grund welcher juridischen Vorfälle dieses Anwesen in der zweiten Hälfte des neunzehnten Jahrhunderts in den Besitz von Burgls Familie kam.

Im Schindeldach befindet sich ein Dachfenster, aus dem ab und zu ein dicker, wohlgenährter schwarzer Kater auf Abenteuersuche geht. Er macht in der Tat einen Erkundi-

nusa da tutte le parti, sospettoso, guarda in aria con finta indifferenza, poi subito stanco si sdraia al sole, pigro, in precario equilibrio, dato il pendio abbastanza ripido del tetto. Infine, annoiato dalla troppa calma - in quelle rare occasioni, le cornacchie che di solito sostano sulla cima del tetto, svolazzano alte nel cielo gracchiando per avvertirsi a vicenda - si infila di nuovo nella finestrella e sparisce: non l'ho mai visto per strada né nel giardino adiacente alla casa, dove domina un enorme ciliegio. Col grosso cane, Nero, padrone assoluto del grande cortile che costeggia l'altro lato della casa, non ha mai contatti: evidentemente si tratta di un territorio riservato, nel quale lui non ha diritto di accesso. Penso inoltre che fra i due ci sia una forte inimicizia giustificata anche dal fatto che il cane trascorre la sua giornata solo nel cortile, mentre il gatto gode di una maggiore libertà e può entrare e uscire dalla casa quando vuole.

Piuttosto sporadicamente, la vecchia Burgl si prende cura del cane e lo spazzola con visibile fatica, intanto che gli sussurra qualcosa per tenerlo tranquillo: il pelo è infatti lungo e infeltrito. Piegata in due, tira la spazzola con le due mani, mentre Nero se ne sta fermo, ben piantato sulle quattro zampe, godendo visibilmente di quel trattamento che considera carezze della vecchia padrona. Anche lui è vecchio, grasso e bonaccione; nei suoi occhi c'è sempre come una richiesta. Basta rivolgergli la parola per vedere subito un lampo di intelligenza, di comprensione ma anche di nostalgia: quanto bisogno di affetto non appagato, di tenerezze mai ricevute! E quanta solitudine in quegli occhi tristi. Non abbaia mai se una persona estranea entra nel cortile, suo unico regno. Qui gironzola tutto il giorno senza meta, evitando accuratamente di avvicinarsi a un grosso casotto messo lì per lui.

gungsrundgang, riecht überall argwöhnisch herum, schaut mit gespielter Gleichgültigkeit in die Luft, legt sich dann bald müde in die Sonne, faul und angesichts der ziemlichen Neigung des Daches im prekären Gleichgewicht, von der übertriebenen Ruhe gelangweilt – zu dieser seltenen Gelegenheit kreisen die Saatkrähen, die für gewöhnlich auf dem Giebel sitzen, laut kreischend und sich gegenseitig warnend, hoch in der Luft – schlüpft er wieder durch die Fensteröffnung und verschwindet. Ich habe ihn nie auf der Straße oder im an das Haus angrenzenden Garten gesehen, der von einem riesigen Kirschbaum beherrscht wird. Dem großen Hund Nero, absoluter Gebieter über den großen Hof, der an die andere Seite des Hauses grenzt, begegnet er nie: offensichtlich ein Territorium, zu dem er kein Zutrittsrecht hat. Außerdem glaube ich, dass zwischen den beiden eine tiefsitzende Feindschaft herrscht, die auch dadurch gerechtfertigt ist, dass der Hund den ganzen Tag ausschließlich im Hof verbringen muss, während der Kater größte Freiheit genießt und im Haus ein- und ausgehen kann, wann immer er will.

Eher sporadisch kümmert sich die Burgl um den Hund und bürstet ihn mit sichtlicher Anstrengung, während sie ihm etwas zuflüstert, um ihn ruhig zu halten; das Fell ist in der Tat lang und verfilzt. Vornüber gebeugt zieht sie die Bürste mit beiden Händen durchs Fell, während Nero stillsteht: die Beine fest am Boden verankert, genießt er diese Behandlung ganz offensichtlich, die er für Liebkosungen seiner alten Herrin hält. Auch er ist alt, fett und gutmütig; in seinen Augen liegt immer so etwas wie eine Bitte. Es genügt ihn anzusprechen, um gleich ein Aufblitzen von Intelligenz, von Verständnis aber auch von Sehnsucht wahrzunehmen; was für ein Bedürfnis nach nicht befriedigter Zuneigung, nach nie erhaltenen Zärtlichkeiten! Was für eine Einsamkeit in diesen traurigen Augen. Er bellt nie, wenn ein Fremder den Hof, sein einziges Reich, betritt. Hier dreht er den ganzen Tag ziellos seine Runden, vermeidet es sorgfältig sich

Deve avere un odio invincibile contro quel canile: lo ignora infatti e se ne sta alla larga, neanche fosse circondato da un filo spinato ad alta tensione, o meglio ancora da un muro, visibile solo a un cane. Se piove o nevica cerca riparo sotto la tettoia dove posteggia un pezzo da museo, forse uno dei primi trattori di fabbricazione antidiluviana, e se il freddo è veramente molto intenso si infila dentro la grande officina, una costruzione piuttosto primitiva addossata alla casa padronale, prima forse una stalla, ora locale tuttofare.

Nero, nome che non è un'abbreviazione di Nerone, ma più banalmente derivato dal colore del suo pelo, perde la testa soltanto se vede passare un tipo di sua conoscenza, un bellissimo pastore tedesco, snello, ben curato, che con ineffabile eleganza trotterella al guinzaglio della sua padrona, a rispettosa distanza dall'inferriata che delimita il cortile dalla strada. Di colpo allora si sveglia dal solito stato di apatia, salta eccitato e corre su e giù abbaiando furiosamente, quasi si trattasse di difendere il suo territorio da una schiera di nemici. L'altro prosegue tranquillo per la sua strada, con una certa distinzione e arroganza, senza neanche degnarlo di uno sguardo. Questa scena si ripete con estrema puntualità due volte al giorno, la mattina presto e il primo pomeriggio, quando cioè la sua padrona, donna di una bruttezza tutta particolare, lo porta a spasso. Ho anche notato che appena si avvicinano a quella inferriata, lei con mossa repentina lo afferra al collare e lo tira a sé: forse per questo motivo lui prosegue tranquillo e indifferente. Quella stretta gli permette appena di respirare.

Proprio lì di fronte, sull'altro lato della strada, abita un altro cane, un grosso cane da guardia, che abbaia per ogni piccola cosa: se passa qualcuno, se si apre la finestra della casa accanto, se vola un uccello, se una vespa o una bicicletta si avvicinano o si allontanano; anche lui ha una cuccia, ma

der großen, für ihn dort hingestellten Hütte zu nähern. Er muss einen unüberwindlichen Hass auf diese Hundehütte haben; tatsächlich ignoriert er sie und bleibt auf Distanz, als wäre sie von stromführendem Stacheldraht oder gar von einer unsichtbaren Mauer umgeben. Wenn es regnet oder schneit, sucht er unter dem Vordach Schutz, dort wo ein Museumsstück abgestellt ist, vielleicht einer der ersten vorsintflutlichen Traktoren, und wenn es wirklich sehr kalt ist, verzieht er sich in die große Werkstatt, ein ziemlich primitiver, an das Herrenhaus angelehnter Bau, früher vielleicht ein Stall, jetzt ein Allzweckraum.

Nero, der Name ist keine Abkürzung für Nerone sondern viel banaler von der Farbe seines Fells abgeleitet, rastet nur aus, wenn ein ihm bekannter Typ, ein wunderschöner deutscher Schäferhund, schlank, gut gepflegt mit unbeschreiblicher Eleganz an der Seite seines Frauchens, aber mit respektvollem Abstand vom Gitter, das den Hof von der Straße abgrenzt, vorbei trabt. Dann erwacht er plötzlich aus seiner üblichen Apathie, springt aufgeregt auf und rennt wütend bellend auf und ab, beinahe so, als ginge es darum sein Territorium vor einer Horde Feinde zu verteidigen. Der andere zieht ruhig weiter seines Weges, mit einer gewisser Vornehmheit und Arroganz, ohne ihn eines Blickes zu würdigen. Diese Situation wiederholt sich mit äußerster Pünktlichkeit zwei Mal am Tag, früh am Morgen und am frühen Nachmittag, wenn sein Frauchen, eine Frau von einer ganz besonderen Hässlichkeit ihn spazieren führt. Ich habe auch bemerkt, dass sie ihn sowie sie sich diesem Gitter nähern, mit einer ruckartigen Geste am Halsband packt und an sich zieht; vielleicht geht er deshalb ruhig und teilnahmslos weiter. Dieser Griff erlaubt ihm gerade einmal das Atmen.

Gerade dort gegenüber, auf der anderen Straßenseite, wohnt ein anderer Hund, ein großer Wachhund, der wegen jeder Kleinigkeit bellt: wenn jemand vorbeigeht, wenn sich das Fenster im Haus gegenüber öffnet, wenn ein Vogel vorbeifliegt, wenn sich ein Motorroller oder ein Fahrrad nähert

vi trascorre la maggior parte della giornata, sempre pronto a saltarne fuori per rimbeccare ognuno e ogni cosa. Ai suoi latrati Nero non risponde mai, lo ignora anzi, e certamente lo disprezza per quella eccessiva emotività: in fin dei conti neanche lui esce a spasso con i padroni, nessuno lo tiene per il collare e quanto a carezze o altre manifestazioni d'affetto non credo abbia molto da invidiargli.

Nero appartiene al figlio della Burgl, un quarantenne assai rozzo, mezzo analfabeta, una specie di gigante, grande e grosso, che fa finta di lavorare, molto di malavoglia e si vede, nel meleto che si allunga dietro la casa. Il cortile, pieno di erbacce, assai trascurato, è occupato quasi per intero da mietitrici, vecchi trattori, macchine agricole di vario tipo a me sconosciute, che mi sembra collezioni per non so quale capriccio. Ogni tanto riesce a separarsi da qualcuno dei suoi cimeli per sostituirlo subito dopo con un altro, forse più antico e perciò pregiato. Credo dia in prestito le macchine ancora utilizzabili, ma non ne sono sicura.

Qualche anno fa è venuta ad abitare nella casa una giovane donna con la madre, una specie di megera, aggressiva e autoritaria che si aggirava nel cortile con una strana aria da padrona: da quel momento la povera Burgl acquistò un'espressione se possibile ancora più spaventata. Non passò molto e già si vide la giovane donna spingere una carrozzina, mentre il figlio della Burgl diventava sempre più irascibile.

La mia vicina di casa non mancò di fare qualche osservazione assai piccante circa la provenienza di quel bambino: le scenate in quella casa si susseguivano a ritmo sempre più accelerato (spesso anche in cortile) finché avvenne la grande separazione. La madre della giovane donna andò via e lei

oder entfernt. Auch er hat seine Hundehütte, er aber verbringt den Großteil des Tages darin, immer bereit herauszuschießen und auf allem und jedem herumzuhacken. Nero antwortet nie auf sein Gebell, im Gegenteil, er ignoriert es und bestimmt verachtet er ihn wegen der übertriebenen Gefühlsbetontheit; im Grunde genommen geht auch er nicht mit seinem Herrchen draußen spazieren, niemand, der ihn am Halsband festhält, und was die Liebkosungen und andere Zeichen der Zuneigung betrifft, glaube ich, braucht er ihn nicht zu beneiden.

Nero gehört Burgls Sohn, einem sehr grobschlächtigen Vierzigjährigen, Halbanalphabet, eine Art Riese, groß und dick, der so tut, als würde er im Obsthain, der sich hinter dem Haus befindet, arbeiten, sehr ungern und man merkt es auch. Der sehr vernachlässigte Hof voller Unkraut ist beinahe zur Gänze mit Mähmaschinen, alten Traktoren, landwirtschaftlichen Maschinen unterschiedlicher, mir unbekannter Art vollgestellt, die mir als Sammlung, entstanden aus, ich weiß nicht welcher Laune, erscheinen. Ab und zu trennt er sich von einer seiner vorsintflutlichen Maschinen um sie sofort durch eine andere zu ersetzen, vielleicht älter und deshalb wertvoller. Ich glaube, er verleiht die noch brauchbaren Maschinen, bin mir aber nicht sicher.

Vor einigen Jahren ist eine junge Frau mit ihrer Mutter, einer Art Megäre, aggressiv und autoritär, die sich mit einem eigenartigen Anflug von Herrscherin im Hof herumtrieb, in dieses Haus eingezogen: seit diesem Moment hatte die arme Burgl, sofern überhaupt möglich, einen noch verängstigteren Gesichtsausdruck. Es verging nicht viel Zeit und schon sah man die junge Frau mit einem Kinderwagen, während Burgls Sohn immer reizbarer wurde.

Meine Nachbarin versäumte nicht einige scharfe Bemerkungen bezüglich der Herkunft jenes Kindes anzubringen. Die Streitereien in jenem Haus folgten in immer schnellerem Rhythmus aufeinander (häufig auch im Hof), bis es zur großen Trennung kam. Die Mutter der jungen Frau zog aus

restò, col bambino e la carrozzina.

La vecchia Burgl sparì del tutto.

Ora sono venuta a sapere che ebbe un ictus.

L'ho rivista qualche giorno fa davanti alla porta della sua casa, la scopa in mano, notevolmente invecchiata e più fragile di prima. Al mio saluto ha risposto solo con un cenno indicando la gola: non può più parlare, gli occhi terrorizzati o meglio disperati. Ha perso la parola. Inoltre sono certa che non mi ha riconosciuto.

Ho saputo che la Burgl ha anche una figlia, di una sessantina di anni, nata cioè durante la seconda guerra mondiale, mentre il figlio lo ebbe molto più tardi, quando mai avrebbe pensato di restare incinta.

La Burgl non è mai stata sposata.

Queste poche informazioni mi incuriosiscono, tanto che mi rivolgo alla mia vicina di casa, anche lei di una certa età, di solito assai compiacente, per sapere qualcosa di più. Per non so quale motivo però questa volta si chiude in uno strano riserbo. Al contrario il marito in pensione, quanto mai annoiato dalla vita che conduce, si butta a capofitto in un racconto assai particolareggiato, senza riguardi per nessuno. Travolto dal tema per lui tanto interessante e quanto mai coinvolgente, passa con estrema disinvoltura dal tedesco al dialetto sudtirolese, con grande irritazione della moglie, che conosce le mie difficoltà nel capire questa lingua. Inoltre non nasconde una certa superiorità nei suoi confronti, dato che, se non sbaglio, lei proviene da una ricca famiglia di contadini, ha i modi di una vera signora e padroneggia sia il tedesco che l'italiano, mentre lui era un operaio, piuttosto rozzo e ignorante, oltre che presuntuoso.

und sie blieb mit dem Kind und dem Kinderwagen zurück.

Die alte Burgl verschwand ganz.

Nun habe ich erfahren, dass sie einen Schlaganfall erlitten hatte.

Ich habe sie vor einigen Tagen vor ihrer Haustür gesehen, den Besen in der Hand, sehr viel älter und gebrechlicher als zuvor. Meinen Gruß hat sie bloß mit einem Handzeichen auf ihren Hals erwidert: sie kann nicht mehr sprechen, die Augen voller Angst oder besser gesagt verzweifelt. Sie hat die Sprache verloren. Außerdem bin ich überzeugt, dass sie mich nicht wiedererkannt hat.

Ich habe erfahren, dass die Burgl auch eine ungefähr sechzigjährige Tochter hat, die während des Zweiten Weltkrieges zur Welt gekommen ist, während sie den Sohn viel später bekommen hat, als sie niemals mehr erwartet hätte noch einmal schwanger zu werden.

Die Burgl ist nie verheiratet gewesen.

Diese spärlichen Informationen machen mich derart neugierig, dass ich mich an meine Nachbarin wende, auch sie betagt, für gewöhnlich sehr entgegenkommend, um mehr zu erfahren. Dieses Mal aber hüllt sie sich, ich weiß nicht aus welchem Grund, in sonderbares Schweigen. Ihr pensionierter Mann hingegen, ziemlich gelangweilt vom Leben, das er führt, stürzt sich kopfüber in eine detailreiche Erzählung ohne Rücksicht auf niemanden. Überwältigt von diesem für ihn so mitreißenden Argument, wechselt er mit äußerster Ungezwungenheit vom Hochdeutschen in den Südtiroler Dialekt, sehr zum Ärgernis seiner Frau, die meine Schwierigkeit diese Sprache zu verstehen, kennt. Zudem verbirgt sie nicht eine gewisse Überlegenheit ihm gegenüber, da sie, wenn ich mich nicht irre, aus einer begüterten Bauernfamilie stammt und die Umgangsformen einer richtigen „Dame" hat und sowohl Deutsch wie Italienisch beherrscht, wäh-

La madre della Burgl, anche lei di nome Notburga, si sposò assai tardi, quando ormai tutte le sue coetanee potevano vantare al loro attivo almeno cinque figli. Finché visse il padre non le fu possibile trovare marito, nonostante la proprietà veramente considerevole che lei sola avrebbe ereditato, dato che in quella famiglia mancava il figlio maschio. Caso del tutto eccezionale, era infatti figlia unica. Il padre scartava ogni pretendente, non considerando nessun uomo degno della figlia e del patrimonio che avrebbe ereditato.

Alla morte del padre, un non si sa bene chi, venuto come *Knecht*[1] nella sua fattoria, si insediò nella casa e nella vita della padrona con una irruenza tutta mediterranea cui sarebbe stato impossibile resistere: ormai trentenne, considerata zitella, viveva sola con la madre, convinta di dover finire la propria vita senza marito e senza figli. Quel giovane, di assai dubbia provenienza - nessuno lo aveva mai visto prima da quelle parti - vide in quella vecchia ragazza la soluzione a tutti i suoi problemi esistenziali, e benché assai più giovane di lei, almeno una decina di anni, la circuì, anzi la prese d'assalto, considerandola una fortezza che valeva la pena di espugnare. E lei si lasciò espugnare. Fin troppo facilmente, si disse in giro. Da sola non riusciva ad amministrare le proprietà, nonostante i tanti braccianti al suo servizio: per una donna senza un uomo in casa era assai difficile mantenere una posizione di comando.

Il giovane dopo le nozze si manifestò per quello che era: un fannullone, uno scialacquatore, frequentatore assiduo di tutte le osterie dei dintorni, e soprattutto disinteressato ai lavori in stalla, nei campi, nella fattoria. Particolare ben più importante, non si lasciava comandare dalla moglie neanche

1) Garzone

rend er ein einigermaßen ungehobelter und unwissender und zudem anmaßender Arbeiter war.

Burgls Mutter, auch sie Notburga mit Namen, heiratete ziemlich spät, als ihre Altersgenossinnen bereits mindestens fünf Kinder hatten. Solange ihr Vater am Leben war, war es ihr – trotz des beträchtlichen Besitzes, den sie erben würde, da dieser Familie ein männlicher Nachkomme fehlte – nicht gegönnt gewesen einen Mann zu finden. Ein äußerst seltener Fall. Sie war in der Tat ein Einzelkind. Der Vater lehnte jeden Bewerber ab, da er keinen Mann seiner Tochter und seines Besitzes für würdig erachtete, den sie erben würde.

Nach dem Tod des Vaters nistete sich in seiner ganzen mediterranen Aufdringlichkeit, der sie nicht widerstehen konnte, ein Knecht – von dem man nicht wusste, von woher er kam – auf ihrem Hof und im Leben seiner Besitzerin ein. Mittlerweile dreißigjährig, für eine alternde Jungfrau gehalten, überzeugt ihr Leben ohne Mann und Kinder beschließen zu müssen, hauste sie alleine mit ihrer Mutter. Dieser junge Mann fragwürdiger Herkunft – niemand hatte ihn jemals zuvor in dieser Gegend gesehen –, sah in diesem alten Mädchen die Lösung all seiner existentiellen Probleme, und obwohl sehr viel jünger als sie, mindestens an die zehn Jahre, umgarnte, beziehungsweise belagerte er sie, sie als Festung betrachtend, die der Mühe wert war eingenommen zu werden. Und sie ließ sich erobern. Allzu leicht, hieß es in der Gegend. Alleine war sie trotz der zahlreichen Tagelöhner zu ihren Diensten nicht in der Lage ihren Besitz zu verwalten. Für eine Frau ohne Mann im Hause war es sehr schwer den Kommandostand zu behaupten.

Nach der Hochzeit erwies sich der junge Mann als das, was er war: ein Taugenichts, ein Verschwender, ein eifriger Besucher aller Gasthäuser der Umgebung, vor allem aber nicht an der Arbeit im Stall, auf den Feldern und am Hof interessiert, ließ er sich nicht von der Frau dirigieren, nicht

per spostare una sedia, anzi pretendeva di essere servito come un padrone. Ne andava di mezzo il suo onore di maschio.

Il primo figlio nacque qualche mese dopo aver firmato il contratto matrimoniale. La gente non la smetteva di mormorare, nonostante l'intervento assai drastico del parroco: dal pulpito della chiesa, con una predica ad hoc e senza accennare a nessuno di preciso, invitò il suo gregge cristianamente, ma con estrema severità, a non scagliare la prima pietra. Che si occupassero piuttosto dei propri peccati.

Il secondo figlio non si fece attendere: nacque poco prima che scoppiasse la Grande Guerra. L'uomo sembrava aver fretta, quanto mai interessato a compiere i suoi doveri coniugali. Seguì un intervallo di cinque anni, dato che il giovane scapestrato fu chiamato a difendere la patria e l'Imperatore. Invano, come ebbe modo di notare lui stesso. Al ritorno seguirono varie gravidanze delle quali non si ha notizia; la prima figlia femmina sopravvissuta alle tante malattie infantili fu appunto la Burgl, la vecchina che conosco io. A lei seguirono altre *gitschen*, cioè femmine.

Sua madre morì di parto lasciandole sulle spalle tre uomini, cioè il padre, ancora e sempre scapestrato, i due fratelli maggiori, più una bambina di qualche anno e una neonata da tirare su, l'ultima sorella cui dovette fare da mamma, benché lei stessa avesse ancora bisogno delle cure materne. Il padre nel frattempo, precocemente invecchiato per la vita sregolata che conduceva, rivelò un carattere brutale e manesco. Ogni sera tornava a casa ubriaco fradicio, col vino cattivo, nel senso che menava botte a destra e manca fino a che cadeva da qualche parte, più di là che di qua. In realtà era incapace di amministrare il grosso patrimonio della moglie.

einmal um einen Stuhl zu verrücken, ganz im Gegenteil verlangte er wie ein Herr bedient zu werden. Da stand seine Ehre als Mann auf dem Spiel.

Das erste Kind kam einige Monate, nachdem sie den Ehevertrag unterschrieben hatten, auf die Welt. Die Leute hörten trotz des ziemlich energischen Eingreifens des Pfarrers nicht auf zu munkeln. Mit einer Ad-hoc-Predigt von der Kanzel herunter und ohne irgendeine präzise Andeutung zu machen, lud er seine Herde christlichst, aber mit äußerster Strenge, ein, nicht den ersten Stein zu werfen. Sie sollten sich stattdessen um die eigenen Sünden kümmern.

Das zweite Kind ließ nicht auf sich warten: es kam auf die Welt kurz bevor der Große Krieg ausbrach. Der Mann schien es eilig zu haben, vor allem daran interessiert seinen ehelichen Pflichten nachzukommen. Es folgte eine Pause von fünf Jahren, da der junge liederliche Mann einberufen wurde Heimat und Kaiser zu verteidigen. Umsonst, wie er selbst festzustellen Gelegenheit hatte. Nach seiner Rückkehr folgten mehrere Schwangerschaften aufeinander, über die man nichts weiß; die erste Tochter, die allerlei Kinderkrankheiten überlebt hatte, war eben jene Burgl, die Alte, die ich kenne. Auf sie folgten weitere Gitschn, also Mädchen.

Die Mutter starb bei einer Geburt und hinterließ der Burgl die Aufgabe für drei Männer zu sorgen, den Vater, wieder und immer noch liederlich, die beiden älteren Brüder, dazu ein Mädchen von einigen Jahren und ein aufzuziehendes Neugeborenes, die letzte Schwester, der sie Mutter sein musste, obwohl sie selber noch der Fürsorge der Mutter bedurft hätte. Der Vater, mittlerweile aufgrund des ungeregelten Lebens, das er führte, vorzeitig gealtert, offenbarte einen brutalen und einen handgreiflichen Charakter. Jeden Abend kam er stockbesoffen vom aggressiv machenden Wein nach Hause, teilte Schläge nach allen Seiten aus, bis er irgendwo mehr jenseits als diesseits hinfiel. Er war in Wirklichkeit einfach unfähig den großen Besitz der Frau zu verwalten.

La Burgl a tredici anni si ritrovò a dover organizzare la vita famigliare, con doveri che andavano molto oltre le sue forze.

Del resto anche prima, quando ancora viveva la madre, doveva aiutare in casa, nella stalla, nei campi senza alcun riguardo per la sua tenera età. Andava a scuola, un obbligo cui nessuno poteva sfuggire, dove si insegnava in una lingua straniera, in italiano, per lei incomprensibile, e dove le veniva presentata una realtà del tutto diversa dalla propria, una realtà che ritrovava subito, appena tornava a casa, dove l'aspettavano montagne di lavoro da sbrigare, sia in stalla che nella *Stube*. Qui doveva badare ai bambini che si susseguivano al ritmo di uno l'anno, secondo le direttive del parroco che mai avrebbe permesso una pausa, neanche per motivi di salute. E il padre non aveva certo riguardi per la "vecchia" (die *Alte*) come comunemente venivano e vengono chiamate le mogli dai contadini.

So di famiglie che ancora una decina di anni fa ricevevano la visita del parroco se al primo figlio non ne seguiva subito dopo un secondo. La minaccia del castigo divino non si sarebbe fatta aspettare. È permesso fare certe cose solo in vista di una prossima gravidanza, predicava poi in chiesa, e senza preservativi di nessun genere, naturali o artificiali, se non si voleva cadere in peccato mortale. Oggi la maggior parte delle donne, anche in masi di alta montagna, cioè isolati ma con la televisione, non si lascia più spaventare dalle prediche del parroco. In altri tempi la situazione era ben diversa. Oltre alla condanna divina, bisognava sopportare anche i commenti tutt'altro che benevoli della gente del paese. Una famiglia rispettabile doveva avere almeno otto e più figli: si trattava dell'onorabilità dell'uomo, cioè della sua potenza, e della fertilità della moglie. E non mancavano gli scherzi grossolani all'osteria sui mariti che si lasciavano comandare dalle mogli, senza contare le allusioni salaci, assai chiare, sull'impotenza di certi buoi destinati al macello. Per

Mit dreizehn musste Burgl das Familienleben organisieren, Pflichten, die ihre Kräfte weit überstiegen.

Sie musste übrigens auch früher, als die Mutter noch lebte, im Haus, im Stall und auf den Feldern mitarbeiten, ohne Rücksicht auf ihr zartes Alter. Sie ging zur Schule, eine Pflicht, der niemand entrinnen konnte, wo man in einer fremden Sprache, Italienisch, unverständlich für sie, unterrichtet wurde und wo ihr eine Wirklichkeit vorgeführt wurde, die völlig verschieden von der ihren war, die sie sofort wiederfand, sowie sie nach Hause kam, wo sie sowohl im Stall wie auch in der Stube Berge von zu verrichtenden Arbeiten erwarteten. Sie musste auf die Kinder aufpassen, die sich, in Befolgung der Anordnungen des Pfarrers, der ihr niemals, selbst nicht aus gesundheitlichen Gründen eine Pause zugestanden hätte, im Jahresrhythmus einfanden. Und der Vater nahm gewiss keine Rücksicht auf die Alte, wie für gewöhnlich die Ehefrauen der Bauern betitelt wurden.

Ich weiß von Familien, die noch vor wenigen Jahrzehnten vom Pfarrer Besuch bekamen, wenn auf das erste Kind nicht gleich das nächste folgte. Die Androhung der göttlichen Strafe ließ nicht auf sich warten. Gewisse Dinge waren nur in Erwartung der nächsten Schwangerschaft erlaubt, predigte der Pfarrer dann in der Kirche und ohne Verhütungsmittel, seien sie natürlicher oder künstlicher Art, wollte man nicht eine Todsünde begehen. Heute lässt sich der Großteil der Frauen auch auf den Bergbauernhöfen, das heißt sehr weit abgeschieden, doch mit Fernseher, nicht mehr von den Predigten des Pfarrers erschrecken. Früher war die Situation eine andere. Außer der göttlichen Strafe hatte man auch noch die alles andere als wohlmeinenden Kommentare der Leute aus dem Dorf zu ertragen. Eine ehrbare Familie musste mindestens acht oder mehr Kinder haben; es ging um die Ehre des Mannes, das heißt um seine Männlichkeit und um die Fruchtbarkeit der Frau. Und im Gasthaus fehlten auch nicht die groben Scherze über Männer, die sich von den Frauen herumkommandieren ließen,

non parlare delle occhiate cariche di riprovazione delle donne "per bene" riservate alle svergognate che si permettevano di trasgredire le leggi della chiesa e del buon costume, se non mettevano al mondo un figlio l'anno.

Poco importava se poi invecchiavano anzitempo - non era raro vedere una quarantenne dall'aspetto di una sessantenne, ancora col pancione e l'aria rassegnata - distrutte dalle tante maternità e dai lavori in casa e nei campi. Una donna è al mondo solo per procreare, possibilmente con dolore, anche a costo della propria vita. È scritto nella Bibbia, predicava instancabile il parroco.

Infatti la madre della Burgl, oltre ai cinque figli più o meno sani messi al mondo, ebbe un numero imprecisato di aborti, naturali o meno, che la indebolirono, e non soltanto fisicamente. Anche il suo carattere cambiò, si può dire dopo ogni nuova gravidanza. Diventò sempre più dura, autoritaria, ma soprattutto stanca della vita, amareggiata da un marito mai presente quando aveva bisogno di lui - ogni volta doveva mandare uno dei figli a cercarlo da un'osteria all'altra - sempre pronto a metterla incinta, nonostante avesse superato i quarant'anni. Aveva perso ogni speranza di un qualsiasi miglioramento e ormai desiderava soltanto la morte, ultima soluzione a tutti i suoi problemi.

La Burgl aveva visto tutto, sapeva tutto e non si meravigliava di niente, solo che aveva deciso di non sposarsi e di non avere figli. Non voleva fare la stessa fine della madre.

Ma le cose andarono diversamente. Alcuni anni dopo la scomparsa della madre, il padre fu trovato morto in fondo a

ganz zu schweigen von den schlüpfrigen, sehr deutlichen Anspielungen auf die Impotenz gewisser für den Schlachthof bestimmter Ochsen. Nicht zu vergessen die missbilligenden Blicke der ehrenwerten Frauen, die den Unverschämten galten, die sich die Gebote der Kirche und der Sittlichkeit zu übertreten erlaubten, indem sie nicht jedes Jahr ein Kind zur Welt brachten.

Egal, wenn sie vor der Zeit alterten – nicht selten konnte man einer hochschwangeren Vierzigjährigen mit dem Aussehen einer Sechzigjährigen und ihrem resignierten Blick begegnen, von den vielen Schwangerschaften und der Arbeit im Haus und auf den Feldern fertig. Eine Frau ist nur zum Gebären auf der Welt, möglichst unter Schmerzen, auch auf Kosten des eigenen Lebens. So steht es in der Bibel, predigte der Pfarrer unermüdlich.

In der Tat hatte Burgls Mutter außer den fünf mehr oder weniger gesund auf die Welt gebrachten Kindern eine nicht genau bekannte Anzahl von spontanen oder auch weniger spontanen Fehlgeburten, die sie nicht nur körperlich geschwächt hatten. Man könnte sagen, dass sich auch ihr Charakter mit jeder erneuten Schwangerschaft veränderte. Sie wurde immer härter, autoritärer, vor allem aber lebensmüde, verbittert wegen eines nie anwesenden Mannes, wenn sie seiner bedurft hätte – jedes Mal musste sie einen der Söhne losschicken, von Gasthaus zu Gasthaus auf der Suche nach ihm – immer bereit sie zu schwängern, obwohl sie die Vierzig überschritten hatte. Sie hatte jede Hoffnung auf irgendeine Verbesserung aufgegeben und sehnte nur mehr den Tod herbei, die endgültige Lösung all ihrer Probleme.

Die Burgl hatte alles gesehen, wusste alles und wunderte sich über nichts mehr; sie hatte nur beschlossen nicht zu heiraten und keine Kinder zu bekommen. Sie wollte nicht wie ihre Mutter enden.

Doch die Dinge verliefen anders. Einige Jahre nach dem Tod ihrer Mutter fand man den Vater tot in einem Abgrund und niemand erfuhr jemals, was er in jener Gegend zu su-

un burrone e nessuno seppe mai cosa fosse andato a cercare da quelle parti. Non si fece neanche l'autopsia per accertare se fosse stato vittima di un assassinio. Fu subito chiaro, e bastava sentirne l'odore, che era completamente ubriaco. Scivolato lì di notte, doveva esser morto in seguito alle ferite riportate. In realtà la sua vita non interessava a nessuno. Era un noto beone, conosciuto per la brutalità con la quale maltrattava la sua famiglia, ma anche chiunque gli facesse saltare la mosca al naso. E aveva una mosca assai suscettibile. Era infatti convinto di aver diritto a un trattamento speciale, date le proprietà che in parte aveva già scialacquato. Nessuno portò il lutto per lui, neanche i figli che avevano sofferto più di ogni altro della sua pur sporadica presenza.

Appena adolescente, la Burgl restò sola con due fratelli e una sorella - l'ultima nata morì poco dopo la madre - alcune mucche, una quantità di campi a fieno e altri a patate, un grande meleto, un vigneto, una stalla da governare e la casa, già allora in cattive condizioni.

L'unica sorella non visse a lungo, anzi non arrivò neanche all'età scolastica: per la Burgl significò una persona di meno da accudire.

I due fratelli maggiori avevano tutte le caratteristiche del padre: fannulloni, perditempo, e già in giovane età anche loro frequentatori assidui dell'osteria. La Burgl a diciotto anni era una donna volitiva, dal carattere forte, priva di ogni sentimentalismo; ma anche di sogni, di illusioni sulla vita e sull'amore, con un patrimonio da amministrare che era un peso più che un vantaggio.

Con la venuta di Hitler al potere, in tutto il Sudtirolo la speranza di un ritorno alla patria naturale aveva infiammato più di un cuore. L'annessione dell'Austria alla Germania, nel '38, aveva poi provocato veri e propri entusiasmi. Ormai la separazione dall'odiata Italia sembrava vicina. Anche la Bur-

chen hatte. Es wurde auch keine Autopsie durchgeführt, um sich zu vergewissern, dass er nicht Opfer eines Verbrechens geworden war. Das war sofort klar gewesen; es reichte der Geruch, um festzustellen, dass er völlig betrunken gewesen war. Nachts dort abgestürzt, muss er an den Folgen der Verletzungen gestorben sein. In Wirklichkeit interessierte sein Schicksal niemanden. Er war ein bekannter Säufer, bekannt auch für seine Brutalität gegenüber der Familie und jedem, der ihm nicht in den Kram passte. Und er war äußerst empfindlich. Er war in der Tat überzeugt angesichts der Besitzungen, die er zum Teil bereits verprasst hatte, das Recht auf eine Sonderbehandlung zu haben. Niemand trug seinetwegen Trauer, nicht einmal die Kinder, die mehr als alle anderen unter seiner, wenn auch nur sporadischen Anwesenheit gelitten hatten.

Gerade halbwüchsig blieb die Burgl alleine mit zwei Brüdern und einer Schwester – die zuletzt geborene starb kurz nach der Mutter – einigen Kühen, einer Menge Heuwiesen und Kartoffeläckern, einer großen Obstwiese, einem Weinberg, einem zu versorgenden Stall voller Vieh und dem Haus, bereits damals in einem schlechten Zustand.

Die einzige Schwester lebte nicht lange, sie erreichte nicht einmal das Pflichtschulalter. Für Burgl bedeutete das eine zu versorgende Person weniger.

Die beiden älteren Brüder besaßen alle Eigenschaften des Vaters: Faulenzer, Müßiggänger und auch seit jungen Jahren eifrige Besucher der Gasthäuser. Die Burgl war mit achtzehn eine entschlossene Frau mit starkem Charakter ohne jegliche Gefühlsseligkeit, aber auch ohne Träume und Illusionen hinsichtlich des Lebens und der Liebe, mit einem zu verwaltenden Besitz, der ihr mehr Last als Vorteil war.

Mit Hitlers Machtergreifung war die Hoffnung auf eine Rückkehr ins abhanden gekommene Vaterland in mehr als nur einem Herzen in Südtirol entbrannt. Der Anschluss Österreichs an Deutschland 1938 hatte dann eine richtige Begeisterung ausgelöst. Inzwischen schien eine Loslösung

gl ne fu contagiata, più che altro attraverso i due fratelli impegnati in complotti cospirativi con altri giovani dei dintorni: non poche volte fu costretta a subire vere e proprie perquisizioni in cui era stata messa a soqquadro tutta la casa. I carabinieri italiani non avevano risparmiato neanche i materassi, bucandoli nella speranza di trovare chissà quali prove contro i due giovani. E neanche la stalla era stata dimenticata. Per fortuna non fu mai trovato niente di compromettente, per esempio giornali in lingua tedesca o manifestini antitaliani provenienti dall'Austria.

I due fratelli cospiravano solo a parole, in realtà non erano capaci di leggere una sola parola sia in italiano che in tedesco, nonostante avessero frequentato le scuole italiane e quelle illegali tedesche tenute dal parroco, le cosiddette scuole delle catacombe. Un destino del resto assai comune in quella generazione di sradicati, cui era stata negata ogni identificazione con la propria terra, la propria storia, i propri usi e non per ultima, ma tanto più importante, con la propria lingua. Conoscevano giusto il dialetto della loro valle, che però potevano parlare di nascosto, data la ferrea proibizione di ogni germanismo.

Tutto il dilemma dell'Opzione passò attraverso le loro teste come una tempesta in un bicchiere d'acqua, dato che non capirono molto di che si trattava. Come la maggior parte dei loro compaesani, optarono per la Germania, mentre la Burgl decise di restare in Italia, non certo per motivi politici o patriottici. In casa scoppiavano litigi ogni volta che si incontravano. Gli urli erano tali che perfino le mucche, in stalla, prendevano a muggire inquiete. La Burgl non era affatto disposta a lasciare la sua casa e tutto il resto per un futuro incerto, da qualche parte in Europa, in paesi ancora da con-

vom verhassten Italien nahe. Auch Burgl wurde davon angesteckt, vor allem von den beiden Brüdern, die mit anderen Jugendlichen in konspirativen Verschwörungen engagiert waren. Nicht selten musste sie richtige Hausdurchsuchungen miterleben, bei denen das ganze Haus auf den Kopf gestellt wurde. Die Carabinieri hatten nicht einmal die Matratzen verschont, die sie in der Hoffnung, wer weiß welche Beweise gegen die Jugendlichen zu finden, durchlöcherten. Auch der Stall wurde nicht übersehen. Zum Glück wurde dabei nie etwas Kompromittierendes gefunden, zum Beispiel deutschsprachige Zeitungen oder aus Österreich stammende antiitalienische Plakate.

Die beiden Brüder konspirierten nur mit Worten, in Wirklichkeit waren sie nicht einmal imstande auch nur ein Wort, sei es auf Italienisch sei es auf Deutsch zu lesen, obwohl sie die italienische Schule und die illegale, vom Pfarrer organisierte sogenannte deutsche Katakombenschule besucht hatten. Übrigens ein in dieser entwurzelten Generation häufig anzutreffendes Schicksal, der jede Identifikation mit dem eigenen Land, der eigenen Geschichte, den eigenen Bräuchen und nicht zuletzt und deshalb nicht weniger wichtig, mit der eigenen Sprache versagt geblieben war. Sie beherrschten gerade einmal den Dialekt ihres Tales, den sie aber angesichts des ehernen Verbots jeglichen Deutschtums nur im Geheimen benutzen konnten.

Das Dilemma der Option zog wie ein Sturm im Wasserglas durch ihre Köpfe, da sie nicht recht begriffen, worum es sich handelte. Wie der Großteil ihrer Landsleute optierten sie für Deutschland, während Burgl beschloss in Italien zu bleiben, nicht aus politischen oder patriotischen Gründen. Im Haus kam es jedes Mal zum Streit, wenn sie sich begegneten. Es gab ein derartiges Geschrei, dass sogar die Kühe im Stall beunruhigt zu muhen begannen. Die Burgl war ganz und gar nicht bereit ihr Haus und den ganzen Rest für eine unsichere Zukunft irgendwo in Europa zu verlassen, laut Nazipropaganda in den noch zu erobernden Ländern, wäh-

quistare, secondo le promesse della propaganda nazista, mentre i fratelli sognavano una fattoria moderna, o forse soltanto un cambiamento qualsiasi nella loro vita. Il cambiamento venne e assai presto anche: allo scoppio della guerra, la seconda, i primi a partire furono proprio loro due, e la Burgl non ci pianse su neanche una lacrima, contenta solo di essersi liberata di quei due fannulloni.

La Burgl, a detta di chi la conobbe da giovane, era una gran bella ragazza, bionda, occhi azzurri, carnagione chiara, una figurina piccola ma robusta dato il lavoro in casa e fuori cui era abituata fin dalla prima infanzia. Non pochi uomini si interessarono a lei, ora più che mai, dato che i due fratelli litigiosi erano per modo di dire fuori combattimento.

Alla fine del '43 non poté più nascondere il suo stato avanzato di gravidanza ed è facile immaginare la curiosità dei vicini e praticamente di tutta la gente che la conosceva: chi era il padre e... a quando le nozze? Varie volte il parroco venne a parlare con la giovane peccatrice; se ne tornava sempre sconfitto, e si vedeva dal suo modo di camminare, dai frequenti segni di croce e dagli sguardi carichi di biasimo che lanciava in direzione della casa.

La Burgl, con la caparbietà che le era propria, neanche al parroco volle rivelare il nome di chi l'aveva messa in quelle condizioni. E di nozze non se ne parlava nemmeno. Sicuramente il periodo più difficile della sua vita.

Nacque una figlia cui impose il proprio nome, una bellissima bambina dai capelli neri, occhi neri che in tutto l'aspetto contrastava in modo sconvolgente con la figura materna. I miei vicini di casa ricordano ancora la ragazzina negli anni Cinquanta, già matura per la sua età, con lunghe trecce nere dietro le spalle, un visetto serio, appuntito da una sorta di astio antico e da una determinazione di puro stampo mater-

rend die Brüder von einem modernen Bauerngut oder vielleicht auch nur von einer Veränderung in ihrem Leben träumten. Die Veränderung kam auch, und zwar sehr schnell: Bei Ausbruch des Weltkrieges, des zweiten, waren gerade sie unter den ersten, die einrückten, und die Burgl vergoss keine einzige Träne, nur froh die beiden Nichtsnutze endlich losgeworden zu sein.

Laut denen, die sie als Jugendliche gekannt haben, war sie ein sehr schönes Mädchen, blond, blaue Augen, helle Haut, ein kleines robustes Figürchen, das seit seiner Kindheit an die Arbeit im und außer Haus gewohnt war. Viele Männer waren an ihr interessiert, jetzt mehr denn je, da die beiden streitsüchtigen Brüder sozusagen außer Gefecht gesetzt waren.

Ende 1943 konnte sie den fortgeschrittenen Zustand ihrer Schwangerschaft nicht mehr verbergen und man kann sich die Neugierde der Nachbarn und praktisch all ihrer Bekannten leicht vorstellen: Wer war der Vater und ... wann wird geheiratet? Mehrere Male kam der Pfarrer vorbei, um mit der jungen Sünderin zu reden; er ging jedes Mal unverrichteter Dinge davon und man sah es seiner Art zu gehen an, den häufigen Bekreuzigungen und den Blicken voller Tadel, die er in Richtung des Hauses warf.

Mit der ihr eigenen Sturheit wollte die Burgl nicht einmal dem Pfarrer den Namen desjenigen preisgeben, der sie in diesen Zustand versetzt hatte. Und von Hochzeit war gar nicht erst zu reden. Sicher die schwierigste Zeit ihres Lebens.

Es kam ein Mädchen zur Welt, dem sie den eigenen Namen gab, ein wunderschönes Kind mit schwarzen Haaren, schwarzen Augen, das in ihrem gesamten Aussehen auf erschütternde Weise mit dem der Mutter kontrastierte. Meine Nachbarn erinnern sich noch an das Mädchen in den fünfziger Jahren, für sein Alter bereits ziemlich groß, mit langen schwarzen, auf den Rücken baumelnden Zöpfen, ein ernstes

no. Secondo loro quella bambina non dovette avere un'infanzia felice: la Burgl non sembrava averla accettata come sangue suo, mentre i due zii di ritorno dalla guerra la considerarono addirittura la vergogna della famiglia.

Si affrettò infatti a crescere per sposarsi il più presto possibile. Cosa che effettivamente accadde. I miei vicini discutono insieme se già a sedici anni uscì da quella casa o poco più tardi, chiedendo subito la sua parte di patrimonio per investirla nell'acquisto di un negozio. Ora è una donna rigida, avarissima, senza figli e ricca forse più della madre. In paese è conosciuta per l'estrema parsimonia, tanto che si racconta che è abituata a mangiare mezza mela, per risparmiare la seconda metà.

Una domanda intriga ancora, dopo più di sessant'anni, i vicini di casa e certamente molti compaesani della generazione della Burgl: chi era il padre della bambina e perché mai nessuno riuscì a svelare il segreto del suo nome. Furono fatte diverse congetture: dati i tempi, la guerra, i soldati dell'esercito italiano e tedesco, i molti stranieri sbandati, tutto era possibile. Assai probabile che fosse stata violentata e per questo motivo lei stessa non conosceva il nome dell'uomo, sparito poi nella notte.

Ma un'altra possibilità è stata soppesata. In paese vivevano forse tre o quattro famiglie di origine ebraica: la chiesa non aveva concesso asilo a stranieri di religione diversa, neanche ad austriaci dopo il '38, quando appunto con l'annessione alla Germania, anche lì le leggi razziali si erano fatte sentire con maggiore virulenza. Molti ebrei erano però fuggiti in Italia già anni prima: si diceva che il regime fascista italiano trattasse con una certa tolleranza le comunità ebraiche,

Gesicht, spitz wegen einer Art ursprünglichem Groll und einer Entschlossenheit ganz nach der Art ihrer Mutter. Laut ihnen hatte dieses Mädchen keine glückliche Kindheit gehabt. Die Burgl schien es nicht als ihr Blut akzeptiert zu haben, während die beiden Onkel, aus dem Krieg zurück, sie gar als Familienschande betrachteten.

In der Tat beeilte es sich erwachsen zu werden und so schnell als möglich zu heiraten. Was auch tatsächlich geschah. Meine Nachbarn waren sich uneinig, ob sie bereits mit sechzehn das Haus verließ oder kurz darauf, gleich ihren Teil des Vermögens beanspruchend, um es in den Erwerb eines Ladens zu investieren. Heute ist sie eine steife, geizige Frau ohne Kinder und vielleicht reicher als die Mutter. Im Dorf ist sie für ihre extreme Sparsamkeit bekannt, die so weit geht, dass man sich erzählt, sie sei gewohnt jeweils nur einen halben Apfel zu essen, um die zweite Hälfte für später zu sparen.

Eine Frage beschäftigt meine Nachbarn und gewiss auch viele aus Burgls Generation auch sechzig Jahre später noch immer: Wer war der Vater des Kindes und warum gelang es nie jemanden das Geheimnis um seinen Namen zu lüften? Es wurden verschiedene Mutmaßungen angestellt: diese Zeiten, der Krieg, die Soldaten des italienischen und deutschen Heeres, die vielen versprengten Fremden, möglich war alles. Sehr gut möglich, dass sie vergewaltigt worden war und aus diesem Grund den Namen des dann in die Nacht entschwundenen Mannes selbst nicht kannte.

Es wurde aber auch eine andere Möglichkeit in Betracht gezogen. Im Dorf lebten vielleicht drei oder vier Familien mit jüdischen Wurzeln. Die Kirche hatte den Fremden anderer Religion kein Asyl gewährt, auch nicht den Österreichern nach 1938, als sich eben mit dem Anschluss an Deutschland auch dort die Rassengesetze mit stärkerer Virulenz bemerkbar gemacht hatten. Viele Juden waren aber bereits Jahre zuvor nach Italien geflohen. Man sagte, dass

benché non molto tempo dopo, proprio quello stesso Stato tollerante costruì per loro veri campi di concentramento. Nel '43 vennero addirittura consegnati alle forze alleate tedesche con le conseguenze che ognuno conosce.

La Burgl ebbe una relazione con un componente la piccola comunità ebraica? La bambina nacque dopo il '43, cioè dopo la deportazione di quelle famiglie: chiaro che non volesse fare il nome del padre. Avrebbe messo in pericolo la bambina e se stessa, dato che era severamente proibito avere rapporti di qualsiasi genere con ebrei e tanto meno averne un figlio. Anche questa una supposizione che non potrà mai essere appurata.

Oppure, e questo sembra un motivo sufficiente per farla tacere per il resto dei suoi giorni: il padre della bambina era un uomo sposato, con famiglia. Magari un vicino di casa.

La fine della guerra per la Burgl significò il ritorno dei fratelli, ma anche il tentativo di mantenere la sua posizione di comando nella casa e nei lavori dei campi e del vigneto. Dopo cinque anni di libertà non era disposta a riprendere il ruolo di serva che aveva sempre dovuto accettare fin dalla morte della madre. Ora, a 25 anni, con una figlia e l'esperienza che aveva accumulato in quegli anni di solitudine, non era più disposta a farsi comandare da nessuno. Iniziarono giorni e mesi, e anche anni, di conflitti, di litigi furiosi fra i tre membri della famiglia. I due fratelli ripresero la vita di prima, passando da un'osteria all'altra, invitando tutti i presenti a un giro di vino cui seguivano altri giri, finché tornavano a casa reggendosi appena sulle gambe, uno di loro con maggiore difficoltà dell'altro, dato che aveva perso una gamba in guerra e riceveva anche una piccola pensione per invalidità.

das faschistische Regime die jüdische Gemeinschaft mit einer gewissen Toleranz behandle, auch wenn nur kurze Zeit später derselbe tolerante Staat für sie richtige Konzentrationslager errichtete. 1943 wurden sie sogar den verbündeten Deutschen übergeben, mit den Folgen, die jeder kennt.

Hatte die Burgl ein Verhältnis mit einem Mitglied der kleinen jüdischen Gemeinschaft gehabt? Das Kind kam nach 1943 zur Welt, das heißt nach der Deportation jener Familien; logisch, dass sie den Namen des Vaters nicht preisgeben wollte. Sie hätte das Mädchen und sich selbst in Gefahr gebracht, da der Umgang jedweder Art mit Juden strengstens verboten war, ganz zu schweigen von einem gemeinsamen Kind. Auch das eine Vermutung, die nie bestätigt wurde.

Oder, und das scheint Grund genug zu sein, für den Rest ihrer Tage zu schweigen: der Vater des Mädchens war ein verheirateter Mann mit Familie. Vielleicht gar ein Nachbar.

Das Kriegsende bedeutete für Burgl die Rückkehr der Brüder, aber auch den Versuch ihre Führungsrolle im Haus und hinsichtlich der Organisation der Arbeiten auf den Feldern und im Weinberg zu behaupten. Nach fünf Jahren Freiheit, war sie nicht bereit wieder die Rolle der Magd einzunehmen, die sie seit dem Tod der Mutter übernehmen hatte müssen. Jetzt, mit fünfundzwanzig Jahren, einer Tochter und der Erfahrung, die sie in diesen Jahren des Alleinseins gesammelt hatte, war sie nicht mehr bereit sich von wem auch immer herumkommandieren zu lassen. Es folgten Tage und Monate, auch Jahre der Konflikte, wilder Auseinandersetzungen zwischen den drei Familienmitgliedern. Die Brüder nahmen wieder ihr Leben von vorher auf und zogen von einem Wirtshaus ins nächste, wo sie alle Anwesenden auf ein Glas Wein einluden, worauf dann weitere Runden folgten, bis sie sich gerade noch – der eine mit größeren Schwierigkeiten als der andere, da er im Krieg ein Bein verloren hatte, wofür er auch eine kleine Invalidenrente erhielt – auf den Beinen haltend nach Hause kamen.

«Er hot sich zu toat gsoffn[2]*»*, questo il commento del mio vicino di casa, finché anche lui, come il padre, fu trovato morto, questa volta però impiccato a un grosso ramo del ciliegio accanto alla casa. Completamente ubriaco.

Adesso capisco per quale motivo la Burgl non mangia mai una sola ciliegia di quell'albero: la scusa ufficiale è che sono avvelenate dal traffico delle macchine, dalle loro emissioni, dalla polvere della strada ecc.

Ma forse si tratta di ben altro veleno.

Prima di impiccarsi aveva però fatto in tempo a dilapidare una quantità di denaro in bevute colossali di cui resta ancora il ricordo. Anche questo, motivo di litigi con il fratello e la Burgl. Alla sua morte inoltre si scoprì che buona parte del patrimonio era stato venduto: lui come primogenito aveva il diritto di farlo, e senza informare nessuno dei famigliari.

In seguito a una legge più o meno esistente già dai tempi di Massimiliano I e cioè dall'inizio del XVI secolo, ma anche prima, codificata poi nel 1775 dall'imperatrice Maria Theresia, era proibito spezzettare le proprietà fra i diversi eredi affinché una sola famiglia di almeno quattro persone potesse vivere con un certo benessere; gli altri figli erano costretti a servire in casa o a impiegarsi altrove. Era questo il cosiddetto maso chiuso. Il primogenito ereditava per intero la proprietà famigliare e in mancanza del figlio maschio il diritto passava alla prima figlia femmina, o meglio ancora, al marito di lei.

Intanto si era arrivati agli anni sessanta, nella casa erano necessari lavori di muratura e per questo la Burgl incaricò un tipo che si presentava come muratore finito, mentre ovviamente si trattava di un manovale con pochissime conoscenze del mestiere. Ad ogni modo, con la scusa dei lavori, prese

2) Espressione tipica per indicare una persona che beve tanto fino a morirne

„Er hot sich zu toad gsoffn", so der Kommentar meines Nachbarn, als auch er, dem Vater gleich, tot aufgefunden wurde, dieses Mal aber erhängt an einem dicken Ast des Kirschbaumes neben dem Haus, total betrunken.

Jetzt verstehe ich, warum die Burgl niemals auch nur eine einzige Kirsche von diesem Baum isst. Ihre offizielle Begründung lautet, dass sie von den Autos, ihren Abgasen und dem Straßenstaub und so weiter vergiftet wären.

Aber vielleicht handelt es sich um ein ganz anderes Gift.

Bevor er sich erhängte, hatte er noch die Zeit gefunden eine Menge Geld für kolossale Besäufnisse zu verprassen, an die man sich heute noch erinnert. Auch das eine Ursache der Streitigkeiten zwischen Burgl und ihrem Bruder. Nach seinem Tod entdeckte man außerdem, dass ein Gutteil des Besitzes verkauft worden war: er als Erstgeborener hatte das Recht dazu, auch ohne die Familienangehörigen zu informieren.

Laut einem Gesetz, das mehr oder weniger seit den Zeiten eines Maximilian I. gilt, das heißt seit Anfang des sechzehnten Jahrhunderts, oder früher, dann aber 1775 von der Kaiserin Maria Theresia kodifiziert worden war, war es verboten den Grundbesitz unter den Erben aufzuteilen, damit eine einzelne Familie mit mindestens vier Personen in einem gewissen Wohlstand davon leben konnte. Die übrigen Kinder waren gezwungen auf dem Hof zu dienen oder sich anderswo zu verdingen. Das war der sogenannte geschlossene Hof. Der Erstgeborene erbte den gesamten Familienbesitz und in Abwesenheit eines männlichen Erben ging das Recht auf die erstgeborene Tochter, beziehungsweise auf deren Ehemann über.

Mittlerweile war man in den Sechzigerjahren, am Haus waren Maurerarbeiten notwendig geworden, weshalb Burgl jemanden beauftragte, der sich als gelernter Maurer vorstellte, während es sich laut meinem Nachbarn um einen Handlanger mit minimalen Kenntnissen handelte. Jedenfalls fand

a frequentare quella casa. Non trascorse molto tempo e la Burgl cominciò ad ingrassare in modo eccessivo. Agli occhi curiosi dei vicini non fu difficile riconoscere una gravidanza: la Burgl negò finché non le fu più possibile. Il muratore era sposato e aveva famiglia in un villaggio lì vicino, lo sapevano tutti; inoltre alla sua età, aveva più volte dichiarato la Burgl, non pensava più a certe cose. In realtà ne fu sorpresa anche lei.

Il mio vicino di casa evitò per un pelo che accadesse una disgrazia: finisce infatti il suo racconto con un particolare assai piccante. Aveva visto come il fratello della Burgl, nel frattempo morto anche lui, non so se di morte naturale, in punta di piedi si fosse avvicinato alle spalle del muratore che ignaro di tutto stava raccogliendo qualcosa nel cortile. Di soppiatto aveva già alzato un forcone trovato per terra con la chiara intenzione di infilzarlo. Lui, dall'altra parte della strada fece giusto in tempo a gridare: «*Pass au*[3]!» Scongiurando, un sicuro omicidio o soltanto un incidente sul lavoro.

Ps. Vorrei aggiungere che la vecchia Burgl da qualche mese è scomparsa. Stranamente ha lasciato un gran vuoto nella strada. Almeno io ne sento la mancanza.

3) Attento!

er unter dem Vorwand der Arbeiten Zugang zu diesem Haus. Es verging nicht viel Zeit und Burgl begann übermäßig zuzunehmen. Die Blicke der Nachbarn taten sich nicht schwer die Schwangerschaft zu erkennen. Die Burgl leugnete, bis es nicht mehr ging. Der Maurer war verheiratet und hatte in einem nahegelegenen Dorf eine Familie, das wussten alle. Zudem, so hatte die Burgl mehrmals erklärt, hatte sie angesichts ihres Alters nicht mehr mit gewissen Dingen gerechnet. In der Tat war sie selbst überrascht.

Nur um ein Haar konnte mein Nachbar eine Tragödie vereiteln. Er beendete seine Erzählung in der Tat mit einem pikanten Detail. Er habe beobachtet, wie Burgls Bruder – mittlerweile ist auch dieser gestorben, ich weiß nicht, ob eines natürlichen Todes oder wegen seiner Exzesse unterschiedlichster Natur –, sich von hinten an den Maurer angeschlichen habe, der völlig ahnungslos im Hof etwas vom Boden aufheben wollte. Ungesehen habe ihr Bruder bereits die dort herumliegende Heugabel mit der eindeutigen Absicht zuzustoßen erhoben. Er habe gerade noch rechtzeitig auf die andere Straßenseite hinüberrufen können: „Pass au[4]!", und so einen eindeutigen Mord oder auch nur einen Arbeitsunfall verhindern können.

P.S.: Ich möchte noch hinzufügen, dass die alte Burgl seit einigen Monaten verschwunden ist. Seltsamerweise hat sie eine große Lücke in dieser Straße hinterlassen. Zumindest spüre ich ihr Fehlen.

4) Pass auf!

L'incontro

Già dal ponte sul Rienza sentì l'acqua rumoreggiare lungo il greto del fiume. La prima volta che era venuta qui aveva pensato fosse un torrente particolarmente tempestoso; un giorno, però, passeggiando oltre quel ponte, scoprì, a qualche centinaio di metri, una cascata. Sembrava scaturire dalla montagna non fosse stato per una cortina, una specie di inferriata, messa lì per frenare la violenza delle acque. Chiese, e venne a sapere che dietro quella cortina si nascondeva un impianto idroelettrico scavato nella roccia viva ancora prima della fine della seconda guerra mondiale.

Questa notizia non tolse niente al fascino di quella natura scatenata di acqua pulita, fredda, schiumosa che si rifrangeva fra i sassi, contro gli argini del fiume: non era quindi il risultato di chissà quale alluvione, o come in questo caso dello sciogliersi della neve delle Alpi. Era così in ogni stagione, ormai lo sapeva, dato che era venuta tre o quattro volte in periodi diversi dell'anno.

La casa di cura si allungava quasi tutta sulla sponda del fiume, con un corpo centrale, risalente con ogni probabilità alla fine del secolo scorso, più altre costruzioni venute su in seguito.

Il tassista portò le valigie fino ai piedi della scalinata e, nonostante il lusso dello stabilimento, nessun boy venne a prendere i bagagli, e nessuna macchina l'aveva prelevata alla stazione.

Die Begegnung

Bereits vor der Brücke über die Rienz hörte sie das Rauschen des Wassers entlang des Flussbetts. Als sie das erste Mal hierhergekommen war, hatte sie gedacht, dass es sich um einen besonders stürmischen Fluss handle; eines Tages aber, als sie jenseits der Brücke weiterspazierte, entdeckte sie einige hundert Meter weiter einen Wasserfall. Er schien aus dem Berg herauszusprudeln, wäre da nicht eine Absperrung gewesen, eine Art Eisengitter, dort angebracht, um die Gewalt der Wasser zu bremsen. Sie fragte nach und erfuhr, dass sich hinter dieser Absperrung ein bereits vor Ende des Zweiten Weltkrieges in den nackten Fels gegrabenes Wasserkraftwerk verbarg.

Diese Nachricht tat der entfesselten Natur dieses sauberen, kalten, schäumenden Wassers, das sich an den Felsen am Ufer des Flusses brach, keinen Abbruch. Das Rauschen war also nicht die Folge wer weiß welcher Überschwemmung oder, wie in diesem Fall, der Schneeschmelze in den Alpen. Es war zu allen Jahreszeiten so, mittlerweile wusste sie es, da sie zu unterschiedlichen Zeiten drei oder vier Mal hierhergekommen war.

Das Kurhotel erstreckte sich beinahe zur Gänze entlang des Flusses, ein höchstwahrscheinlich auf das Ende des letzten Jahrhunderts zurückgehendes Gebäude, neben anderen später errichteter Baulichkeiten.

Der Taxifahrer brachte das Gepäck bis zum Fuß der Freitreppe und trotz des Luxus' der Anlage kam kein Boy das Gepäck entgegenzunehmen, und kein Wagen hatte sie am Bahnhof abgeholt.

La porta a vetri intanto, quasi un apriti sesamo, si era aperta automaticamente, ogni volta con sua sorpresa, benché ormai non ci fosse un albergo senza questo sistema di apertura. Una volta aveva riflettuto che questo nuovo sistema risparmiava l'apri-porte di prima, magari in divisa, col berretto gallonato in mano.

Alla reception una vecchia rattrappita, di notevole bruttezza, sedeva su un alto sgabello che dominava tutto l'ingresso. Ricordò come la prima volta fosse stata colta dal panico: sono capitata in una casa di riposo per vecchi? aveva subito pensato e avrebbe voluto tornare indietro. Quasi avesse indovinato i suoi pensieri, una voce dura, cavernosa, sgradevole, con una certa autorità la fermò:

«Cerca qualcuno?»

Strana domanda che mai nessuno le aveva rivolto in qualsiasi albergo del mondo.

«Ho prenotato una stanza, due settimane fa, il mio nome è Edda Tassinari, di Milano.» Doveva pur sapere del suo arrivo.

Adesso sembrò riconoscerla, ma non ne fu del tutto sicura.

Ogni volta non sapeva come sarebbe stata accolta, e benché non fosse timida né insicura, quella maledetta donna riusciva a metterle soggezione. Si irritò con sé stessa e a stento riuscì a trattenersi dalla tentazione di andar via subito, ma in quel momento le venne incontro la padrona in persona, la signora Matilda, che con esagerata cortesia, forse per riequilibrare il primo urto con la vecchia, le diede il benvenuto. Ecco un'altra donna con la quale non sapeva mai da che parte prendere: da un momento all'altro, senza preavviso e senza un visibile motivo, passava infatti dalla più sviscerata cordialità a una freddezza che la disorientava. La prima volta,

Inzwischen hatte sich die Glastür, beinahe ein Sesam-öff-ne-dich, automatisch aufgetan, jedes Mal zu ihrer Überraschung, auch wenn es mittlerweile kein Hotel mehr ohne dieses Öffnungssystem gab. Einmal hatte sie überlegt, dass dieses neue System den früheren Portier, manchmal sogar in goldbetresster Uniform mit Mütze, überflüssig machte.

An der Rezeption saß eine steife Alte von bemerkenswerter Hässlichkeit auf einem hohen Hocker, von dem aus sie den ganzen Eingang überblickte. Sie erinnerte sich, wie sie das erste Mal von Panik ergriffen worden war: Bin ich in einem Altersheim gelandet, hatte sie sofort gedacht und hätte kehrt machen wollen. Beinahe als hätte sie ihre Gedanken erraten, hatte sie eine harte, tiefe, unangenehme Stimme mit einer bestimmten Autorität aufgehalten:

»Suchen Sie jemanden?«

Eine seltsame Frage, die ihr noch niemand, in keinem Hotel der Welt gestellt hatte.

»Ich habe vor zwei Wochen ein Zimmer bestellt; mein Name ist Edda Tassinari aus Mailand.« Sie musste doch von ihrem Kommen wissen.

Jetzt schien sie sich zu erinnern, war sich jedoch nicht ganz sicher.

Nie wusste sie, wie man sie wohl empfangen würde und obwohl sie nicht schüchtern war, konnte sie diese vermaledeite Person jedes Mal in Verlegenheit versetzen. Sie ärgerte sich über sich selbst und nur mit Mühe konnte sie sich zurückhalten, nicht gleich wieder kehrt zu machen. In diesem Augenblick aber kam ihr die Hausherrin, Frau Matilda entgegen, die sie mit übertriebener Höflichkeit, vielleicht um den ersten Zusammenstoß mit der Alten auszugleichen, willkommen hieß. Noch so eine Frau, bei der sie nie wusste, wie sie sie nehmen sollte: von einem Moment auf den anderen ging sie ohne Vorwarnung und ohne erkennbaren Grund von der übertriebenen Höflichkeit zu einer Eiseskälte über, die sie durcheinander brachte. Das erste Mal, einige Jahre

qualche anno prima, si era chiesta come avrebbe potuto sopravvivere due settimane in quel luogo, se tutto il personale fosse stato dello stesso tipo. Per fortuna era stata solo la prima impressione, da attribuire più al suo stato generale di tensione e ansia che alla effettiva realtà, altrimenti non sarebbe tornata così spesso e così volentieri.

Ma il primo impatto era sempre lo stesso.

Dopo, aveva saputo che la vecchia della reception era la madre della signora Matilda, messa lì per distrarla dalla monotonia della sua giornata.

Finalmente entrò nella sua stanza, sempre la stessa, in stile tirolese, con mobili dipinti di un bel colore azzurro-grigio, decorati con fiori e ghirlande, datati anche (un armadio addirittura era del 1828); troppo kitsch per il suo gusto sobrio, amante dei mobili moderni, di design. Dovette però subito riconoscere che questo arredamento quasi da stanza dei bambini le dava una sensazione di calore e di quiete. Erano i cosiddetti *Bauernmöbel*, cioè i mobili dei contadini. Si doveva trattare di contadini ricchi se potevano permettersi mobili così eleganti e, perché no, raffinati, aveva pensato la prima volta. Si era infatti interessata presso un antiquario del luogo e aveva sentito prezzi più che rispettabili. Ad ogni modo teneva molto a riavere sempre la stessa stanza.

Per prima cosa spalancò la porta-finestra che dava sul balcone per lasciare entrare il rumore del fiume e l'aria fresca, pulita. Poi disfece le valigie, mise una veste da camera e si sedette per riposarsi: quattro ore di treno l'avevano stancata.

I primi giorni preferiva prendere i pasti da sola, in camera, per una certa ritrosia, o un bisogno di isolamento che caratterizzava da qualche anno il suo modo di vivere. Il marito, Leonardo, i genitori, le amiche, nessuno aveva capito il per-

zuvor, hatte sie sich gefragt, wie sie an diesem Ort zwei Wochen überleben sollte, wenn das ganze Personal von derselben Sorte wäre. Zum Glück war es nur der erste Eindruck gewesen, der eher auf ihren allgemeinen Zustand der Anspannung und Beklemmung zurückzuführen war als auf die effektive Wirklichkeit, ansonsten wäre sie nicht so oft und so gerne wiedergekommen.

Aber der erste Eindruck war immer derselbe.

Später hatte sie erfahren, dass die Alte an der Rezeption die Mutter von Frau Matilda war und nur deshalb dort war, um sie aus der Monotonie ihres Alltags zu reißen.

Endlich betrat sie ihr Zimmer, immer dasselbe, im Tiroler Stil eingerichtet, mit in schönem Blaugrün gehaltenen Möbeln mit Blumen und Girlanden verziert und auch mit Jahreszahl versehen (ein Schrank war sogar von 1828); zu kitschig für ihren nüchternen Geschmack, mit einer Vorliebe für moderne Designermöbel. Sie musste aber sofort zugeben, dass diese Einrichtung, beinahe für ein Kinderzimmer geeignet, ihr ein Gefühl der Wärme und der Ruhe vermittelte. Das waren die sogenannten Bauernmöbel. Es musste sich wohl um reiche Bauern handeln, wenn sie sich derart elegante, und warum nicht, feine Möbel leisten konnten, hatte sie das erste Mal gedacht. Sie hatte sich in der Tat bei einem Antiquar im Ort umgesehen und es wurden ihr mehr als beachtliche Preise genannt. Auf jeden Fall lag ihr sehr daran, immer dasselbe Zimmer zu bekommen.

Fürs erste riss sie die Fenstertür auf, die auf den Balkon führte, um das Rauschen des Flusses und die frische, reine Luft hereinzulassen. Dann packte sie den Koffer aus, zog einen Schlafrock an und setzte sich, um sich auszuruhen: vier Stunden im Zug hatten sie müde gemacht.

In den ersten Tagen zog sie es aus einer gewissen Widerspenstigkeit oder einem Bedürfnis nach Absonderung, die seit einigen Jahren ihre Lebensart charakterisierte, vor, die Mahlzeiten alleine auf ihrem Zimmer zu sich zu nehmen. Ihr

ché di questo suo comportamento. Aveva bisogno di evadere dalla sua quotidianità, soleva dire, una reazione ai ristretti confini del solito cerimoniale giornaliero, quello che considerava un girare a vuoto per ingannare sé stessi: uscire la mattina alle undici; fare qualche spesa il più delle volte superflua, per gratificarsi, lei stessa non sapeva di che cosa; poi un salto al solito caffè, dove era sicura di incontrare qualche amica, due chiacchiere, anche queste inutili; il ritorno a casa dove la domestica aveva preparato il pranzo; la sera a volte la Scala o qualche spettacolo scelto da Leonardo. A lui l'opera metteva sonno e se l'accompagnava era solo per non dar motivo alla gente di fare commenti sul loro matrimonio. Lei lo sapeva. Al contrario, avrebbe preferito restare in casa, ancora meglio nella propria camera, non vestirsi, restare tutto il giorno in camicia da notte e veste da camera, senza truccarsi, solo una spazzolata per sciogliere l'arruffio dei lunghi capelli corvini, che era stata tentata di tagliare corti, cortissimi, se non fosse stata frenata con una certa autorità dalla madre. Il marito, piuttosto annoiato da queste sue reazioni, le aveva consigliato di andare dallo psicanalista, lo facevano tutti o quasi tutti i loro amici. Ormai è una moda, aveva aggiunto superficialmente. Forse lo aveva detto per tranquillizzarla, o forse lo pensava sul serio.

Prima di sprofondare in modo pericoloso in un buco nero, convinta anche dalla madre, con la solita petulanza che ben conosceva, quasi per non sentirle ripetere sempre la stessa litania, si lasciò tentare. Lo psicanalista – si rivelò poi essere una psicanalista – era una vecchia signora calma, un po' in-

Mann, Leonardo, die Eltern, die Freundinnen, niemand hatte das Warum dieses Benehmens ihrerseits verstanden. Sie musste aus ihrem Alltag ausbrechen, pflegte sie zu sagen, eine Reaktion auf die beengenden Grenzen des üblichen alltäglichen Zeremoniells, das sie als ein leeres Sich-im-Kreis-Drehen betrachtete, um sich selbst zu betrügen: am Morgen um elf Uhr aus dem Haus gehen, einige meist überflüssige Einkäufe erledigen, um sich zu belohnen, sie selbst wusste nicht wofür; den Abstecher ins übliche Café, wo sie sicher war einige Freundinnen zu treffen, einige Schwätzchen, auch diese überflüssig, zu halten; die Rückkehr nach Hause, wo die Hausangestellte das Mittagessen zubereitet hatte. Am Abend ab und zu in die Scala oder in eine von Leonardo ausgesuchte Veranstaltung. Ihn machte die Oper schläfrig und wenn er sie begleitete, dann nur, um den Leuten keinen Anlass zu geben Bemerkungen über ihre Ehe zu machen. Sie wusste es. Sie hätte es im Gegenteil vorgezogen zu Hause, besser noch in ihrem Zimmer zu bleiben, sich nicht umziehen zu müssen, den ganzen Tag im Nachthemd und Schlafrock zu bleiben ohne sich zu schminken, nur kurz die Haare bürsten, um den Wirbel in ihrem langen, rabenschwarzen Haar zu lösen, das sie ganz kurz zu schneiden geneigt gewesen wäre, wäre sie nicht mit einer gewissen Autorität seitens ihrer Mutter daran gehindert worden. Ihr von ihren Reaktionen ziemlich gelangweilter Mann hatte ihr geraten, sich an einen Psychoanalytiker zu wenden, denn das täten alle oder beinahe alle ihre Freunde. Mittlerweile sei es Mode, hatte er ganz nebenbei hinzugefügt. Vielleicht hatte er es gesagt, um sie zu beruhigen oder vielleicht meinte er es ernst.

Bevor sie in ein gefährlich schwarzes Loch stürzte, überredet auch von der Mutter mit ihrer üblichen Aufdringlichkeit, die sie gut kannte, beinahe um nicht die Wiederholung der ständigen Litanei anhören zu müssen, ließ sie sich überzeugen. Der Psychoanalytiker, der sich dann als Psychoanalyti-

sicura lei stessa, assai cauta nel parlare, ma piena di comprensione: la dottoressa Renzoni.

Come spiegare a lei o a se stessa il motivo della propria depressione, come era stata diagnosticata la sua cosiddetta malattia? Lei non si considerava malata, questo era chiaro: perché avrebbe dovuto essere depressa se nella sua vita non le era mai mancato niente? Figlia unica, non era stato necessario dividere i genitori con nessuno, quindi un'infanzia felice, senza conflitti, con due meravigliosi genitori, come sempre li aveva considerati. Solo dopo non poche settimane di analisi scoprì al contrario che non si erano curati di lei, non erano stati presenti, non l'avevano amata come avrebbe desiderato! Certo, non l'avevano mai lasciata sola, c'era sempre stata una tata con lei, ma la mamma, il papà? Non mancava il bacio della buonanotte prima di uscire, una cerimonia assicurata, seguita sempre da una frase che ormai conosceva a memoria: fai la brava! Non aveva scelta.

E lei era stata brava, sempre. Non le era mai venuto in mente di ribellarsi. Contro chi? Per che cosa? La mattina poi, assai presto, quando si svegliava, una-due volte aveva tentato di sgattaiolare silenziosamente dalla sua stanza, dove dormiva con la tata di turno, per intrufolarsi nel letto dei genitori. Le reazioni erano sempre state infastidite, scostanti, tanto che tutte le altre volte in cui le era venuto il desiderio di sentire il corpo caldo della madre o l'odore così pizzicante del padre lo aveva scacciato con decisione: meglio la solitudine del proprio lettino che il dolore di non sentirsi desiderata. In quei momenti i genitori le apparivano come due estranei, due persone sconosciute. In ogni caso due persone che non l'amavano. Non ricordava più a quando risalissero questi episodi, ma li aveva conservati nella propria memoria e si meravigliava della fitta che quei ricordi ancora le procu-

kerin entpuppte, war eine alte, ruhige Dame, selbst ein wenig unsicher, äußerst vorsichtig beim Reden aber sehr verständnisvoll, Frau Doktor Renzoni.

Wie sollte sie ihr oder sich selbst die Ursache ihrer Depression erklären, wie ihre sogenannte Krankheit diagnostiziert worden war. Sie erachtete sich nicht als krank, das war klar. Warum hätte sie depressiv sein sollen, da ihr in ihrem Leben nie etwas gefehlt hatte? Als Einzelkind hatte sie ihre Eltern nie mit jemanden teilen müssen, also eine glückliche Kindheit ohne Konflikte, mit wunderbaren Eltern, für die sie sie immer gehalten hatte. Erst nach vielen Wochen der Analyse entdeckte sie ganz im Gegenteil, dass sie sich nicht um sie gekümmert hatten, dass sie nicht präsent gewesen waren, dass sie sie nicht geliebt hatten, wie sie es sich gewünscht hätte! Gewiss, sie hatten immer dafür gesorgt, dass sie nie alleine war; da war immer ein Kindermädchen gewesen, aber die Mama, der Papa? Es fehlte nicht der Gutenachtkuss, bevor sie ausgingen – ein garantiertes Zeremoniell, immer begleitet von einem Satz, den sie mittlerweile auswendig kannte: Sei brav! Sie hatte keine Wahl.

Und sie war immer brav gewesen. Es war ihr nie in den Sinn gekommen sich aufzulehnen. Gegen wen? Wofür? Am Morgen dann, sehr früh, wenn sie aufwachte, hatte sie ein, zwei Mal versucht sich leise aus dem Zimmer, in dem sie mit dem jeweiligen Kindermädchen schlief, zu schleichen und ins Bett der Eltern zu kriechen. Die Reaktionen waren verärgert, abweisend gewesen, sodass sie all die weiteren Male, als ihr der Wunsch danach gekommen war den warmen Körper der Mutter zu spüren oder den so kitzelnden Geruch des Vaters zu riechen, diesen entschieden verdrängt hatte: besser die Einsamkeit des eigenen Bettchens als der Schmerz, sich nicht erwünscht zu fühlen. In solchen Momenten erschienen ihr die Eltern wie Fremde, zwei unbekannte Personen. Auf jeden Fall zwei Personen, die sie nicht liebten. Sie erinnerte sich nicht mehr, wie weit diese Episoden zurücklagen, doch hatte sie sie in Erinnerung behalten

ravano.

E lei che era sempre stata convinta di avere avuto un'infanzia felice, invidiabile, ricca di tutto ciò che una bambina può desiderare. Certo non erano mancati i giocattoli, montagne di giocattoli, e festicciole con le amichette in cui intervenivano maghi – fra l'altro non ne aveva mai dimenticato uno perché aveva tirato fuori dal suo cilindro un coniglietto vivo che poi, dopo le sue insistenti preghiere, aveva potuto tenere con sé. Chissà che fine aveva poi fatto, quel povero coniglietto. Non lo ricordava più – e giocolieri che sputavano fuoco dalla bocca, il teatrino delle marionette e chissà che altro ancora: un'infanzia da fiaba! C'era poi la sua meravigliosa nonna Laura, che veniva ad abitare da loro quando i genitori intraprendevano lunghi viaggi. La sera restava con lei e le raccontava storie fantastiche di principi e principesse, racconti che si concludevano sempre col bacio della buonanotte.

E ora doveva ammettere di avere avuto un'infanzia infelice.

Non voleva crederci.

La dottoressa Renzoni aveva un'idea sbagliata della felicità.

Lei non aveva mai avuto desideri non appagati. Perfino in seguito: appena sedicenne si era innamorata pazzamente di Leonardo (uno dei direttori dell'impresa paterna), il primo amore, e lui l'aveva subito corrisposta, altrettanto entusiasta di lei, della sua bellezza, della sua gioventù.

Da qualche tempo cominciava a riflettere se era stato il tipico innamoramento adolescenziale, il cosiddetto risveglio degli ormoni, come si definiva ora l'amore, ridotto soltanto a un fatto puramente ormonale e niente altro.

Più di una volta l'aveva sfiorata il sospetto che l'ingente pa-

und sie wunderte sich über den stechenden Schmerz, den ihr diese Erinnerungen immer noch verursachten.

Und sie war immer überzeugt gewesen eine glückliche Kindheit gehabt zu haben, beneidenswert reich an allem, was ein Mädchen sich wünschen konnte. Gewiss, es hatte nicht an Spielsachen gefehlt, Berge von Spielzeug und Feste mit den Freundinnen, bei denen Zauberer auftraten – unter anderen hatte sie nie den einen vergessen, der ein lebendiges Kaninchen aus seinem Zylinder hervorgeholt hatte, das sie dann, nach beharrlichem Bitten bei sich behalten durfte. Wer weiß, welches Ende dieses arme Kaninchen dann gefunden hatte. Sie erinnerte sich nicht mehr daran. Und die Gaukler, die Feuer spuckten, das Puppentheater und wer weiß was sonst noch; eine fabelhafte Kindheit! Dann war da ihre wunderbare Großmutter Laura, die bei ihnen wohnte, wenn die Eltern lange Reisen unternahmen. Am Abend blieb sie bei ihr und erzählte ihr fabelhafte Geschichten von Prinzen und Prinzessinnen, Erzählungen, die immer mit einem Gutenachtkuss endeten.

Und nun sollte sie akzeptieren eine unglückliche Kindheit gehabt zu haben.

Sie konnte es nicht glauben.

Frau Doktor Renzoni hatte eine falsche Vorstellung vom Glück.

Sie hatte nie unerfüllte Wünsche gehabt. Selbst später nicht. Gerade sechzehn, hatte sie sich total in Leonardo verliebt (einem der Direktoren des väterlichen Betriebes), ihre erste Liebe, und er hatte sie sofort erwidert, gleichfalls von ihr begeistert, von ihrer Schönheit, ihrer Jugend.

Seit einiger Zeit hatte sie angefangen darüber nachzudenken, ob es die übliche jugendliche Verliebtheit gewesen war, das sogenannte Erwachen der Hormone, wie man jetzt die Liebe, auf eine rein hormonelle Angelegenheit und nichts weiter reduziert, bezeichnete.

Mehr als einmal hatte sie der Verdacht gestreift, dass das beträchtliche Vermögen, das eines Tages ihr gehören würde,

trimonio che un giorno sarebbe stato suo, forse aveva giocato un ruolo non indifferente nell'improvviso innamoramento di Leonardo, ma scacciava sempre questi pensieri inquietanti. Temeva di scrutare nel mondo interiore del marito, allora trentenne, un uomo maturo per lei, che per ottenere il consenso paterno aveva dovuto aspettare la fine della scuola. Edda Tassinari era uno dei più ambiti partiti della città, lo sapeva lei stessa, e i corteggiatori non le erano mai mancati, ma lei aveva in mente solo Leonardo. Cosciente della propria bellezza – troppo spesso aveva visto lo stupore di chi la guardava per la prima volta – sapeva di avere una carta vincente in mano: quasi non era necessario fare altro che star lì e lasciarsi ammirare. Fin dall'infanzia, sempre la stessa frase: „Un angelo del cielo" e la gioia negli occhi delle persone che incontrava anche per strada, uomini o donne.

Un angelo senza ali, aveva sempre pensato.

Edda, alta più di un metro e ottanta, un handicap, soprattutto perché non erano molti gli uomini con i quali potersi accompagnare, o soltanto ballare formando una coppia messa bene, aveva trovato in Leonardo il partner giusto, uno dei pochi che lei aveva potuto guardare da pari a pari.

I primi anni di matrimonio erano stati travolgenti. Leonardo era un amante appassionato, un vero artista, un raffinato cultore dell'Eros nelle sue forme più audaci. Dopo alcuni anni i genitori cominciarono a inquietarsi: avevano necessità di un erede. Edda, costretta dalla madre, passò da un ginecologo all'altro. Varie diagnosi, varie cure. Tutte parole. Adesso, ormai trentenne, si era rassegnata; anche i genitori non facevano domande, delusi dall'unica figlia, per non dire frustrati. Non che desiderasse ardentemente avere figli, sentiva però di aver mancato al suo dovere di donna, che non aveva fatto la brava, come sempre le avevano raccomandato

vielleicht eine nicht unwesentliche Rolle in Leonardos plötzlicher Verliebtheit gespielt haben könnte, doch verscheuchte sie diese beunruhigenden Gedanken immer. Sie fürchtete sich, die innere Welt ihres damals dreißigjährigen Mannes, ein für sie reifer Mann, auszuforschen, für den sie, um das väterliche Zugeständnis zu erhalten, erst die Schule beenden hatte müssen. Edda Tassinari war eine der begehrtesten Partien der Stadt, das wusste sie selber, und an Verehrern hatte es ihr nie gefehlt, doch sie hatte nur Leonardo im Sinn. Ihrer eigenen Schönheit bewusst – zu oft hatte sie das Staunen derer gesehen, die sie zum ersten Mal sahen – wusste sie einen Trumpf in der Hand zu haben: Es war beinahe nicht nötig anderes zu tun als dazustehen und sich bewundern zu lassen. Seit ihrer Kindheit immer derselbe Satz: „Eine himmlische Erscheinung" und die Freude in den Augen der Menschen, Männer wie Frauen, denen sie auf der Straße begegnete.

Ein Engel ohne Flügel, hatte sie immer gedacht.

Edda, über einsachtzig groß – ein Handicap, vor allem weil es nicht viele Männer gab, die zu ihr gepasst hätten oder mit denen sie ein gutaussehendes Paar beim Tanzen hätte abgeben können – hatte in Leonardo den richtigen Partner gefunden, einer der wenigen, dem sie Auge in Auge gegenüberstehen konnte.

Die ersten Jahre der Ehe waren überwältigend gewesen. Leonardo war ein leidenschaftlicher Liebhaber, ein richtiger Künstler, ein raffinierter Freund des Eros in seinen gewagtesten Ausprägungen. Nach einigen Jahren begannen sich die Eltern zu beunruhigen: sie brauchten einen Erben. Von ihrer Mutter gezwungen wanderte Edda von einem Gynäkologen zum nächsten. Unterschiedliche Diagnosen, verschiedene Kuren. Nur Worte. Jetzt, mittlerweile dreißig, hatte sie sich damit abgefunden; auch die Eltern, von der einzigen Tochter enttäuscht, um nicht zu sagen frustriert, stellten keine Fragen mehr. Nicht etwa, dass sie sich sehnlichst wünschte Kinder zu bekommen, doch spürte sie ihrer

i genitori.

Era forse questo il motivo della sua depressione? Non poteva crederlo. In fondo non era la sola coppia senza figli, e Leonardo le aveva sempre detto di non darsi pensiero: se dovevano venire sarebbero venuti, questi benedetti figliuoli. Solo la madre non nascondeva una certa irritazione: accennava allora a dei lontani parenti che cominciavano già a fregarsi le mani pensando alla grossa eredità che li aspettava! La sua voce allora si faceva stridula, saliva di tono in modo isterico, cosa che mortificava Edda ancora più di un chiaro rimprovero.

Leonardo, ancora un bell'uomo, invidiato e magari assediato da certe sue amiche, si assentava spesso per motivi di lavoro, il più delle volte includendovi il fine settimana. Le buone amiche, o quelle che si consideravano tali, cercavano di farle intendere quello che lei non voleva capire. La verità era che il fuoco iniziale si era spento, quasi inavvertitamente, e a volte si domandava se amasse ancora il marito: cosa la legava ancora a lui? Tutte domande che scacciava lontano da sé, per paura di trovare la risposta giusta.
La psicanalista le aveva consigliato di venire in questa casa di cura, non certo specializzata per malattie psichiche, per uscire dal ritmo delle sue giornate, per curare il proprio corpo, ingrassato negli ultimi tempi, con massaggi, bagni di vario tipo, una dieta adeguata, che l'avrebbero sicuramente rilassata e riconciliata con se stessa. Ma lei non si sentiva in guerra con sé stessa, non aveva bisogno di conciliarsi con nessuno.

Il linguaggio della psicanalisi le rimaneva incomprensibile e spesso inaccettabile.

Il suo primo soggiorno in questa casa di cura era stato

Pflicht als Frau nicht nachgekommen zu sein, nicht brav gewesen zu sein, wie es ihr die Eltern immer aufgetragen hatten.

War das vielleicht die Ursache ihrer Depression? Sie konnte es nicht glauben. Schließlich waren sie nicht das einzige kinderlose Paar und Leonardo hatte ihr immer gesagt, sie solle sich nichts daraus machen: wenn sie kommen wollten, würden sie kommen, diese gebenedeiten Kinder. Nur ihre Mutter verbarg eine gewisse Irritation nicht. Sie verwies dann auf entfernte Verwandte, die sich beim Gedanken an das fette Erbe, das sie erwartete, bereits die Hände zu reiben begannen! Ihre Stimme fing dann zu kreischen an, stieg auf hysterische Weise im Ton, was Edda mehr noch als ein eindeutiger Tadel demütigte.

Leonardo, immer noch ein schöner Mann, beneidet und vielleicht auch von gewissen Freundinnen belagert, war häufig, meist die Wochenenden eingeschlossen, aus Arbeitsgründen abwesend. Die guten Freundinnen oder die, die sich für solche hielten, versuchten ihr das klar zu machen, was sie aber nicht verstehen wollte. Die Wahrheit war, dass das anfängliche Feuer beinahe unbemerkt erloschen war, und manchmal fragte sie sich, ob sie ihren Mann noch liebte und was sie noch mit ihm verband? Alles Fragen, die sie aus Angst die richtige Antwort zu finden, weit von sich wies.

Die Psychoanalytikerin hatte ihr geraten dieses gewiss nicht auf psychische Krankheiten spezialisierte Kurhotel aufzusuchen, um aus dem Rhythmus ihres Alltags auszubrechen, ihren in letzter Zeit üppig gewordenen Körper mit Massagen, Bädern unterschiedlichster Art und einer passenden Diät zu kurieren, was sie sicher entspannen und mit sich selbst versöhnen würde. Sie aber fühlte sich nicht im Krieg mit sich selbst, sie musste sich mit niemanden versöhnen.

Die Sprache der Psychoanalyse blieb ihr unverständlich, häufig unannehmbar.

Ihr erster Aufenthalt in diesem Kurhotel war ziemlich

piuttosto traumatico, tanto è vero che per tutti i quindici giorni quasi non era uscita dalla sua stanza, eccettuato che per i trattamenti cui veniva sottoposta. La dietista, una signorina assai gentile, magra (una vergogna per lei confrontarsi con quella figurina sottile sottile) le aveva fatto alcune domande discrete sulle sue abitudini alimentari. Non aveva saputo rispondere. La dietista con estrema cortesia ma anche con fermezza, le fece perdere alcuni chili, e le volte successive, sempre con la stessa fermezza, era riuscita a riportarla al suo peso ideale.

Adesso tornava semplicemente perché quell'atmosfera la calmava, le dava una pace interiore che non conosceva da molto tempo. Era come un complemento alla sua analisi, che proseguiva in qualche modo stancamente, senza molta convinzione, quasi una routine: in fondo non aveva nessuno con cui poter parlare per tre quarti d'ora di seguito soltanto di sé, sempre ascoltata col dovuto interesse, anzi con la certezza di avere un interlocutore pieno di comprensione, che non si annoiava neanche un poco. In realtà era uscita dallo stato depressivo, ma continuava a non sapere il perché della propria esistenza: aveva persino pensato di mettersi a lavorare. Aveva notato come fra tutte le persone che conosceva, quelle che esercitavano una qualsiasi attività erano vivaci, interessate, con pochissimo tempo a disposizione per pensare, come lei. Aveva concluso che il lavoro aveva anche una funzione terapeutica. Perché non tentare?

Finito il liceo si era iscritta alla facoltà di storia dell'arte, aveva frequentato per un certo tempo, poi si era sposata e aveva lasciato perdere tutto. Un'infarinatura di cose d'arte continuava a conservarla, ma soprattutto l'interesse era ri-

traumatisch gewesen, so sehr, dass sie während der gesamten zwei Wochen fast nie ihr Zimmer verlassen hatte, mit Ausnahme der Behandlungen, denen sie unterzogen wurde. Die Diätistin, eine sehr freundliche junge Frau, dünn (eine Erniedrigung für sie, sich diesem schmalen Figürchen gegenübersehen zu müssen), hatte ihr einige diskrete Fragen zu ihren Essgewohnheiten gestellt. Sie hatte nicht darauf zu antworten gewusst. Die Diätistin brachte sie mit äußerster Höflichkeit aber auch mit Nachdruck dazu, dass sie einige Kilo abnahm und bei den darauffolgenden Aufenthalten war es ihr mit derselben Standhaftigkeit gelungen, sie auf ihr Idealgewicht zu bringen.

Jetzt kam sie einfach wieder, weil sie diese Atmosphäre beruhigte; sie gab ihr den inneren Frieden wieder, den sie seit langem nicht mehr empfunden hatte. Es war wie eine Ergänzung ihrer Analyse, die irgendwie müde weiterlief, ohne große Überzeugung, beinahe eine Routine: im Grunde hatte sie sonst niemanden, mit dem sie eine Dreiviertelstunde ohne Unterbrechung nur über sich hätte reden können, immer mit dem gebührenden Interesse, beziehungsweise sogar mit der Gewissheit angehört zu werden, einen verständnisvollen Gesprächspartner zu haben, der sich dabei kein bisschen langweilte. In Wirklichkeit war sie dem depressiven Zustand entkommen, doch erkannte sie weiterhin nicht das Wozu der eigenen Existenz: sie hatte sogar daran gedacht eine Arbeit anzunehmen. Sie hatte bemerkt, dass unter all den Menschen, die sie kannte, jene, die irgendeiner Tätigkeit nachgingen, lebendig und interessiert waren und wenig Zeit übrig hatten so wie sie nachzudenken. Sie hatte daraus geschlossen, dass Arbeit auch eine therapeutische Funktion hatte. Warum sollte sie es nicht versuchen?

Als sie das Lyzeum abgeschlossen hatte, hatte sie sich an der Fakultät für Kunstgeschichte eingeschrieben, hatte sie auch eine Zeit lang besucht, dann aber geheiratet und alles bleiben lassen. Oberflächliche Kunstkenntnisse hatte sie

masto vivo. Forse sarebbe bastato leggere qualche libro, frequentare artisti... magari aprire una galleria d'arte moderna. Il padre l'avrebbe sicuramente finanziata, su questo non aveva dubbi. Ma poi? Non sapeva immaginare il resto.

I primi giorni restò in camera, come ormai era sua abitudine, sdraiata nella sua loggetta che dava direttamente sul fiume. Lì prendeva anche i pasti, sempre molto parchi, come stabiliva la dietista, e leggeva qualche libro sui nuovi indirizzi nel mondo dell'arte.

Una sera decise di cenare in sala, un bel locale con molte finestre che davano da una parte sul fiume e dall'altra sul parco, che si estendeva sul retro della casa. Avrebbe preferito un tavolo tutto per sé, ma in quel periodo dell'anno la casa di cura era quasi al completo, così fu accompagnata a un tavolo dove sedevano altre tre persone che conosceva solo di vista, avendo fatto ginnastica terapeutica insieme a un piccolo gruppo di pazienti. Notò la cura della signora Matilda di metterla insieme agli ospiti più giovani, ma la situazione era ugualmente desolante. Alla sua destra sedeva una cinquantenne o forse sessantenne che portava bene i suoi anni, elegantissima, con qualche esagerazione nella scelta dell'abbigliamento: in fondo si trattava solo di una cena in una casa di cura. Si accorse subito come ogni donna guardasse l'altra soppesando il valore dell'abito, dei gioielli, di ciò che denunciasse il patrimonio dell'altra: in realtà si dava più peso al guscio che al nocciuolo. E lei, era forse diversa? si sorprese a pensare. Forse perché era ancora giovane aveva il diritto di sottolineare la propria bellezza? Era chiaro, si trattava di donne di un certo ceto sociale, che avevano trascorso la loro lunga vita riservando la massima cura al proprio aspetto fisico, forse il loro unico vero patrimonio, non accettando il

sich bewahrt, vor allem aber war ihr Interesse dafür lebendig geblieben. Vielleicht hätte es gereicht, das eine oder andere Buch zu lesen, mit Künstlern Umgang zu pflegen ... vielleicht eine Galerie für moderne Kunst zu eröffnen. Ihr Vater hätte das sicher finanziert, da hegte sie keinerlei Zweifel. Aber dann? Sie konnte sich den Rest nicht vorstellen.

Während der ersten Tage blieb sie auf ihrem Zimmer, so wie es mittlerweile ihre Angewohnheit war, ausgestreckt in ihrer kleinen Loggia mit Blick auf den Fluss. Dort nahm sie auch ihre immer sehr kargen Mahlzeiten ein, ganz so wie die Diätistin es bestimmte, las das eine oder andere Buch über die neuen Stilrichtungen der modernen Kunst.

Eines Abends beschloss sie im Speisesaal zu Abend zu essen, ein schöner Saal mit vielen Fenstern, teilweise zum Fluss hin, teilweise zum Park, der sich hinter dem Gebäude ausbreitete. Sie hätte einen Tisch für sich alleine vorgezogen, doch zu dieser Jahreszeit war das Haus beinahe ausgebucht, weshalb sie an einen Tisch begleitet wurde, an dem bereits drei Personen saßen, die sie nur vom Sehen kannte, da auch sie therapeutische Gymnastik mit einer kleinen Gruppe von Patienten gemacht hatte. Ihr fiel das Bemühen von Frau Matilda auf, sie mit den jüngsten Gästen zusammenzusetzen, doch die Situation war trotzdem trostlos. Zu ihrer Rechten saß eine Fünfzig-, vielleicht auch Sechzigjährige, die trotz des Alters gut aussah, sehr elegant, mit kleinen Übertreibungen die Kleidung betreffend: schließlich handelte es sich bloß um ein Abendessen in einem Kurhotel. Sie bemerkte gleich, wie alle Frauen alle anderen musterten und dabei den Wert der Kleider, des Schmuckes abwägten, die das Vermögen der anderen verrieten: in Wirklichkeit wurde der Hülle der größere Wert beigemessen als dem Kern. Sie überraschte sich bei dem Gedanken, ob sie etwa anders sei. Hatte sie vielleicht, weil sie jünger war, das Recht ihre eigene Schönheit zu unterstreichen? Es war klar, dass es sich um Frauen einer gewissen Gesellschaftsschicht han-

lento sfiorire del corpo, il tramonto inesorabile e la fine non lontana. Notò il numero spropositato di anelli che ingioiellavano le mani della prima vicina, mani sottili, rugose, le unghie lunghissime laccate di rosso, che non conoscevano un qualsiasi lavoro. Alzò gli occhi sul viso cui appartenevano quelle mani: era truccato in modo così perfetto da farle sospettare l'opera d'arte di un visagista (sapeva che nella casa di cura veniva offerto anche questo servizio); sembrava esser stato tirato su con le pinzette per non lasciare cadere le piccole rughe che coprivano la pelle. Una ex bellezza, si vedeva. I capelli biondissimi, pettinati con estrema cura... distrasse lo sguardo perché si sentì fissata dal suo vis-a-vis. Un signore di età indefinibile, ma non più giovane, l'osservava con insistenza: anche lui, i capelli radi, pettinati con cura, le tempie più bianche che grigie e, nonostante il caldo, la cravatta e la giacchetta. Essendo arrivata per ultima, lui, con gesto assai cerimonioso, si era alzato inchinandosi con eccessivo riguardo.

Edda, già infastidita da questo gesto, notò subito che si trattava di quello che lei definiva un ometto: era infatti di media statura, forse venti centimetri meno di lei. Lo liquidò con un breve cenno di ringraziamento. Lui imperterrito continuò a fissarla, non riuscendo a staccare gli occhi da lei. Conosceva questo atteggiamento di certi uomini che si credono irresistibili e sapeva anche come reagire: uno sguardo assai diretto, interrogativo, che non lasciava dubbi.

Lui sorrise: «Non credevo che in Italia ci potessero essere donne così alte e belle.»

Si pentì subito. Una tale banalità. Dentro di sé si insultò e

delte, die in ihrem langen Leben dem eigenen Körper die größte Pflege gewidmet hatten, vielleicht ihr einzig wahres Vermögen, und die das langsame Verblühen des Körpers, den unaufhaltsamen Niedergang und das nahe Ende nicht akzeptierten. Sie bemerkte die übermäßige Anzahl von Ringen, die die Hände ihrer nächsten Nachbarin zierten, schmale, faltenreiche Hände, sehr lange, rot lackierte Fingernägel, die nie irgendwelche Arbeit kennengelernt hatten. Sie richtete ihren Blick auf das Gesicht jener, der diese Hände gehörten: Sie war auf eine derart perfekte Art geschminkt, dass sie dahinter das kunstvolle Werk eines Visagisten vermutete (sie wusste, dass in diesem Kurhotel auch dieser Dienst angeboten wurde); es schien als hätte man die Haut mit einer Pinzette hochgezogen, damit sie nicht die kleinsten Falten werfen konnte. Eine ehemalige Schönheit, man sah es. Die strohblonden Haare mit äußerster Sorgfalt gekämmt ... Sie wandte den Blick ab, da sie sich von ihrem Gegenüber beobachtet fühlte, ein nicht mehr junger Herr undefinierbaren Alters musterte sie ebenfalls eindringlich; schütteres Haar, sorgfältig gekämmt, die Schläfen eher weiß als grau und trotz der Hitze mit Krawatte und Jackett. Da sie als Letzte gekommen war, hatte er sich mit einer sehr zeremoniösen Geste erhoben und mit übertriebener Ehrerbietung verbeugt.

Schon allein durch diese Geste gestört, bemerkte Edda sofort, dass es sich, wie sie es nannte, um ein Männlein handelte: in der Tat war er von mittlerer Größe, vielleicht zwanzig Zentimeter kleiner als sie. Sie fertigte ihn mit einem beiläufigen Zeichen des Dankes ab. Er fuhr unerschütterlich fort sie anzustarren, unfähig den Blick von ihr zu lösen. Sie kannte dieses Verhalten gewisser Männer, die sich für unwiderstehlich halten und wusste darauf zu reagieren: ein sehr direkter fragender Blick, der keinerlei Zweifel zuließ.

Er lächelte: »Ich hätte nicht geglaubt, dass es in Italien so große und schöne Frauen geben könnte.«

Sofort bereute er es. So eine Banalität. Innerlich be-

avrebbe dato chissà che cosa per ritirare quella stupida frase.

Edda abbassò gli occhi sul piatto, non rispose, e dopo qualche minuto, senza neanche finire di mangiare, si alzò e tornò nella propria stanza. Era contrariata. Chiaramente si trattava di uno straniero, si sentiva dalla pronuncia, anche se la sua frase era stata formulata senza evidenti errori di grammatica. Un tedesco, anche se dall'aspetto e anche per la sfacciata galanteria lo avrebbe scambiato per un italiano.

Ma era successo qualcosa. Quell'ometto era diventato la sua ombra, anche se di dimensioni ridotte: lo incontrava dappertutto: nel parco dello stabilimento, lungo il fiume, persino nel caffè di Città dove andava il pomeriggio a bere un caffè e mangiare una torta, trasgredendo alle regole della sua dietista. Aveva quasi l'impressione che la seguisse. Non parlava, si accontentava di salutarla da lontano, con un cenno di riconoscimento. Sembrava stregato.

Dopo qualche giorno, incontrandola di nuovo, sempre per caso nel piccolo parco dello stabilimento, le si avvicinò deciso e in inglese:

«La prego di scusarmi, sono stato impertinente, o meglio importuno, per non dire altro... la prego di ascoltarmi.»

Edda parlava inglese dalla prima infanzia, era per modo di dire la sua vera lingua materna, dato che i genitori l'avevano sempre affidata di preferenza a una nurse inglese appunto perché imparasse la lingua senza difficoltà. A scuola poi si era accorta di saperlo solo parlare, e aveva scoperto che leggere e scrivere era tutto un problema a sé. Con disappunto dei genitori aveva dichiarato di non volerne più sapere, e cambiò lingua straniera, sostituendo l'inglese col francese.

schimpfte er sich und hätte wer weiß was dafür gegeben, diese dumme Bemerkung zurücknehmen zu können.

Edda richtete ihren Blick auf den Teller, antwortete nicht und erhob sich nach einigen Minuten, ohne fertig gegessen zu haben und zog sich auf ihr Zimmer zurück. Sie war verdrossen. Klarerweise handelte es sich um einen Ausländer, man hörte es an seiner Aussprache, auch wenn der Satz ohne offensichtliche grammatikalische Fehler formuliert worden war. Ein Deutscher, auch wenn sie ihn wegen seines Äußeren und auch wegen seiner unverschämten Galanterie für einen Italiener gehalten hätte.

Doch es war etwas geschehen. Dieses Männlein war zu ihrem Schatten geworden, wenngleich nur von reduzierter Größe. Sie begegnete ihm überall: im Park der Anlage, am Fluss, sogar im Stadtcafé, in das sie am Nachmittag ging, um Kaffee und ein Stück Kuchen zu genießen, den Auflagen der Diätistin zuwiderhandelnd. Sie hatte beinahe den Eindruck, dass er sie verfolge. Er sprach nicht, begnügte sich, sie von Weitem mit einem Zeichen des Wiedererkennens zu grüßen. Er schien verzaubert.

Einige Tage später, als er ihr, wie immer zufällig, im Park der Anlage erneut begegnete, näherte er sich ihr entschlossen und sprach sie auf Englisch an:

»Ich bitte Sie mir zu verzeihen, ich war impertinent beziehungsweise lästig, wenn nicht noch schlimmer … doch bitte ich sie mir zuzuhören.«

Edda sprach seit ihrer frühesten Kindheit Englisch, es war sozusagen ihre wahre Muttersprache, da ihre Eltern sie immer vorzugsweise einem englischen Kindermädchen anvertraut hatten, damit sie ohne Probleme Englisch lerne. In der Schule hatte sie bemerkt, dass sie es nur sprechen konnte und hatte entdeckt, dass Lesen und Schreiben zwei völlig verschiedene Angelegenheiten waren. Zur Enttäuschung der Eltern hatte sie nichts mehr davon wissen wollen und wech-

Aveva però continuato a parlare correntemente inglese, pur non riuscendo a leggerlo e tanto meno a scriverlo.

Intanto l'ometto si presentò: Ludwig Schützenhäcker. Un nome impossibile che Edda dimenticò sul momento. Avrebbe avuto una gran voglia di rispondere con una battuta: un nome lungo per un uomo tanto corto... ma lasciò perdere. Inoltre questo Ludwig Schützeccetera non le diede nessuna possibilità di parlare, aggiunse infatti che il suo cattivo italiano lo aveva mal consigliato e proseguì, quasi tutto d'un fiato:

«Non è certo stata l'alta statura a impressionarmi: la bellezza latina ha bloccato le mie capacità intellettive. Nella mia vita ho conosciuto una gran quantità di donne belle, mai però una bellezza simile. Una bellezza coniugata con un fascino...» Edda alzò la mano come si fa a scuola, decisamente infastidita:

«Credo che stia esagerando un po'. L'Italia è piena di bellezze latine, bisogna soltanto andare un po' più a sud delle Alpi.»

Il signor Ludwig Schützeccetera si fermò un secondo, giusto il tempo per ascoltarla. Se però credeva di bloccare il flusso delle sue parole, aveva commesso un errore, perché subito seguì: «Quanto a Sud? Lei non mi sembra poi tanto del Sud.» E così via.

Più per un senso di civiltà e forse anche per noia si ritrovò a rispondere alle domande, più o meno dello stesso tenore, per il restante pomeriggio, fino all'ora di cena. Anche perché lui aveva cominciato a raccontare di sé, del motivo del suo soggiorno nella casa di cura: la sua schiena e le mani miracolose di un fisioterapista, un certo Helmuth, che sembrava

selte die Fremdsprache, ersetzte Englisch durch Französisch. Sie hatte aber weiterhin fließend Englisch gesprochen, auch wenn sie es nicht lesen und noch weniger schreiben konnte.

Das Männlein stellte sich inzwischen vor: Ludwig Schützenhäcker. Ein unmöglicher Name, den Edda auf der Stelle wieder vergaß. Sie hätte große Lust gehabt, mit einer witzigen Bemerkung zu antworten: ein langer Name für einen so kurzen Mann ..., doch sie ließ es bleiben. Außerdem ließ ihr dieser Ludwig Schützundsoweiter keine Gelegenheit zu sprechen, da er gleich hinzufügte, dass ihn sein schlechtes Italienisch übel beraten habe und fuhr in einem Atemzug fort:

»Es ist gewiss nicht ihre Statur gewesen, die mich beeindruckt hat: es war die südländische Schönheit, die meine Intelligenz außer Gefecht gesetzt hat. In meinem Leben habe ich eine Menge schöner Frauen kennengelernt, nie aber eine derartige Schönheit. Eine Schönheit gepaart mit einem Zauber ...« Ganz so wie man es in der Schule machte, hob Edda belästigt die Hand:

»Ich glaube, Sie übertreiben ein wenig. Italien ist voller südländischer Schönheiten, man muss sich nur südlich der Alpen etwas umsehen.«

Herr Schützundsoweiter hielt einen Augenblick ein, gerade so lange, um ihr zuzuhören, doch wenn sie geglaubt hatte seinem Redefluss Einhalt geboten zu haben, hatte sie einen Fehler gemacht, denn er fuhr gleich fort: »Wie weit südlich? Sie scheinen mir nicht von so weit südlich zu stammen.« Und so weiter.

Mehr aus einem Sinn für Anstand und vielleicht auch aus Langeweile fand sie sich dabei wieder, dass sie für den Rest des Nachmittags bis zum Abendessen auf Fragen mehr oder weniger desselben Tenors antwortete. Auch weil er begonnen hatte von sich zu erzählen, von den Gründen seines Aufenthalts im Kurhotel: seinem Rückenleiden und den wundertätigen Händen eines Physiotherapeuten, einem gewis-

avere fama internazionale, e così via. Poi si presentò di nuovo.

«Forse ha dimenticato il mio nome, Ludwig Schützenhäcker, un nome difficile per lei. Mi chiami semplicemente Ludwig. Sono austriaco, meglio, sono un ebreo austriaco. Ha qualcosa contro gli ebrei?» E la fissò in un certo modo, quasi a volerla provocare: aveva percepito la sua insofferenza?

Edda sgranò gli occhi: «Perché dovrei avere qualcosa contro gli ebrei? Mi sembra una strana domanda, oggigiorno.»

«Giusto, oggigiorno. Non molti anni fa era ben diverso. Ho visto che ha cercato di evitarmi e allora ho pensato...»

«Ma io non sapevo che lei fosse ebreo. Non ho mai fatto distinzioni del genere, per me non ha nessuna importanza... e poi non mi sembra di aver evitato...»

«La ringrazio. In realtà non ha nessuna importanza neanche per me, oggi.»

Un dialogo nato male. Dopo qualche minuto anche il signor Ludwig se ne accorse. Si morse la lingua. Per quale motivo aveva raccontato di essere ebreo? Mai prima aveva parlato delle sue origini con chicchessia: ancora un poco e avrebbe ricordato le persecuzioni nazifasciste subite dalla sua famiglia! Quella donna gli faceva perdere la padronanza di sé; le sue reazioni erano incontrollate, in balia di spiritelli capricciosi, che del resto conosceva molto bene. In ogni caso aveva rovinato la seconda possibilità di un approccio più o meno sensato con lei.

Edda non sapeva come liberarsi di lui, imbarazzata. Allontanarsi con un pretesto qualsiasi ora sarebbe stata non più una semplice scortesia: lui avrebbe pensato che al contrario aveva qualcosa contro gli ebrei! Proprio un bel pasticcio.

sen Helmuth, der internationales Ansehen zu genießen schien und so weiter. Dann stellte er sich erneut vor:

»Vielleicht haben Sie meinen Namen vergessen, Ludwig Schützenhäcker, ein schwieriger Name für Sie. Nennen Sie mich einfach Ludwig. Ich bin Österreicher oder besser gesagt österreichischer Jude. Haben Sie etwas gegen Juden?« Und er fixierte sie auf eine bestimmte Art,so als wollte er sie provozieren: hatte er ihre Verdrießlichkeit bemerkt?

Edda schaute etwas verdutzt: »Warum sollte ich etwas gegen Juden haben. Mir scheint das heutzutage eine seltsame Frage zu sein.«

»Eben, heutzutage. Bis vor wenigen Jahren war das ganz anders. Ich habe gesehen, dass Sie mich zu meiden suchten, also habe ich mir gedacht ...«

»Ich wusste aber nicht, dass Sie Jude sind. Ich habe nie derlei Unterschiede gemacht; für mich hat das keine Bedeutung ... und außerdem kommt mir nicht vor, dass ich Sie zu meiden ...«

»Ich danke Ihnen. In Wirklichkeit hat das auch für mich keinerlei Bedeutung, heutzutage.«

Ein unglücklich begonnener Dialog. Nach einigen Minuten bemerkte es auch Herr Ludwig. Er biss sich auf die Zunge. Aus welchem Grund hatte er erwähnt Jude zu sein? Niemals zuvor hatte er irgendwem von seinen jüdischen Wurzeln erzählt; noch ein Weilchen und er hätte an die von seiner Familie erlittene nazifaschistische Verfolgung erinnert! Diese Frau ließ ihn die Herrschaft über sich selbst verlieren; seine Reaktionen waren unkontrolliert, launischen Geistern ausgeliefert, die er übrigens sehr gut kannte. Jedenfalls hatte er die zweite Gelegenheit einer mehr oder minder sinnvollen Annäherung vertan.

Etwas verlegen wusste Edda nicht, wie sie ihn loswerden sollte. Sich unter irgendeinem Vorwand zu entfernen, wäre nicht mehr eine einfache Unhöflichkeit gewesen. Er hätte im Gegenteil angenommen, sie habe etwas gegen Juden! Ein schönes Schlamassel.

Quel fastidio continuò, ma la cosa più strana era che se per caso non lo incontrava nei soliti posti, si sorprendeva a domandarsi dove si fosse cacciato. La sera non restava in camera, ora seguiva tutte le manifestazioni organizzate dalla casa di cura, come concerti, escursioni durante il pomeriggio, e altro. Invariabilmente dopo qualche minuto il signor Ludwig le stava accanto, pieno di cortesie, di riguardi ai quali da tempo non era più abituata.

Ritrovandosi sola, la sera, nella sua bella stanza tirolese, faceva dei confronti: Leonardo non le telefonava mai, solo il giorno prima del suo rientro, quasi per assicurarsi del suo ritorno. Chiedeva appena come stava, per pura educazione e si capiva; che fossero vere le voci secondo le quali già da anni aveva una relazione con una sua vecchia amica, anche lei sposata e con due figli?

Le sembrava di svegliarsi da un lungo sonno. La sua depressione era vecchia di quattro anni, adesso si sentiva come nuova. Si accorgeva ogni giorno di più di essere ancora giovane, di piacere, cosa che aveva del tutto dimenticato, e di poter essere amata. Ludwig non aveva mai parlato d'amore, ma ci voleva poco ad accorgersi che era caduto in amore, come dicono gli inglesi. Man mano che lo conosceva si accorgeva sempre meno della differenza di statura; fra sé e sé non lo chiamava più l'ometto, ma semplicemente Ludwig, inoltre notava come la sua maturità, oltre alla cultura diversa, l'arricchissero di nuovi spunti, nuovi impulsi. Era come se le avesse aperto uno spiraglio, forse addirittura una porta oltre la quale era possibile vedere quella parte di vita da lei sempre ignorata.

La sera prima della sua partenza si incontrarono nella sala da pranzo, sgombra dei tavoli e trasformata in sala da concerto: una piccola insegnante di canto, quello che lei definiva una donnina, faceva una specie di saggio con i suoi allievi,

Diese Unannehmlichkeit setzte sich fort, doch die eigenartigste Sache war, dass, wenn sie ihm nicht an den üblichen Orten begegnete, sie sich fragte, wo er sich denn versteckt habe. Am Abend blieb sie nicht auf ihrem Zimmer; jetzt nahm sie an allen vom Hotel angebotenen Veranstaltungen wie Konzerten, Ausflügen am Nachmittag und anderem teil. Innerhalb weniger Minuten stand Herr Ludwig unvermeidlich neben ihr, voller Höflichkeiten und Rücksicht, die sie seit langem nicht mehr gewohnt war.

Am Abend, alleine in ihrem Tirolerzimmer, stellte sie Vergleiche an: Leonardo rief sie nie an, ausgenommen am Tag vor ihrer Rückreise, beinahe um sich ihrer Rückkehr zu vergewissern. Er fragte gerade einmal, wie es ihr gehe, aus reiner Höflichkeit und das merkte sie; ob das Gerede der Wahrheit entsprach, dass er schon seit Jahren eine Affäre mit einer alten Freundin von ihr hatte, auch sie verheiratet mit zwei Kindern?

Ihr schien, sie erwache aus einem langen Schlaf. Ihre Depression plagte sie nun schon seit vier Jahren; jetzt fühlte sie sich wie neu. Sie bemerkte jeden Tag deutlicher noch jung zu sein, zu gefallen, etwas was sie völlig vergessen hatte, und dass sie geliebt werden konnte. Ludwig hatte nie von Liebe gesprochen, doch es brauchte nicht viel, um zu bemerken, dass er der Liebe anheimgefallen war, wie die Engländer sagen. Je besser sie ihn kennen lernte, desto weniger fiel ihr der Größenunterschied auf; bei sich nannte sie ihn nicht mehr Männlein, sondern ganz einfach Ludwig, außerdem bemerkte sie wie seine Reife, neben seiner Kultur, sie mit neuen Denkanstößen, neuen Impulsen bereicherte. Es war, als hätte er ihr einen Spalt, vielleicht sogar eine Tür aufgestoßen, jenseits welcher es möglich war jenen Teil des Lebens zu sehen, den sie immer übersehen hatte.

Am Abend vor ihrer Abreise trafen sie sich im von den Tischen leergeräumten und zum Konzertsaal umfunktionierten Speisesaal. Eine kleine Gesangslehrerin, eine, die sie als Weiblein betitelte, bot mit ihren Schülern, alles verängs-

tutti giovani spaventati, forse alla loro prima esibizione pubblica. Grande agitazione sia della maestra che correva da tutte le parti seguita dai ragazzi, come una chioccia con i suoi pulcini, che dei giovani stessi. L'inizio fu per tutti una liberazione. Ma il nervosismo giocò qualche brutto tiro ai ragazzi, tanto che qualche cantante dimenticò il testo, altri steccarono, altri ancora persero il filo.

Edda, seduta accanto a Ludwig, seguiva un po' divertita tutto quel succedersi di emozioni messe allo scoperto: fino ad allora aveva sentito solo cantanti professionisti, anzi di fama internazionale. Non sapeva che tutti avevano iniziato così, anche quelli che in seguito sarebbero diventati delle star. In quell'occasione si rese conto di come la realtà, tolti gli occhiali azzurri con i quali era abituata a vedere le cose del mondo, fosse molto più trascinante, commovente, carica di quelle emozioni che lei al contrario non conosceva.

Ludwig era austriaco, come teneva a precisare quasi in ogni occasione, e abitava a Vienna. Aveva un negozio di antiquariato che lo appassionava molto. Sposato, aveva due figli adulti. Un matrimonio felice? aveva chiesto sventatamente Edda. Non aveva risposto subito. Poi, pensieroso: «Cosa vuol dire felicità?»

Non si scambiarono gli indirizzi, ma Edda disse soltanto che sarebbe tornata alla fine di ottobre. Lui non aveva fatto nessun commento.

L'Alto Adige non aveva niente a che fare con l'Italia, lo aveva capito fin dalla prima volta che ci era venuta, e ogni ritorno era per lei una conferma. A Milano, se raccontava che qui si parlava ancora tedesco, vedeva la sorpresa e anche l'indignazione dei suoi interlocutori: ma quando la smetteranno col loro nazionalismo? Immancabilmente veniva fuori la storia della Prima Guerra Mondiale vinta dagli italiani, sempre

tigte Jugendliche – vielleicht bei ihrem ersten öffentlichen Auftritt – eine Art Gesangseinlage dar. Große Aufregung sowohl bei der Lehrerin, die gefolgt von ihren Schülern überall herumrannte wie eine Glucke mit ihren Küken, als auch bei den Jugendlichen selbst. Als es endlich losging, war das für alle eine Befreiung. Doch die Nervosität spielte den Jugendlichen so manch bösen Streich, insofern als einige Sänger den Text vergaßen, andere die Note verfehlten, wieder andere ganz den Faden verloren.

Edda verfolgte neben Ludwig sitzend ein wenig belustigt all diese offen gelegten Emotionen: bisher hatte sie nur professionelle Sänger, meist von internationalem Rang gehört. Sie wusste nicht, dass alle so angefangen hatten, auch die, die in der Folge Stars geworden waren. Bei dieser Gelegenheit wurde ihr bewusst, wie die Wirklichkeit, wenn sie die rosarote Brille abnahm, mit der sie gewohnt war die Dinge des Lebens zu sehen, sehr viel mitreißender, ergreifender, voll jener Gefühle war, die sie hingegen nicht kannte.

Ludwig war Österreicher, wie er bei jeder Gelegenheit klarzustellen beliebte und wohnte in Wien. Er hatte einen Antiquitätenladen, der ihn mit großer Begeisterung erfüllte. Er war verheiratet und hatte zwei erwachsene Kinder. Eine glückliche Ehe?, hatte Edda leichtfertig gefragt. Er hatte nicht gleich geantwortet. Dann aber, nachdenklich: »Was bedeutet Glück?«

Sie tauschten keine Adressen aus, Edda aber sagte bloß, dass sie Ende Oktober wiederkommen werde. Er hatte keinen Kommentar abgegeben.

Südtirol hatte nichts mit Italien zu tun, das hatte sie bereits beim ersten Aufenthalt begriffen, und jedes Wiederkommen war für sie eine Bestätigung. Wenn sie in Mailand erzählte, dass man hier Deutsch sprach, sah sie die Überraschung und auch die Empörung in den Augen ihrer Gesprächspartner: wann werden sie ihren Nationalismus endlich bleiben lassen? Unvermeidlich kam die Geschichte mit dem Ersten,

ben sottolineato, guerra necessaria appunto per poter ristabilire i confini naturali dell'Italia. Qui Edda, dopo i tanti discorsi fatti con Ludwig, ben informato proprio su questo argomento, si irritava; ma conoscendo la Storia solo attraverso le poche infarinature scolastiche, preferiva tacere. Si accorgeva però che questo tema non interessava nessuno, non i suoi amici e molto meno Leonardo, col quale scambiava pochissime parole. Ma era delusa: le reazioni dei genitori, oltre che del marito, l'amareggiavano e non sapeva perché. In fondo, fino a poco tempo prima neanche lei si era curata di conoscere la storia dell'Alto Adige, tanto meno della Prima guerra o della Seconda guerra; infine il passato, la Storia e tutto quanto aveva a che fare con un certo tipo di cultura storica non rientrava nel suo giro di interessi. Ora invece si scaldava e una volta addirittura si sorprese ad accusare il marito di fascismo. Lui aveva riso, aggiungendo: «Ognuno deve badare ai propri interessi, se questo è fascismo, allora sono fascista!»

Edda era rimasta senza parole. Leonardo non discuteva volentieri con lei di politica né di qualsiasi argomento serio. La considerava ancora una bambina o forse lui stesso era soltanto indifferente a tutto ciò che non concerneva il mondo degli affari. Benché più anziano di almeno vent'anni, quel signore straniero, al contrario, l'aveva subito trattata alla pari, cioè aveva dimostrato rispetto e interesse per tutto ciò che diceva, anche se certe sue affermazioni erano spesso ingenue, sprovvedute, basate soltanto sul sentito dire.

Il signor Ludwig era appassionato d'arte, chiaramente per via della sua attività di antiquario; leggeva anche molto, soprattutto libri di storia e aveva un modo piuttosto personale e in ogni caso inaspettato di affrontare certi temi scot-

von den Italienern gewonnenen Weltkrieg zur Sprache, immer mit der Betonung, dass es ein notwendiger Krieg gewesen war, um die natürlichen Grenzen Italiens wiederherzustellen. An diesem Punkt ärgerte sich Edda, nach all den Gesprächen mit Ludwig, gerade in dieser Hinsicht gut informiert, doch da sie die Geschichte nur oberflächlich aus der Schule kannte, zog sie es vor zu schweigen. Sie bemerkte aber, dass dieses Thema niemanden interessierte, weder ihre Freunde und noch viel weniger Leonardo, mit dem sie nur wenige Worte wechselte. Doch sie war enttäuscht. Die Reaktionen der Eltern, mehr noch als die ihres Mannes, verbitterten sie und sie wusste nicht warum. Schließlich hatte auch sie sich bis vor kurzem nicht darum bemüht, die Geschichte Südtirols kennenzulernen, noch weniger jene des Ersten oder des Zweiten Weltkrieges. Schlussendlich lag die Geschichte und all das, was mit einer gewissen Kulturgeschichte zu tun hatte, nicht in ihrem Interessensbereich. Jetzt hingegen ereiferte sie sich und einmal hatte sie sich sogar dabei überrascht, ihren Mann als Faschist zu bezeichnen. Er hatte gelacht und hinzugefügt: »Jeder muss sich um seine Angelegenheiten kümmern; wenn das Faschismus ist, dann bin ich Faschist!«

Edda war sprachlos. Leonardo diskutierte nicht gerne mit ihr über Politik, auch nicht sonst über irgendein ernstes Thema. Er hielt sie noch für ein Kind oder vielleicht war er nur gleichgültig gegenüber allem, was nicht die Geschäftswelt betraf. Obwohl mindestens zwanzig Jahre älter als sie, hatte jener fremde Mann hingegen sie sofort als gleichgestellt behandelt, beziehungsweise Respekt und Interesse für alles gezeigt, was sie sagte, auch wenn bestimmte ihrer Behauptungen naiv, unbedacht waren, bloß auf dem Hörensagen fußten.

Herr Ludwig war ein Kunstliebhaber, logischerweise wegen seiner Tätigkeit als Antiquar. Er las auch viel, hauptsächlich Geschichtsbücher, und er hatte eine ziemlich persönliche und in jedem Fall unerwartete Art gewisse heiße

tanti, come per esempio l'antisemitismo, le gravi conseguenze provocate dalla prima e poi dalla seconda guerra mondiale per tutta l'Europa, non soltanto per la Germania e l'Austria, le nazioni perdenti. Una volta aveva concluso:

«Facendo i conti, in una guerra perdono tutti, vincitori e vinti. La Storia lo ha dimostrato, ma nessuno bada alla Storia, ecco perché si continua a fare guerra: si mette in mezzo la parola patria mentre dietro c'è sempre un fattore economico per pochi, per quei pochi che si arricchiscono. Anche questa una brutta realtà conosciuta soltanto dagli addetti ai lavori.»

Edda ebbe molto da riflettere.

A Milano le erano mancate le conversazioni con lui, i suoi motti di spirito raffinati, le sue osservazioni sempre argute, intelligenti: si era sentita presa sul serio pur rendendosi conto della propria ignoranza, del proprio provincialismo.

Di colpo aveva capito la vera origine della sua depressione: il vuoto, il disinteresse per tutte le attività dello spirito che caratterizzava la sua vita e quella di tutte le persone che frequentava. Il materialismo meschino, l'accentrarsi di tutta l'attenzione solo sul patrimonio, sugli affari, sul denaro, senza orizzonti culturali, sociali... che miseria! Ne parlò subito con la dottoressa Renzoni che non poté credere alle proprie orecchie.

Edda decise di riprendere gli studi interrotti, suscitando sorpresa e, perché no, una certa aggressività del tutto ingiustificata da parte di Leonardo: le frecciatine velenose, il sarcasmo; il non essersi accorto di quel cambiamento, che avrebbe dovuto notare; la sua ironia su un tardo rinsavimento, erano tutti segni del suo disinteresse per lei. Non sopportava l'idea di una moglie con velleità culturali, o meglio di una donna che intendeva studiare soprattutto Storia dell'arte e non economia o roba del genere, che avrebbe po-

Eisen, wie zum Beispiel den Antisemitismus anzugehen, die schwerwiegenden Folgen des Ersten und dann des Zweiten Weltkrieges für ganz Europa, nicht nur für Deutschland und Österreich, die Verlierernationen. Einmal hatte er abschließend gesagt:

»Genau besehen verlieren im Krieg alle, Sieger und Verlierer. Die Geschichte hat es gezeigt, aber niemand schert sich um die Geschichte, das ist es, warum man weiterhin Kriege führt: Da bringt man das Wort Vaterland ins Spiel, während immer ein ökonomischer Faktor einiger Weniger dahintersteckt, jener Wenigen, die sich bereichern. Auch das ist eine nur den Fachleuten bekannte hässliche Realität.«

Edda hatte einiges zum Nachdenken.

In Mailand hatten ihr die Gespräche mit ihm gefehlt, seine feinen Sinnsprüche, seine immer scharfsinnigen, intelligenten Beobachtungen: sie war sich ernstgenommen vorgekommen, obwohl sie sich ihrer Unwissenheit, ihres Provinzialismus' bewusst war.

Plötzlich hatte sie die wahre Ursache ihrer Depression begriffen: die Leere, das Desinteresse für alle Aktivitäten des Geistes, die ihr Leben und das aller Personen kennzeichneten, mit denen sie verkehrte. Der kleinliche Materialismus, die einzig auf das Vermögen, die Geschäfte, auf das Geld gelenkte Aufmerksamkeit ohne kulturellen, sozialen Horizont ... was für ein Elend! Sie sprach sofort mit Frau Doktor Renzoni darüber, die ihren Ohren nicht trauen wollte.

Edda beschloss das abgebrochene Studium wieder aufzunehmen und löste damit Überraschung und, warum nicht, auch eine gewisse, völlig unbegründete Aggressivität Leonardos aus: mit giftigen Bemerkungen und Sarkasmus; ihre Veränderung, die ihm hätte auffallen müssen nicht bemerkt zu haben; seine Ironie bezüglich eines etwas späten Bewusstwerdens, das waren alles Zeichen seines Desinteresses für sie. Er ertrug die Vorstellung einer Ehefrau mit kulturellen Ambitionen nicht, oder besser gesagt einer Frau die

tuto contribuire ad aumentare il patrimonio paterno e suo.

Storia dell'arte! Del tutto inutile nella società moderna.

I confronti con Ludwig cadevano sempre a suo svantaggio e la convivenza con lui diventava ogni giorno più difficile: scoprì di disprezzarlo già da molto tempo. Ecco il motivo della sua indifferenza per le scappatelle coniugali: lui stesso non la interessava più. Riesaminò la sua relazione con lui fin dall'inizio: l'inesperienza; l'accecamento dei sensi provocati dall'esplosivo erotismo di Leonardo; i primi ardori giovanili subito appagati. Passata la prima fase di esaltazione, ecco cosa le era rimasto: niente. Leonardo aveva cercato la stessa ebbrezza altrove, lei si era rifugiata nella depressione.

La dottoressa Renzoni, con grande soddisfazione, le annunciò la fine dell'analisi. La terapia, nonostante lo scetticismo iniziale, aveva portato i suoi frutti.

Per Edda iniziò un periodo di ripensamenti, di riflessioni sulla propria vita futura: continuare così con Leonardo? Non c'era altro per lei? A 35 anni era tutto concluso? Nessuna famiglia, cioè niente figli, quando ormai era accertato che le sue funzioni organiche erano tutte in ordine, cioè non era stato trovato nessun motivo che giustificasse una sua presunta sterilità. Un ginecologo avanzò l'ipotesi di una mancanza da parte del marito, e questo pensiero era diventato un tarlo per lei, benché non osasse dichiararlo apertamente ai genitori e tanto meno a Leonardo. Spesso si sorprendeva a osservare donne con bambini piccoli, quasi una scoperta, un nuovo motivo di inquietudine, ma anche di nostalgie per esperienze che avrebbero potuto cambiare la sua vita in

vor allem Kunstgeschichte studieren wollte und nicht Wirtschaftswissenschaften oder dergleichen, was zum Vermehren seines und des väterlichen Vermögens hätte beitragen können.

Kunstgeschichte! In der modernen Gesellschaft völlig unnütz.

Alle Vergleiche mit Ludwig fielen immer zu Leonardos Ungunsten aus und das Zusammenleben mit ihm wurde jeden Tag schwieriger: Sie entdeckte, dass sie ihn schon länger verachtete. Das war der Grund für ihre Gleichgültigkeit bezüglich seiner Eskapaden; er selbst interessierte sie nicht mehr. Sie hinterfragte ihre Beziehung von ganz vorne beginnend: die Unerfahrenheit, die Blendung der Sinne ausgelöst von Leonardos explosiver Erotik; die erste, sofort befriedigte jugendliche Leidenschaft. Und als die erste Phase des Rausches vorbei war, was war ihr da geblieben? Nichts. Leonardo hatte denselben Rausch anderswo gesucht und sie hatte sich in die Depression geflüchtet.

Frau Doktor Renzoni verkündete mit großer Befriedigung das Ende der Analyse. Die Therapie, trotz anfänglicher Bedenken, hatte Früchte getragen.

Für Edda begann eine Zeit des Überdenkens, der Überlegungen bezüglich ihres zukünftigen Lebens: so wie bisher mit Leonardo weitermachen? Gab es nichts anderes für sie? War mit fünfunddreißig alles vorbei? Keine Familie, beziehungsweise keine Kinder, wobei mittlerweile sicher war, dass alle ihre organischen Funktionen in Ordnung waren, das heißt, dass keine Ursache gefunden worden war, die eine angebliche Unfruchtbarkeit ihrerseits erklärt hätte. Ein Gynäkologe hatte die Hypothese einer Fehlfunktion des Mannes geäußert und diese Annahme war zum nagenden Gedanken geworden, auch wenn sie es nicht wagte, es ihren Eltern und noch weniger Leonardo offenzulegen. Häufig überraschte sie sich dabei Frauen mit Kleinkindern zu beobachten, beinahe eine Entdeckung, eine neue Beunruhigung aber auch

modo radicale. Man mano il pensiero di separarsi, di ricominciare con un altro uomo prendeva sempre più forma, in questo incoraggiata dalla dottoressa Renzoni, che del resto già da tempo aveva capito come ormai questa relazione fosse finita.

Arrivò l'autunno, una stagione stupenda. Gli alberi, prima di entrare nel letargo invernale, si vestivano dei colori più caldi, smaglianti, quasi avessero assorbito gli ultimi raggi di sole, passando da un giallo squillante all'ocra e al rosso o rosa, attraverso mille sfumature e nuance raffinatissime. Edda non conosceva questa ricchezza di colori; a Milano gli alberi restavano quasi tutto l'anno verdi o meglio grigi, impolverati, pieni della fuliggine che ormai inesorabilmente copriva tutta la città. Qui al contrario tutto era terso, limpido, il cielo, gli alberi, le case, le strade, tutto infine.

Edda tornò nella casa di cura senza sapere se avrebbe incontrato Ludwig: a lui aveva soltanto detto che sarebbe venuta a metà ottobre, ma non avevano fissato un appuntamento. Quella relazione, se tale si poteva chiamare, era solo agli inizi e non aveva osato domandarsi se ci sarebbe stato un seguito.

Passato il ponte sul fiume, sentì il cuore in gola: durante il viaggio era stata tranquilla, aveva letto tutto il tempo una monografia su Nolde e quasi non si era accorta di essere arrivata. Davanti alla scalinata si fermò un momento prima di avviarsi verso l'entrata. La porta si aprì al solito, col sistema dell'apriti sesamo, come lo chiamava lei, e al solito posto, alla reception, sedeva la solita vecchia aggrinzita, con la solita voce cavernosa. Lì non era cambiato niente. Subito le venne incontro la signora Matilda, cerimoniosa come sempre. Non ebbe il coraggio di chiedere se il signor Schützenhäcker

die Sehnsucht nach Erfahrungen, die ihr Leben auf radikale Weise hätten verändern können. Schritt für Schritt nahm der Gedanke an eine Trennung, einen Neuanfang mit einem anderen Mann konkretere Formen an, darin auch von Frau Doktor Renzoni bestärkt, die übrigens schon lange begriffen hatte, dass diese Beziehung bereits am Ende war.

Es wurde Herbst, eine wunderbare Jahreszeit. Bevor sie in den Winterschlaf eintraten, kleideten sich die Bäume in den wärmsten Farben, strahlend, beinahe als hätten sie die letzten Sonnenstrahlen aufgesogen, gingen sie von einem Gelb zum schrillen Ocker und einem Rot oder Rosa mit tausenden von raffinierten Abstufungen und Nuancen über. Edda kannte diesen Reichtum an Farben nicht; in Mailand blieben die Bäume fast das ganze Jahr über grün beziehungsweise grau, staubig, voller Rus, der mittlerweile unvermeidlich die ganze Stadt bedeckte. Hier hingegen war alles rein, klar, der Himmel, die Bäume, die Häuser, die Straßen, schlussendlich alles.

Edda kehrte ins Kurhotel zurück, ohne zu wissen, ob sie Ludwig erneut begegnen würde: zu ihm hatte sie bloß gesagt, dass sie Mitte Oktober wiederkommen wolle, doch hatten sie keine Verabredung getroffen. Diese Beziehung, wenn man sie als solche bezeichnen konnte, war erst am Anfang und sie hatte sich nicht zu fragen gewagt, ob es eine Fortsetzung geben würde.

Als sie die Brücke über den Fluss überquert hatte, hatte sie starkes Herzklopfen. Auf der Fahrt war sie ruhig gewesen, hatte die ganze Zeit eine Monografie über Nolde gelesen und hatte beinahe nicht gemerkt angekommen zu sein. Vor der Freitreppe hielt sie einen Moment inne, bevor sie zum Eingang hinauf ging. Die Eingangstür öffnete sich wie gewöhnlich mit dem, wie sie es nannte, Sesam-öffne-dich-System, und am üblichen Platz saß wie gewöhnlich die runzlige Alte mit der immergleichen tiefen Stimme. Hier hatte sich nichts verändert. Sofort kam ihr Frau Matilda ent-

fosse arrivato o pensasse di arrivare. Si ripromise di chiedere in un secondo momento.

Ritrovò con piacere la sua stanza tirolese, la loggia che dava sul fiume rumoreggiante, come sempre; la sua sdraio. L'aria era un po' fresca, fuori si poteva sedere solo col sole.

Uscì subito, non svuotò le valigie, e si diresse decisa verso il Caffè di Città... forse lo avrebbe incontrato lì, per caso. Si accorse di essere ansiosa, inquieta. Al Caffè non c'era quasi nessuno, data l'ora. D'altra parte il periodo del grande turismo era passato. Semmai avrebbe trovato gente a fine settimana, non ora, di lunedì. Si sedette a un tavolino, ordinò qualcosa da bere, sempre più impaziente e tornò alla casa di cura.

All'ora di cena si vestì con particolare eleganza. Forse lo avrebbe trovato come sempre seduto a un tavolo in attesa di lei... anche qui niente, solo pochi ospiti, forse una dozzina. Lui non c'era.

Trascorsero alcuni giorni. Cominciò a calmarsi, l'agitazione delle prime ore era stata inadeguata, ammise a sé stessa. In realtà non c'era stato assolutamente niente, cercava di ripetersi, quasi per convincersi, un incontro di breve durata, appena un accenno di amicizia, niente di più.

E poi, lui non le piaceva. Non si trattava solo della statura, ma di qualcosa d'altro, del suo odore, del suo corpo non bello e vecchio, del suo modo di camminare, di muoversi, le sue mani rugose, i pochi capelli... infine tutto ciò che faceva di lui un uomo non desiderabile: tutt'altra cosa era stato con Leonardo, questo lo ricordava ancora. Il pensiero di un contatto fisico con lui la sgomentava, le procurava un vivo malessere: come trovarsi a letto con suo padre! Rifletté a lungo

gegen, zeremoniös wie immer. Sie hatte nicht den Mut zu fragen, ob Herr Schützenhäcker angekommen sei oder zu kommen gedenke. Sie nahm sich vor, zu einem späteren Zeitpunkt nachzufragen.

Mit großer Freude fand sie wie immer ihr Tirolerzimmer wieder, die Loggia zum rauschenden Fluss hin, ihre Liege. Die Luft war etwas kühl; draußen konnte man nur bei Sonnenschein sitzen.

Sie ging sofort wieder aus, ohne die Koffer auszupacken und schlug entschlossen den Weg Richtung Stadtcafé ein ... vielleicht würde sie ihn dort zufällig antreffen. Sie bemerkte, dass sie ängstlich und unruhig war. Im Café war angesichts der Tageszeit fast niemand. Anderseits war auch die Jahreszeit des starken Fremdenverkehrs vorbei. Wenn schon, dann wäre am Wochenende mehr los gewesen, nicht aber jetzt, an einem Montag. Sie setzte sich an eines der Tischchen, bestellte etwas zu trinken, wurde immer ungeduldiger und kehrte zum Hotel zurück.

Zum Abendessen zog sie sich besonders elegant an. Vielleicht würde sie ihn wie immer an seinem Platz auf sie wartend antreffen ... aber auch hier nichts, nur wenige Gäste, vielleicht ein Dutzend. Er war nicht da.

Einige Tage vergingen; sie begann sich zu beruhigen, die Aufregung der ersten Stunden war unangebracht, gestand sie sich ein. In Wirklichkeit war absolut nichts gewesen, versuchte sie sich einzureden, beinahe um sich selbst zu überzeugen; eine Begegnung von kurzer Dauer, gerade einmal ein Zeichen von Freundschaft, nichts weiter.

Und überhaupt gefiel er ihr nicht. Es war nicht nur die Größe, es handelte sich um etwas anderes, seinen Geruch, seinen nicht schönen und alten Körper, seine Art zu gehen, seine runzeligen Hände, die schütteren Haare ... schließlich all das, was aus ihm einen nicht begehrenswerten Mann machte. Völlig anders war es mit Leonardo gewesen, daran erinnerte sie sich noch. Der Gedanke an einen körperlichen Kontakt mit ihm bestürzte sie, verursachte ihr ein lebhaftes

su questa chiara reazione di rifiuto e ricordò come durante l'analisi avesse sognato di avere un contatto col padre, quasi incestuoso, che lei aveva subito rigettato. La dottoressa Renzoni aveva cercato di tranquillizzarla: nella mitologia greca ricorreva spesso questo rapporto fra genitori e figli. Ma Edda ne era rimasta scioccata. Chiaro, Ludwig era una figura paterna, un padre ideale come non aveva mai avuto, da qui il suo interesse.

Ma nessuna attrazione fisica. Anche questo era chiaro.

Non avevano fissato un appuntamento, non si erano scambiati gli indirizzi, sapevano assai poco l'uno dell'altro.

Ogni giorno usciva, andava in cerca di lui e si vergognava, si insultava. Si irritava con sé stessa.

Il giovedì, a pranzo, lo rivide. Lo vide subito, già dalla porta a vetri che dal salottino introduceva nella sala da pranzo. Il cuore le diede un balzo e si fermò per inghiottire e respirare. Un pallore improvviso, quasi alle soglie di uno svenimento.

Si fece forza ed entrò. Ludwig, appena la vide, si alzò con la cortesia di sempre, le venne incontro. Gli tese la mano che lui sfiorò appena con le labbra. Si sedettero senza dire una parola. Fu subito servito il pranzo e per fortuna, data anche la mancanza di altri ospiti, furono lasciati soli.

Dopo un po´ chiese notizie della sua salute, molto riservato, quasi senza guardarla direttamente negli occhi. Edda capì subito che qualcosa era mutato. C'era una distanza fra loro come non aveva sentito neanche la prima volta in cui si erano incontrati, quando lui aveva accennato goffamente alla sua statura. Era tornato, ma era un'altra storia. Ludwig era diverso, e forse anche lei era diversa.

Unwohlsein: wie sich mit ihrem Vater im Bett wiederfinden! Sie dachte lange über diese klare Reaktion der Ablehnung nach und erinnerte sich, dass sie während der Psychoanalyse von einer quasi inzestuösen Begegnung mit dem Vater geträumt hatte, die sie sofort abgelehnt hatte. Frau Doktor Renzoni hatte sie zu beruhigen versucht, in der griechischen Mythologie tauchte häufig diese Beziehung zwischen Eltern und Kindern auf. Edda aber war entsetzt geblieben. Klar, Ludwig war eine väterliche Figur, ein idealer Vater, wie sie ihn nie gehabt hatte, von daher ihr Interesse.

Aber keine körperliche Anziehung. Auch das war klar.

Sie hatten keine Verabredung getroffen, hatten nicht die Adressen ausgetauscht, wussten ziemlich wenig voneinander.

Sie ging jeden Tag aus, auf der Suche nach ihm und schämte sich, beschimpfte sich. Sie war gereizt mit sich selbst.

Beim Mittagessen am Donnerstag sah sie ihn wieder. Sie bemerkte ihn sofort, bereits durch die Glastür, die vom Foyer in den Speisesaal führte. Das Herz hüpfte, sie blieb stehen, um zu schlucken und tief durchzuatmen. Eine plötzliche Blässe, beinahe an der Schwelle einer Ohnmacht.

Sie machte sich Mut und trat ein. Sowie er sie sah, erhob sich Ludwig mit der üblichen Höflichkeit und kam auf sie zu. Sie streckte ihm ihre Hand entgegen, die er leicht mit den Lippen berührte. Ohne ein Wort zu sagen setzten sie sich. Es wurde ihnen sofort das Mittagessen serviert und auch weil weitere Gäste fehlten, ließ man sie alleine.

Nach einer Weile erkundigte er sich nach ihrer Gesundheit, sehr zurückhaltend, beinahe ohne ihr direkt in die Augen zu sehen. Edda begriff sofort, dass sich etwas geändert hatte. Da war eine Distanz zwischen ihnen, wie sie sie nicht einmal bei ihrer ersten Begegnung gespürt hatte, als er ungeschickt auf ihre Größe angespielt hatte. Er war wiedergekommen, doch war es jetzt eine andere Geschichte. Ludwig war anders, vielleicht hatte auch sie sich verändert.

Dopo pranzo – si erano scambiati poche parole – ci fu un momento di imbarazzo; Edda si alzò decisa e si diresse subito verso l'ascensore per salire nella sua stanza. Lui la seguì. In ascensore lo spazio limitato li costrinse a stare quasi gomito a gomito. Abbassando gli occhi incontrò i suoi. Ora la fissava quasi volesse imprimersi nel cervello la sua immagine; l'ascensore si fermò, le prese la mano e gliela baciò, questa volta in modo diverso, guardandola negli occhi, quasi un congedo. Un affettuoso addio.

In stanza, si fregò il dorso della mano chiedendosi cosa avesse voluto comunicarle, con quel bacio, quasi la mano lo sapesse meglio di lei. Era scombussolata. Non aveva più sperato di rivederlo. Non sapeva se essere felice. Aveva una gran confusione in testa, non capiva sé stessa, la sua emozione, la sua inquietudine: come interpretare tutto questo?

Andò sul balcone, come faceva sempre. Il sole era ancora caldo, nonostante il temporale scoppiato durante la notte. L'aria frizzante lasciava però indovinare la vicinanza delle Alpi, anzi se ne vedevano le cime, ora incipriate di neve. Era soltanto l'inizio, presto ne sarebbero state coperte fino alla prossima primavera. Il cielo era di una limpidezza cristallina, quasi trasparente. Il fiume sotto di lei aveva aumentato, se possibile, la quantità di acqua, dopo la pioggia notturna, e rumoreggiava con violenza contro gli argini.

Come sempre, questo spettacolo scacciò ogni pensiero molesto. Ritrovò la calma e riuscì perfino a riposare una ventina di minuti.

Alla solita ora, senza riflettere su un possibile incontro, si recò al Caffè di Città.

Ludwig, seduto a un tavolino, l'aspettava.

Edda lo vide subito e un vivo malessere la percorse in tutta la sua fisicità: per la prima volta fu cosciente della pro-

Nach dem Essen – sie hatten nur wenige Worte gewechselt – gab es einen Moment der Verlegenheit. Edda erhob sich entschlossen und ging gleich zum Aufzug, um auf ihr Zimmer zu gehen. Er folgte ihr. Im Aufzug zwang sie der begrenzte Platz beinahe Ellenbogen an Ellenbogen zu stehen. Als sie den Blick senkte, begegnete sie seinem. Jetzt starrte er sie an, beinahe als wolle er ihr Bild in seinem Gehirn einprägen. Der Aufzug hielt, er nahm ihre Hand und küsste sie, dieses Mal aber anders, ihr in die Augen schauend, fast wie zum Abschied. Ein herzlicher Abschied.

In ihrem Zimmer rieb sie sich den Handrücken und fragte sich, was er ihr mit diesem Handkuss hatte mitteilen wollen, beinahe so als wisse es die Hand besser als sie. Sie war verwirrt. Sie hatte nicht mehr gehofft ihn wiederzusehen. Sie wusste nicht, sollte sie glücklich sein. Sie hatte ein großes Durcheinander im Kopf, verstand sich selber nicht, nicht ihre Gefühle, ihre Unruhe: wie war das alles zu interpretieren?

Sie ging auf den Balkon, wie sie es immer machte. Die Sonne schien noch warm, trotz des Unwetters, das nachts niedergegangen war. Die prickelnde Luft ließ sie aber die Nähe der Alpen erahnen, das heißt, man sah deren jetzt mit Schnee gepuderte Gipfel. Das war bloß der Anfang; bald würden sie bis zum nächsten Frühjahr damit bedeckt sein. Der Himmel war von einer kristallinen, beinahe durchsichtigen Klarheit. Im Fluss unter ihr hatte, sofern das möglich war, die Wassermenge nach dem nächtlichen Regen noch zugenommen und er rumorte gewaltig in seinem Bett.

Wie immer verjagte dieses Schauspiel jeden lästigen Gedanken. Sie fand die Ruhe wieder und es gelang ihr sogar sich eine Viertelstunde auszuruhen.

Um die übliche Zeit machte sie sich, ohne an ein mögliches Zusammentreffen zu denken, zum Stadtcafé auf.

Ludwig erwartete sie an einem Tischchen sitzend.

Edda sah ihn gleich und ein deutliches Unbehagen durchlief sie in ihrer ganzen Körperlichkeit: zum ersten Mal

pria statura. Mai come in quel momento sentì di avere un corpo grande e un'anima molto piccola, indifesa. Ma la coscienza del proprio corpo, vibrante in tutta la sua lunghezza, in ogni movimento, fibra dopo fibra, muscolo dopo muscolo, giovane, pieno di energia, l'aiutò ad affrontare quello che capì essere l'ultimo incontro.

La pregò di sedere in piena luce perché voleva vederla bene, disse, per conservarne un ricordo il più chiaro possibile.

«Sono venuto per congedarmi da lei. Ho poco tempo a disposizione, domani dovrò ripartire per affari urgenti... ma è una scusa. Penso però sia meglio così.» Intanto che Edda ordinava il caffè e una fetta di torta, lui la guardava, di colpo triste. Poi proseguì:

«Durante questi lunghi mesi ho pensato a lei, ogni giorno, ogni ora... no, la prego, non dica niente. Mi lasci parlare almeno l'ultima volta. Ho necessità di metterla a conoscenza della crisi che ha suscitato in me. Vederla e capire di trovarmi davanti a un'opera d'arte, a un miracolo della natura e perdere la testa è stato tutt'uno. Lo so, lei ha capito che si trattava dell'innamoramento di un vecchio, dell'ultimo canto del cigno.» Edda, sconvolta, ascoltava. Mai si sarebbe aspettata una dichiarazione simile.

«Ogni tentativo di rinsavimento è fallito, sono un vecchio imbecille, sì, imbecille, perché alla mia età non ci si dovrebbe permettere di innamorarsi di una creatura come lei che oltre a tutto potrebbe essermi figlia. Fra qualche mese diventerò nonno per la seconda volta. Un po' di dignità, perbacco, di rispetto per chi da oltre 30 anni mi sta a fianco! Me lo sono ripetuto ogni giorno guardando mia moglie. Sì, mi sono accorto di lei, della compagna della mia vita, anche lei al tramonto, come me, e mi vergogno dei torti che le ho fatto

war sie sich ihrer Größe bewusst. Noch nie so sehr wie in diesem Augenblick, hatte sie das Gefühl verspürt einen großen Körper und eine sehr kleine, schutzlose Seele zu haben. Doch das Bewusstsein des eigenen Körpers, in seiner ganzen Länge, in jeder Bewegung, Faser um Faser, Muskel um Muskel, jung, voller Energie, half ihr das anzugehen, was, wie sie begriff, ihre letzte Begegnung sein sollte.

Er bat sie sich ins Licht zu setzen, weil er, so sagte er, sie gut sehen wolle, um sich eine Erinnerung, so klar wie möglich bewahren zu können.

»Ich bin gekommen, um mich von Ihnen zu verabschieden. Ich habe wenig Zeit zur Verfügung, morgen muss ich wegen dringender Geschäfte abreisen ... aber das ist eine Ausrede. Ich glaube aber, dass es so besser ist.« Während Edda Kaffee und ein Stück Kuchen bestellte, sah er sie, plötzlich traurig, an. Dann fuhr er fort:

»Während dieser langen Monate habe ich an Sie gedacht, jeden Tag, jede Stunde ... nein, ich bitte Sie, sagen Sie nichts. Lassen Sie mich zumindest dieses letzte Mal ausreden. Ich habe das Bedürfnis, Sie von der Krise in Kenntnis zu setzen, die Sie in mir ausgelöst haben. Sie zu sehen und zu begreifen, dass ich mich vor einem Kunstwerk befinde, vor einem Wunder der Natur und den Verstand zu verlieren war alles eins. Ich weiß, dass Sie verstanden haben, dass es sich um die Verliebtheit eines Alten handelte, um seinen Schwanengesang.« Verstört hörte Edda zu. Nie hätte sie sich eine derartige Erklärung erwartet.

»Jeder Versuch zu mir zu kommen hat fehlgeschlagen, ich ein dummer Alter, ja, dumm, denn in meinem Alter sollte man es sich nicht erlauben sich in eine Kreatur wie Sie zu verlieben, die darüber hinaus meine Tochter sein könnte. In einigen Monaten werde ich zum zweiten Mal Großvater werden. Ein wenig Würde, Donnerwetter, und Respekt für die, die seit über dreißig Jahren an meiner Seite ist! Das habe ich mir jeden Tag wiederholt, während ich meine Frau ansah. Jawohl, ich bin mir ihrer bewusst geworden, der Ge-

nel corso di tutti questi anni.»

Una strana confessione davvero, pensò Edda che continuava a tacere. Non riusciva a guardarlo in faccia, provava quasi un senso di nausea che neanche il caffè riuscì a calmare. Per la prima volta non toccò il dolce che aveva ordinato. Un nodo alla gola le impediva di respirare.

«Questa volta non sarebbe stata un'avventura passeggera... mi perdoni... parlo senza alcun rispetto, senza tener conto dei suoi sentimenti. La prego di non offendersi, non ne ho la minima intenzione.» Si fermò un momento, piuttosto confuso. Ma si riprese subito. «Lei si chiederà come mi sia permesso di pensare a una eventualità del genere. Ha ragione. In questo tipo di relazioni è necessario essere in due e io, fin dal primo momento, ho sentito il suo rifiuto. Non mi sono fatto illusioni. Ha ragione. Cosa avrei potuto offrire a una donna come lei? Soltanto la mia esperienza... della quale lei non ha nessun bisogno. Una lezione assai dura da accettare, mi creda. » Tacque un momento. «Non è facile per me dirle queste cose.»

Seguì un lungo silenzio. Rifletteva.

«Anche la vita umana ha le sue stagioni, come tutte le creature viventi: lei è in piena estate, una splendida estate e la prego, ne prenda coscienza. Anche le estati sono destinate a finire. Se la goda, in tutta la sua bellezza, questa meravigliosa estate, ne approfitti finché può, ne faccia buon uso. Io al contrario sono arrivato alla fine dell'autunno. Ormai mi aspetta solo l'ultima stagione dell'anno, l'inverno, e questo me lo ha fatto capire lei. Giusto che sia così. Il mio futuro, se ne avrò ancora uno, mi riserva solo neve, freddo, pioggia, maltempo e ricordi. Tanti ricordi, positivi e negativi.»

fährtin meines ganzen Lebens, auch sie, wie ich, am Ende ihres Lebens, und ich schäme mich des Unrechts, das ich ihr in all diesen Jahren angetan habe.«

Wahrlich ein seltsames Geständnis, dachte Edda, die weiterhin schwieg. Sie konnte ihm nicht ins Gesicht sehen, spürte beinahe eine Art Übelkeit, die nicht einmal der Kaffee lindern konnte. Zum ersten Mal rührte sie den bestellten Kuchen nicht an. Ein Knoten in ihrem Hals hinderte sie am Schlucken.

»Dieses Mal wäre es kein vorübergehendes Abenteuer geworden ... verzeihen Sie ... ich rede respektlos daher, ohne Ihre Gefühle zu berücksichtigen. Ich bitte Sie nicht beleidigt zu sein, das ist nicht meine Absicht.« Er hielt einen Augenblick inne, ziemlich verwirrt, doch er fasste sich gleich wieder. »Sie werden sich fragen, wie ich mir erlauben konnte an eine derartige Eventualität zu denken. Sie haben Recht. In derartigen Beziehungen muss man zu zweit sein und ich habe vom ersten Moment an Ihre Ablehnung gespürt. Ich habe mir keine Illusionen gemacht. Sie haben Recht. Was hätte ich einer Frau wie Ihnen bieten können? Nur meine Erfahrung ... die Sie nicht nötig haben. Eine sehr schwer zu ertragende Lektion, glauben Sie mir.« Er schwieg einen Augenblick: »Es fällt mir nicht leicht, Ihnen diese Dinge zu sagen.«

Es folgte ein langes Schweigen. Er überlegte.

»Auch das Menschenleben hat, wie alle Lebewesen, seine Jahreszeiten. Sie befinden sich mitten im Sommer, ein wunderbarer Sommer und ich bitte Sie, seien Sie sich dessen bewusst. Auch dem Sommer ist beschieden zu enden. Genießen Sie ihn, diesen wunderbaren Sommer, in seiner ganzen Schönheit, tun Sie es, solange Sie können und nützen Sie ihn gut. Ich hingegen bin am Ende des Herbstes angelangt. Auf mich wartet nur mehr die letzte Jahreszeit, der Winter, und das haben Sie mir zu verstehen gegeben. Und es ist richtig so. Meine Zukunft, wenn ich noch eine habe, hält nur mehr Schnee, Kälte, Regen, Schlechtwetter und Erinnerungen be-

Ora sembrava aver finito.

Tutto il tempo Edda non aveva avuto il coraggio di guardarlo negli occhi. Quasi si vergognava per lui. Non aveva mai assistito a una simile autoflagellazione.

Dopo una lunga pausa Ludwig ammise di essere venuto solo per dirle questo, un motivo più che sufficiente per fare quel lungo viaggio: parlare con lei lo avrebbe aiutato a chiarire, soprattutto a sé stesso, cosa lo aveva portato a quella nuova cognizione di sé. Era stato un lungo processo, un'analisi spietata, una revisione generale della sua vita passata, una cosiddetta crisi esistenziale, necessaria per affrontare con maggiore senso di responsabilità gli anni futuri.

«Sì, con maturità, proprio con tardiva maturità.» Specificò. Sarebbe ripartito l'indomani mattina, assai presto, aggiunse.

Edda lo guardò ed ebbe pietà di lui. Stese la mano per prendere la sua, la strinse, una mano ossuta di vecchio, dalla pelle sottile, quasi trasparente: quante cose possono raccontare le mani. Più che in altre parti del corpo vi restano i segni della vita passata, del tipo di attività svolta, della persona, della sua provenienza. Per la prima volta si vide confrontata con la caducità del corpo umano e anche con la sua fragilità. Sentì gli occhi lucidi di lacrime. Finalmente riuscì a parlare.

«Devo ringraziarla. Da lei ho imparato tanto, come mai in tutti gli anni della mia vita. Ho capito soprattutto molto di me stessa e... non lo crederà, ho deciso di cambiare. Cambiare tutto. Mi ha dato un'altra visione della vita, mi ha mostrato le tante possibilità che ci sono, le tante cose che potrei fare, che potrei imparare. Che voglio imparare. Mi accorgo anche di non saper parlare come lei. Non riesco ad esprimere appieno quello che sento, in questo momento. Sono molto

reit. Viele Erinnerungen, positive und negative.«

Jetzt schien es, hatte er geendet.

Edda hatte die ganze Zeit nicht den Mut aufgebracht ihm in die Augen zu sehen. Beinahe schämte sie sich für ihn. Nie hatte sie einer derartigen Selbstgeißelung beigewohnt.

Nach einer langen Pause gestand Ludwig nur gekommen zu sein, um ihr das zu sagen, Grund genug, um diese lange Reise zu machen: mit ihr zu sprechen hätte ihm geholfen vor allem für sich selbst zu klären, was ihn zu diesem neuen Selbstverständnis geführt hat. Es war ein langer Prozess gewesen, eine unerbittliche Analyse, eine allgemeine Überprüfung seines verflossenen Lebens, eine notwendige sogenannte existentielle Krise, um mit größerem Verantwortungsbewusstsein die kommenden Jahre anzugehen.

»Ja, mit Reife, gerade mit verspäteter Reife«, präzisierte er. Er würde am nächsten Morgen abreisen, sehr früh, fügte er hinzu.

Edda sah ihn an und hatte Mitleid mit ihm. Sie streckte die Hand aus, um seine zu berühren, drückte sie, die knöcherne Hand eines Alten mit dünner, beinahe durchsichtiger Haut. Wie viele Geschichten können Hände erzählen. Mehr als an anderen Körperteilen schreiben sich da die Zeichen des vergangenen Lebens ein, der ausgeübten Tätigkeiten, der Person, seiner Herkunft. Zum ersten Mal sah sie sich mit der Vergänglichkeit des menschlichen Körpers konfrontiert, auch mit seiner Zerbrechlichkeit. Sie spürte die vor Tränen glänzenden Augen. Endlich fand sie die Sprache wieder.

»Ich muss Ihnen danken. Ich habe mehr von Ihnen gelernt als in meinem bisherigen Leben. Ich habe vor allem viel von mir selbst begriffen und … Sie werden es nicht glauben, ich habe beschlossen zu verändern, alles zu verändern. Sie haben mir eine andere Lebenssicht vermittelt, haben mir die vielfältigen Möglichkeiten gezeigt, die es gibt, die Vielzahl an Dingen, die ich tun, die ich lernen könnte. Die ich lernen will. Mir wird auch bewusst, dass ich nicht so sprechen kann wie Sie. Es gelingt mir nicht wirklich das auszu-

commossa: mi sembra di uscire soltanto adesso dall'inconsapevolezza dell'infanzia, dalle tempeste dell'adolescenza, da quello che lei definirebbe la primavera della vita. Devo ancora imparare a conoscere quello che lei ha chiamato la mia estate. Sì, ho molte cose da fare, molto da imparare e devo tutto questo a lei. Conservi un buon ricordo di me, della mia estate. Avrei voluto tanto volentieri un padre come lei, mi creda...»

Non poté proseguire: aveva soltanto una gran voglia di piangere, e non sapeva perché. Lui si alzò, si inchinò con eleganza, come sapeva fare da buon austriaco, e senza aggiungere altro, visibilmente commosso anche lui, si allontanò.

Edda rimase ancora a lungo seduta a quel tavolino, vuota di pensieri, di emozioni. Era come se si fosse liberata di quella sé stessa con la quale aveva vissuto fino a quel momento e le fosse rimasto un involucro vuoto, tutto da riempire. Un nuovo compito l'aspettava, affascinante, pieno di imprevisti: l'estate l'aspettava, tutta da scoprire, da godere, come aveva detto lui.

Poco prima di alzarsi per tornare alla casa di cura, si accorse della fetta di torta rimasta ancora intatta sul piatto. Decisa, prese la forchetta e la mangiò, iniziando, questa volta, in una nuova consapevolezza, a godere della sua estate.

Ne valeva la pena: era squisita!

drücken, was ich in diesem Moment fühle. Ich bin sehr gerührt; mir scheint erst jetzt aus der Unbewusstheit der Kindheit herauszukommen, aus den Stürmen der Pubertät, aus dem, was Sie als den Frühling des Lebens bezeichnen würden. Ich muss erst noch kennen lernen, was Sie als meinen Sommer bezeichnet haben. Ja, ich habe noch viel zu tun, viel zu lernen, und das alles verdanke ich Ihnen. Bewahren Sie sich eine gute Erinnerung von mir, von meinem Sommer. Ich hätte gerne einen Vater wie Sie gehabt, glauben Sie mir ...«

Sie konnte nicht mehr weiterreden, hatte nur große Lust zu weinen und wusste nicht warum. Er erhob sich, verbeugte sich elegant, so wie er es als Österreicher zu machen wusste, und entfernte sich ohne etwas hinzuzufügen, auch er sichtlich ergriffen.

Edda blieb noch lange an jenem Tischchen sitzen, leer von Gedanken und Gefühlen. Es war, als hätte sie sich von jener Frau befreit, mit der sie bis zu jenem Moment gelebt hatte und von der ihr eine leere, neu zu füllende Hülle geblieben war. Eine neue Aufgabe erwartete sie, faszinierend, voller unvorhersehbarer Dinge: der zu entdeckende, zu genießende Sommer erwartete sie, so wie er gesagt hatte.

Kurz bevor sie aufstand, um zum Hotel zu gehen, bemerkte sie den unberührt gebliebenen Kuchen auf dem Tellerchen. Entschlossen nahm sie die Gabel zur Hand und aß ihn, dieses Mal mit dem neuen Bewusstsein, ihren Sommer zu genießen.

Es zahlte sich aus: er war vorzüglich.

Stazione Termini

Fine degli anni Cinquanta. Il primo pomeriggio di un giorno qualsiasi di marzo si stava concludendo dopo una lunga mattinata di pioggia, iniziata già durante la notte. A Roma quando piove nessuno può salvarsi: ha sempre carattere temporalesco, ogni goccia è come una secchiata d'acqua che si abbatte con violenza primordiale su strade, palazzi, alberi e non per ultimo sui passanti. Gli ombrelli non servono a niente, perché l'acqua si rovescia da tutte le parti, sembra quasi che provenga non soltanto dall'alto, ma anche di fronte, di lato, di sotto.

Uscire con un tempo simile è da pazzi, ma purtroppo il mondo è un agglomerato di pazzi: chi deve lavorare, chi deve fare spese, chi deve comprare il necessario e il non necessario, chi ha certi improrogabili affari da sbrigare. Fuori. Alla fine quasi nessuno resta in casa e non importa se piove se il sole spacca le pietre, tutti devono uscire dalle loro quattro pareti e unirsi alla bolgia, alla massa, al formicolio dei tanti esseri umani che si riversano sulle strade, con qualsiasi tempo e a qualsiasi ora.

Questo a Roma, ma di certo è così in tutte le altre grandi città del mondo. Cosa si cerca per strada? Perché si fugge dalle "amate" pareti domestiche, dal contatto troppo ravvicinato coi famigliari, con la madre, col padre, con i fratelli? Con i problemi della quotidianità, le noie e forse i litigi, le parole di insofferenza, di odio gridate o peggio ancora taciute, in-

Roma Termini

Ende der Fünfziger Jahre. Der frühe Nachmittag eines x-beliebigen Märztages ging nach einem langen Vormittag voller Regen, der bereits in der Nacht eingesetzt hatte, zur Neige. Wenn es in Rom regnet, vermag sich niemand zu retten, das hat dann immer den Charakter eines Wolkenbruchs, jeder Tropfen ist wie ein Kübel Wasser, der sich mit urtümlicher Gewalt auf Straßen, Palazzi, Bäume und nicht zuletzt auf die Passanten ergießt. Die Regenschirme nützen nichts, da das Wasser überallhin rinnt; es scheint gar, dass es nicht nur von oben kommt, sondern auch von vorne, von der Seite, von unten.

Bei einem solchen Wetter das Haus zu verlassen ist Wahnsinn, doch leider ist die Welt eine Ansammlung von Wahnsinnigen: der eine muss arbeiten, der andere einkaufen, einer muss das Notwendige und das Überflüssige besorgen, ein anderer muss unaufschiebbare Geschäfte erledigen. Draußen. Schließlich bleibt beinahe niemand zu Hause, egal ob es regnet oder die Sonne Pflastersteine sprengt, alle müssen ihre vier Wände verlassen und sich mit in die Hölle stürzen, sich mit der Masse vereinigen, dem Ameisengewusel der vielen Menschenwesen, die sich auf die Straßen ergießen, bei jedem Wetter und zu jeder Stunde.

Das ist Rom, ganz gewiss aber ist es in allen großen Städten dieser Erde so. Was sucht man auf der Straße? Warum flüchtet man aus den „geliebten“ vier Wänden der Heimstatt, vor der allzu großen Nähe der Familienmitglieder, der Mutter, des Vaters, der Geschwister? Hinaus zu den Problemen des Alltags, den Unannehmlichkeiten oder vielleicht

ghiottite, rimasticate e mai vomitate? La vita, appunto, dappertutto la vita, incomprensibile e piena di domande senza risposte.

In casa si resta quando è necessario svolgere un lavoro impossibile da fare altrove: studiare pianoforte, per esempio, o un qualsiasi altro strumento. Allora è necessario sedere ore e ore in una stanza e suonare, che piova o ci sia il sole, non cambia niente. Un esame alle porte, la lezione da preparare, tutti i Walzer di Chopin da leggere, per modo di dire a prima vista, un preludio e fuga di Bach, una sonata di Beethoven e quant'altro ancora. Ore e ore di studio. Un esame di ottavo anno ha bisogno di una lunga accurata preparazione.

A un'ora imprecisata del primo pomeriggio squillò il telefono. Luisa si alzò, visto che nessuno aveva intenzione di rispondere, nonostante i numerosi squilli. Chiaramente in quella casa nessuno aspettava una telefonata, lei meno di tutti, ma quegli squilli la disturbavano troppo, per cui interruppe una frase a metà, si alzò e: «Pronto», la voce già impaziente.

«Sono io, sono qui al Terminal... il mio prossimo aereo parte fra cinque ore... hai tempo di venire? Vorrei tanto vederti.»

Riconobbe subito la voce, molle, poco maschile. Una voce che in realtà non si adattava al corpo che la produceva: un corpo lungo, con qualche nuova tendenza all'obesità, un'obesità malsana, appunto molliccia, quasi femminea. Una novità degli ultimi anni. Luisa lo conosceva come un adolescente magrissimo, tutto pelle e ossa, alto più del normale, quasi piegato in due forse per accorciare quel suo corpo troppo lungo, ingombrante, al quale non riusciva ad abituarsi.

den Streitigkeiten, den unduldsamen Worten, den hinausgeschrienen oder noch schlimmer, den unterdrückten, wiedergekäuten und nie ausgespuckten Worten des Hasses? Das Leben eben, überall das Leben, unbegreiflich und voller Fragen ohne Antworten.

Man bleibt zu Hause, wenn man eine Arbeit erledigen muss, die anderswo unmöglich zu verrichten ist: Klavier üben zum Beispiel oder ein beliebiges anderes Instrument. Dann ist es notwendig Stunden über Stunden in einem Zimmer zu sitzen und zu spielen, ob es nun regnet oder die Sonne scheint, ändert nichts daran. Eine bevorstehende Prüfung, eine Unterrichtsstunde vorzubereiten, alle Walzer Chopins sozusagen vom Blatt spielen, ein Präludium mit Fuge von Bach, eine Sonate von Beethoven und anderes mehr noch. Stunde um Stunde wird geübt. Eine Prüfung im achten Jahr erfordert eine lange, sorgfältige Vorbereitung.

Irgendwann am frühen Nachmittag klingelte das Telefon. Luisa erhob sich, da anscheinend trotz des wiederholten Klingelns niemand im Sinn hatte zu antworten. Offensichtlich erwartete niemand in diesem Haus einen Anruf, sie am allerwenigsten, doch dieses Klingeln störte sie zu sehr, deshalb unterbrach sie mitten in einem Satz, erhob sich und sagte mit bereits ungeduldiger Stimme: »Hallo«.

»Ich bin's, ich bin hier am Terminal ... mein nächstes Flugzeug startet in fünf Stunden ... hast du Zeit zu kommen? Ich möchte dich so gerne sehen."

Sie erkannte die weiche, nicht sehr männliche Stimme sofort. Eine Stimme, die in Wirklichkeit nicht zu dem Körper passte, dem sie entsprang: ein langer Körper, zuletzt mit einer gewissen Tendenz zur Fettleibigkeit, einer ungesunden Rundlichkeit, weich eben, beinahe feminin. Eine Neuheit der letzten Jahre. Luisa kannte ihn als einen großen, sehr mageren Jugendlichen, ganz Haut und Knochen, größer als der Durchschnitt, immer etwas vornübergebeugt, um diesen zu langen Körper, an den er sich nicht gewöhnen konnte, etwas kürzer erscheinen zu lassen.

Sebastiano era cresciuto di colpo, soltanto la voce era rimasta quella del ragazzino tredicenne. Gli arti si erano allungati smisuratamente mentre le sue corde vocali si erano rifiutate di seguire la sorte cui erano destinate: di solito un corpo assai lungo produce una voce bassa, profonda. Così dai manuali di canto. Un corpo in ogni caso fuori del comune: nella Sicilia degli anni Cinquanta la statura normale non superava il metro e sessanta, mentre lui andava oltre il metro e novanta. A sedici anni per fortuna aveva smesso di crescere, con grande sollievo dei genitori e anche degli amici, piuttosto spaesati, anzi messi in difficoltà da quella sorta di albero eccessivamente alto in mezzo a un bosco di alberelli di media altezza. Del resto avere un contatto con lui era sempre stato molto difficile e non certo per la differenza di statura fisica; era un ragazzo scontroso, con qualcosa di negativo, di polemico: sembrava che la vita lo avesse offeso fin dall'inizio, come non mancava di sottolineare in tutte le situazioni possibili. Considerava infatti la propria nascita un inganno perpetrato dai suoi genitori ai danni del resto dell'umanità. Ma prima di tutto, verso lui stesso.

Luisa lo conosceva da sempre. Per lo meno dalla prima adolescenza, quando arrivava a casa sua insieme ad altri ragazzi, dopo la scuola, forse per fare i compiti insieme, o magari per una partita a carte. Lei, bambina, li vedeva venire nelle prime ore del pomeriggio dallo spiraglio della porta che dal corridoio dava sull'ingresso: il fratello maggiore non le permetteva neanche di aprire la porta. Erano ancora i tempi in cui nelle famiglie (solo in quelle meridionali?) il fratello maggiore aveva un'autorità indiscutibile, non più accettata dopo la cosiddetta rivoluzione femminista.

Lui sapeva del loro arrivo e li aspettava nella sua stanza, la

Sebastiano war ganz plötzlich aufgeschossen, nur die Stimme war die eines dreizehnjährigen Jungen geblieben. Die Gliedmaßen hatten sich über alle Maßen verlängert, während sich die Stimmbänder geweigert hatten, dem ihnen bestimmten Schicksal zu folgen. Gewöhnlich bringt ein sehr langer Körper eine tiefe, volle Stimme hervor. So steht's in den Gesangslehrbüchern. Ein in jedem Fall außergewöhnlicher Körper. Im Sizilien der Fünfzigerjahre überstieg die normale Körpergröße einen Meter sechzig nicht, während er einen Meter neunzig überragte. Mit sechzehn hatte er glücklicherweise zu wachsen aufgehört, zur großen Erleichterung der Eltern und auch der sich angesichts dieser Art übertrieben hohen Baumes inmitten eines Wäldchens mittelgroßer Bäumchen ziemlich unbehaglich fühlenden Freunde. Im Übrigen war es immer sehr schwer gewesen einen Kontakt zu ihm herzustellen, doch bestimmt nicht wegen des Unterschieds an körperlicher Statur. Er war ein ungeselliger Junge mit etwas Negativem, Polemischen; es schien als hätte ihn das Leben von Anfang an gekränkt, wie er in allen möglichen Situationen zu betonen nicht vergaß. Er betrachtete seine Geburt als einen von seinen Eltern am Rest der Menschheit, vor allem aber an ihm selbst begangenen Betrug.

Luisa kannte ihn seit jeher. Zumindest seit frühester Jugend als er gemeinsam mit anderen Jungen nach der Schule zu ihr nach Hause kam, vielleicht um gemeinsam die Hausaufgaben zu erledigen oder auch um eine Partie Karten zu spielen. Sie, noch ein Kind, sah sie durch den Spalt der Zimmertür, die durch den Gang auf die Eingangstür schaute, in den frühen Nachmittagsstunden nach Hause kommen. Ihr ältester Bruder erlaubte ihr nicht einmal die Tür zu öffnen. Das waren noch Zeiten, in denen in den Familien (nur im italienischen Süden?) der ältere Bruder die unbestreitbare Autorität besaß, die nach der sogenannten feministischen Revolution nicht mehr akzeptiert wurde.

Er wusste von ihrem Kommen und wartete auf sie in sei-

più vicina alla porta d'ingresso. Luisa però li sbirciava mezzo nascosta, curiosa. Una volta, in seconda media, uno dei ragazzi, Alfredo, e non certo Sebastiano, le aveva dato una favolosa lezione su Omero e l'Iliade che segnò una svolta decisiva nella sua vita scolastica: da quel momento capì il senso di quel "Cantami o Diva del Pelìde Achille l'ira funesta che infiniti addusse lutti agli Achei..." un testo fino a quel momento del tutto sibillino, ora chiarito ai suoi occhi esterrefatti. Gli altri ragazzi, tutti ormai al terzo liceo, ascoltarono la lezione di Alfredo, anche loro impressionati dal compagno, eccettuato Sebastiano che aveva sogghignato tutto il tempo, per chissà quali suoi motivi. Un pomeriggio indimenticabile, del tutto eccezionale: il fratello l'aveva chiamata nello studio, visto che uno dei suoi compagni si era dichiarato disposto a spiegarle quel testo anche per lui ostico. In seguito Alfredo avrebbe studiato lettere per poi insegnare in un liceo del Nord Italia: chiaramente era portato per l'insegnamento, anche questo motivo di dileggio per Sebastiano, già allora privo di ideali, illusioni, prospettive per il futuro. Quel pomeriggio si era concluso, fra l'entusiasmo generale, con un enorme vassoio pieno di arancini di riso che la madre di Luisa aveva preparato in anticipo, sapendo della necessità della bambina di quella lezione particolare.

In seguito, quando tutti i ragazzi studiavano all'università e non venivano più insieme, Sebastiano aveva continuato a trascorrere alcune ore, da solo, sempre nel primo pomeriggio, nello studio della sua casa. Adesso era Luisa ad aprire la porta. Lui senza salutare, senza una parola, si dirigeva verso la porta dello studio, si chiudeva lì dentro e usciva soltanto all'imbrunire. Studiava, leggeva ore e ore, indisturbato.

Due anni dopo seguì il trasferimento di massa a Roma:

nem Zimmer, das dem Eingang am nächsten lag. Luisa aber beobachtete sie neugierig, halb versteckt. Einmal, in der zweiten Klasse Mittelschule, hatte ihr Alfredo – ganz gewiss nicht Sebastiano – eine fabelhafte Lektion über Homer und die Illias gegeben, die eine entscheidende Wende in ihrer schulischen Laufbahn darstellte. Von jenem Moment an begriff sie den Sinn jener Worte „Singe den Zorn, o Göttin, des Peleiaden Achilleus, Ihn, der entbrannt den Achaiern unnennbaren Jammer erregte ...", bis zu jenem Augenblick völlig sybillinische Worte, jetzt aber ihren fassungslosen Augen verständlich. Die anderen Burschen, allesamt bereits im dritten Gymnasium, hörten ebenfalls Alfredos Ausführungen zu, gewiss aber nicht Sebastiano, der die ganze Zeit, wer weiß aus welchen persönlichen Gründen, gegrinst hatte. Ein unvergesslicher, völlig außergewöhnlicher Nachmittag. Ihr Bruder hatte sie ins Studierzimmer gerufen, da sich einer seiner Schulkameraden bereit erklärt hatte, ihr jene auch für ihn widerspenstige Textpassage zu erklären. Später hatte Alfredo Literaturwissenschaften studiert, um dann in einem norditalienischen Gymnasium zu unterrichten; offensichtlich hatte er Talent fürs Lehramt, auch das ein Grund des Hohnes für Sebastiano, bereits damals ohne Ideale, Träume, Zukunftsperspektiven. Jener Nachmittag endete zur allgemeinen Begeisterung mit einem riesigen Tablett voller Arancini, die Luisas Mutter in weiser Voraussicht vorbereitet hatte, wohl wissend, dass das Mädchen diese besondere Lektion nötig hatte.

Später, als alle Burschen auf die Universität gingen und nicht mehr gemeinsam zu ihnen kamen, hatte Sebastiano fortgefahren einige Stunden alleine im Studierzimmer bei ihnen zu Hause zu verbringen. Nun war es Luisa, die ihm die Tür öffnete. Er ging ohne zu grüßen wortlos zur Tür des Studierzimmers, schloss sich darin ein und verließ es erst wieder zur Dämmerung. Er studierte, las stundenlang ungestört.

Zwei Jahre später erfolgte die Massenauswanderung

nessuno voleva più restare in Sicilia, l'università non offriva interessanti prospettive, tutti volevano fuggire dalla provincia, dal Sud, da ciò che soffocava ogni aspettativa di progresso e, perché no, di modernità: anni di grandi speranze in gran parte deluse... ma cosa sarebbe la vita senza speranze?

«Ah, sei tu... è da tanto che non ti fai sentire. Tu dici di venire al Terminal, vuoi dire a Ciampino? Credo che ci voglia almeno un'ora per arrivare fino a lì, io non ci sono mai stata.» La sua risposta oltre che indecisa, suonava anche alquanto contrariata: uscire adesso? Interrompere lo studio?

«Allora facciamo così, io vengo alla Stazione Termini e ci incontriamo lì fra un'ora. Ti va bene così?» Ora quasi pregava, un tono di voce che non conosceva in lui.

«Se vieni alla Stazione... allora ti raggiungo lì. Tu sai che i mezzi qui a Roma sono sempre molto avventurosi. Spero di farcela. Mi preparo subito e vengo.»

«Perché parli di mezzi? Puoi venire a piedi, da casa tua fino alla Stazione ci sono pochi passi.»

«Non sai che non abitiamo più a Piazza Indipendenza? Da sei mesi ci siamo trasferiti a Monteverde Vecchio perciò devo prendere uno o due bus fino alla Stazione. È proprio da tanto che non vieni più.»

Quella telefonata del tutto inattesa la disorientò, la mente occupata da una fuga di Bach che cercava di sgrovigliare; ma la sorpresa nasceva soprattutto dalla voce di Sebastiano, da quel suo tono stranamente femmineo, quella voce che non sentiva da qualche anno, ormai, e che credeva aver dimenticato.

nach Rom: niemand wollte mehr auf Sizilien bleiben, wo die Universität keine interessanten Aussichten bot und alle die Provinz, den Süden und alles was jedwede Aussicht auf Fortschritt, auf die Moderne erstickte, hinter sich lassen wollten: Jahre großer größtenteils enttäuschter Hoffnungen ... aber was wäre das Leben ohne Hoffnung?

»Ach du bist es ... du hast lange nichts von dir hören lassen. Du sagst, ich soll zum Terminal kommen, du meinst Ciampino? Ich glaube, da braucht man mindestens eine Stunde und ich bin noch nie dort gewesen.« Ihre Antwort klang nicht nur unentschlossen, sondern ziemlich verärgert: jetzt noch aus dem Haus gehen? Die Klavierübungen unterbrechen?

»Also machen wir es so, ich komme zum Bahnhof Termini und wir treffen uns dort in einer Stunde. Geht das für dich in Ordnung?« Jetzt bettelte er beinahe, ein Ton, den sie nicht von ihm kannte.

»Wenn du zum Bahnhof kommst, dann treffen wir uns dort. Du weißt, dass die öffentlichen Verkehrsmittel in Rom immer ziemlich abenteuerlich unterwegs sind. Ich hoffe, ich schaffe es. Ich richte mich her und mache mich auf den Weg.«

»Was redest du von öffentlichen Verkehrsmitteln? Du kannst doch zu Fuß gehen, von dir zu Hause bis zum Bahnhof sind es nur ein paar Schritte.«

»Weißt du denn nicht, dass wir nicht mehr an der Piazza dell'Indipendenza wohnen? Vor sechs Monaten sind wir nach Monteverde Vecchio umgezogen, also muss ich einen oder zwei Busse bis zum Bahnhof nehmen. Du bist wirklich lange nicht mehr hier gewesen.«

Dieser völlig unerwartete Anruf brachte sie durcheinander, die Gedanken noch bei einer Bach-Fuge, die sie zu entwirren versuchte, doch die Überraschung rührte vor allem von Sebastianos Stimme her, von diesem eigenartig femininen Ton dieser Stimme, die sie mittlerweile seit einigen Jahren nicht mehr gehört und die sie vergessen zu haben ge-

Per fortuna aveva smesso di piovere. Diede uno sguardo fuori dal balcone, sulla strada ormai quasi asciutta: soltanto qualche pozzanghera qua e là denunciava il gran temporale della notte e della mattina. Come vestirsi, con quel tempo? Avrebbe portato in ogni caso l'ombrello. Decise di mettere l'impermeabile e rimanere col vestito di casa, tanto sarebbe rimasta poco con lui. Quella fuga di Bach, molto complessa, quasi un rebus da risolvere, la impegnava già da qualche giorno, e prima di andare a lezione voleva districare il labirinto di voci che si intrecciavano quasi per farle perdere le tracce del tema principale. Così dimenticò di pettinarsi, darsi una guardata allo specchio, magari rifare il trucco, già molto leggero: niente, uscì così come era, confusa, distratta.

La voce della madre, dall'altra stanza: «Chi ha telefonato? Dove vai?»

«Vado alla Stazione. Sebastiano ha telefonato... è qui per qualche ora e vorrebbe vedermi.»

«Sebastiano? Da molto non lo sentiamo. Che vorrà da te?»

Già, cosa voleva da lei? Luisa non lo sapeva, da anni non lo sapeva. Lo conosceva da sempre, ma non sapeva se doveva considerarlo un amico: ogni persona che si conosce è automaticamente un amico? Con un amico si scambiano confidenze, pensieri... con lui aveva sempre avuto difficoltà a parlare e lui, da parte sua, non era affatto loquace. Fino a qualche anno prima, quando anche lui, finita l'università nella città natale, si era trasferito a Bologna per un imprecisato lavoro (a lei e a nessuno aveva mai trovato necessario spiegare quale fosse la sua occupazione) veniva a trascorrere quasi ogni fine settimana da loro. Giocavano a carte, poker e quindi non era necessario parlare. A volte le chiedeva di fare

glaubt hatte.

Zum Glück hatte es zu regnen aufgehört. Sie warf einen Blick vom Balkon auf die inzwischen fast trockene Straße: bloß einige Pfützen da und dort zeugten vom nächtlichen und morgendlichen Gewitter. Was anziehen bei diesem Wetter? Sie würde auf jeden Fall den Regenschirm mitnehmen. Sie beschloss den Regenmantel anzuziehen und das Hauskleid anzubehalten; sie würde sich doch nur kurz mit ihm treffen. Die Bach-Fuge, sehr komplex, beinahe ein zu lösender Rebus, beschäftigte sie bereits seit einigen Tagen und bevor sie zum Unterricht ging, wollte sie das Labyrinth der Stimmen entwirren, die so ineinander verflochten waren, als wollten sie sie die Spur des Hauptthemas verlieren lassen. Also vergaß sie sich zu kämmen und einen Blick in den Spiegel zu werfen, eventuell die eh schon sehr leichte Schminke etwas aufzufrischen: nichts, sie verließ das Haus wie sie war, konfus, zerstreut.

Die Stimme der Mutter kam aus dem anderen Zimmer: »Wer hat angerufen? Wohin gehst du?«

»Ich gehe zum Bahnhof. Sebastiano hat angerufen ... er ist nur ein paar Stunden hier und würde mich gerne sehen.«

»Sebastiano? Wir haben lange nicht von ihm gehört. Was mag er von dir wollen?«

Allerdings, was wollte er von ihr? Luisa wusste es nicht, wusste es seit Jahren nicht. Sie kannte ihn seit jeher, doch wusste sie nicht, ob sie ihn als einen Freund betrachten sollte. Ist jede Person, die man kennt automatisch ein Freund? Mit einem Freund tauscht man Vertraulichkeiten, Gedanken aus ... Mit ihm hatte sie immer Schwierigkeiten gehabt zu reden, und er, seinerseits, war überhaupt nicht gesprächig. Bis vor wenigen Jahren, als auch er, gerade die Universität in seiner Stadt abgeschlossen für eine gewisse Arbeit nach Bologna übersiedelt war (er hatte es nie für nötig befunden ihr oder auch sonst wem zu erklären, welches seine Beschäftigung war), kam er vorbei, um jedes Wochenende bei ihnen zu verbringen. Sie spielten Karten, Poker, also brauchte man

un giro con lui, magari per esplorare un nuovo parco, una visita ai Fori Imperiali, qualche chiesa dove era possibile vedere nella penombra quadri di pittori famosi, andare per Roma come un turista: anche durante queste passeggiate taceva e lei non aveva il coraggio di reagire; lui, sempre più alto di lei, più grande, più uomo e molto diverso dai ragazzi che frequentava. Camminare al suo fianco la metteva in imbarazzo, non soltanto per via della statura: le sembrava strano, lei che si sentiva sempre una ragazzina, stare accanto a un uomo, un giovane uomo, non certo un ragazzo con la zazzera al vento, sciatto e ancora imberbe, i nuovi amici con i quali a volte si accompagnava. Lui già a diciotto anni era un uomo fatto: l'unico segno di infantilità era rimasta la voce, acuta, spesso spezzata, quasi un'ultima vendetta di quella crudele pubertà che tanto scompiglio gli aveva causato.

Il primo pensiero, appena chiuso il telefono, fu " tre ore, tre ore perdute, con tutto quello che ho da studiare, e quando torno sarà troppo tardi per rimettersi a suonare." Gli ordinamenti del condominio permettevano lo studio di qualsiasi strumento musicale fino alle sette di sera. Avevano dovuto cambiare casa, sei mesi prima, anche per via di un albergatore, loro vicino, che li aveva denunziati addirittura alla polizia perché una stanza che confinava con loro non poteva essere affittata per via del suo continuo martellare sui quei maledetti tasti del pianoforte. Aveva detto.

Con la testa ancora altrove, scese in strada: la fermata dell'autobus era già piena di gente che aspettava. Cattivo segno, pensò, se aspettano in tanti vuol dire che il bus non arriva da tempo. Da quando abitavano in quel quartiere era stata costretta a conoscere da vicino il sistema molto disordinato dei mezzi pubblici della città: si aspettava anche quaranta minuti e poi arrivavano tre vetture, una dietro l'altra. Co-

nicht zu reden. Manchmal bat er sie eine Runde mit zu drehen, etwa um einen neuen Park zu erkunden, einen Besuch in den Fori Imperiali oder in eine Kirche zu machen, in der man im Halbdunkel Bilder berühmter Maler betrachten konnte, wie Touristen durch Rom schlendernd. Auch während dieser Spaziergänge schwieg er und sie hatte nicht den Mut zu reagieren; er, älter als sie, größer, erwachsener und ganz anders als die Burschen, mit denen er Umgang hatte. Neben ihm herzugehen brachte sie in Verlegenheit, nicht nur wegen seiner Größe. Es kam ihr eigenartig vor, sie, die sich immer als kleines Mädchen fühlte, neben einem Mann zu sein, einem jungen Mann, gewiss kein Junge mit wehender Mähne, schlampig und bartlos wie die neuen Freunde, mit denen er manchmal unterwegs war. Er war bereits mit achtzehn ausgewachsen; das einzige Zeichen seiner Jugend war die schrille, häufig gebrochene Stimme, beinahe eine letzte Rache dieser grausamen Pubertät, die ihm so viel Unbehagen bereitet hatte.

Als sie den Hörer aufgelegt hatte, war ihr erster Gedanke: „Drei Stunden, drei verlorene Stunden, bei all dem, was ich noch zu studieren hätte, und wenn ich zurückkomme wird es zu spät sein, um sich wieder ans Klavier zu setzen." Die Hausordnung erlaubte das Spielen jeglichen Musikinstruments nur bis sieben Uhr abends. Sie hatten vor sechs Monaten umziehen müssen, eines benachbarten Hoteliers wegen, der sie sogar bei der Polizei angezeigt hatte, weil ein Zimmer, das an ihre Wohnung grenzte aufgrund ihres andauernden Hämmerns auf diesen vermaledeiten Klaviertasten nicht zu vermieten war. Hatte er gesagt.

Mit den Gedanken noch anderswo, trat sie auf die Straße hinaus. Die Bushaltestelle war bereits voller wartender Menschen. Ein schlechtes Zeichen, dachte sie, wenn so viele warteten, bedeutete das, dass der Bus Verspätung hatte. Seit sie in diesem Viertel wohnten, war sie gezwungen gewesen das sehr unübersichtliche System der öffentlichen Verkehrsmittel der Stadt kennen zu lernen. Man wartete manchmal

minciò a innervosirsi, ma non osò chiedere a nessuno dei passeggeri da quanto tempo aspettavano. Troppo timida, nonostante i suoi vent'anni. Finalmente dall'angolo sbucò un solo bus, strapieno. Si infilò disperata, pronta a farsi schiacciare, magari palpeggiare da uno degli immancabili "pomicioni" assai frequenti nei mezzi pubblici romani, rimetterci una sfilatura alla calza e chissà che altro. Poteva capitare di tutto.

Passato Ponte Garibaldi si preparò per scendere. A Largo Argentina doveva cambiare. Prepararsi significava urtare i vicini, chiedere permesso (inutilmente), pestare piedi, sentire le reazioni irritate degli altri passeggeri, scusarsi e ritrovarsi catapultata sul marciapiede, quasi di sorpresa. Tirò un sospiro di sollievo. Col 64 fu tutto molto più semplice, essendo l'autobus proveniente dal Vaticano diretto alla Stazione Termini, un mezzo privilegiato, che funzionava sempre, puntuale e senza ressa. Per via dei turisti.

Conosceva quel percorso a memoria, ogni strada, ogni piazza, ogni curva fino alla lunga via Nazionale, Piazza Esedra, piazza dei Cinquecento.

Lo vide subito: lui da Ciampino era arrivato prima, forse solo qualche minuto prima. Si salutarono senza darsi la mano, solo un cenno del capo, un riconoscersi con gli occhi:

«Aspetti da molto? Te l'avevo detto… qui è sempre così. Pensa, sono partita subito.»

«No, sono qui da qualche minuto. Andiamo, facciamo quattro passi, se vuoi. O forse preferisci se ci sediamo in stazione?»

«Sì, forse è meglio. Potrebbe rimettersi a piovere.»

an die vierzig Minuten und dann kamen drei Busse einer nach dem anderen. Sie begann nervös zu werden, doch sie wagte nicht einen der Wartenden zu fragen, wie lange sie denn schon warteten. Zu schüchtern, trotz ihrer zwanzig Jahre. Endlich kam ein einziger überfüllter Bus um die Ecke. Sie zwängte sich verzweifelt hinein, bereit sich zerquetschen, vielleicht auch von einem in öffentlichen römischen Verkehrsmitteln ziemlich häufig anzutreffenden Grapscher befummeln zu lassen, eine Laufmasche und wer weiß, was noch zu riskieren. Da konnte allerhand passieren.

Hinter der Garibaldi-Brücke machte sie sich zum Aussteigen bereit. Am Largo Argentina musste sie umsteigen. Sich bereit zu machen bedeutete andere zu schubsen, um Durchlass zu bitten (umsonst), anderen auf die Füße zu treten, die gereizten Reaktionen der anderen Fahrgäste zu spüren, sich zu entschuldigen, um sich schließlich beinahe überrascht auf den Gehsteig katapultiert wiederzufinden. Sie atmete erleichtert auf. Mit dem Vierundsechziger war es viel einfacher, da diese Linie, vom Vatikan kommend Richtung Bahnhof Termini unterwegs, eine privilegierte Linie war, Busse, die immer funktionierten, immer pünktlich und ohne Gedränge waren. Wegen der Touristen.

Sie kannte die Route auswendig, jede Straße, jeden Platz, jede Kurve bis zur langgezogenen Via Nazionale, Piazza Esedra, Piazza dei Cinquecento.

Sie sah ihn sofort; er war von Ciampino kommend früher angekommen, vielleicht nur um wenige Minuten. Sie grüßten sich, ohne sich die Hand zu geben, nur ein Kopfnicken, ein sich mit Blicken wahrnehmend.

»Wartest du schon lange? Ich hatte es dir gesagt … hier ist es immer so. Dabei bin ich sofort losgegangen.«

»Nein, nur ein paar Minuten. Komm, gehen wir ein paar Schritte, wenn du willst. Oder hast du es lieber, wenn wir uns im Bahnhof hinsetzen?«

»Ja, vielleicht ist das besser. Es könnte wieder zu regnen beginnen.«

Sebastiano prese un'entrata laterale, da via Giolitti; camminava a grandi passi dimenticando che Luisa avrebbe dovuto farne due, di corsa, per raggiungerlo. Di colpo si fermò, la cercò, confuso.

«Scusami... non so dove ho la testa.» Adesso rallentò il passo. Infine trovò una sala interna con pochi passeggeri.

«Non sarebbe meglio andare altrove? Dove ci si possa sedere indisturbati? Possibile che non ci sia un posto migliore per incontrarci?»

Posò lo sguardo su di lei: stranamente era così infastidito da tutto quell'insieme di contrarietà che per un momento aveva dimenticato il motivo di quell'incontro: rivederla, parlare con lei, chiarire, se c'era qualcosa da chiarire, sentire la sua voce, guardare in quegli occhi innocenti e perdersi in essi.

«Ho sbagliato tutto. Io sbaglio sempre tutto.»

Finalmente gli occhi si addolcirono, la fronte si distese.

«Scusami. Ti prego, scusami, volevo rivederti e invece di guardarti mi lascio irritare da questi piccoli contrattempi. Vedo sempre il superfluo e tralascio le cose più importanti. Ti prego ancora.»

«Lascia stare... non c'è motivo di scusarsi. Vuoi mettermi in imbarazzo?»

«Vieni con me, appartiamoci in questo angolo. Non volevo soltanto vederti. Volevo dirti... voglio finalmente parlare con te. Voglio che tu senta le tante parole che non ti ho detto in tutti questi anni... sì, lo so. Ma ti prego, non guardarmi così, altrimenti non posso proseguire.» Luisa lo fissò sbalordita.

«Sei sempre stato molto taciturno. Lo hai dimenticato? E... non so proprio cosa avresti potuto dirmi: io sono sempre stata una ragazzina davanti a te, e lo sono ancora, una

Sebastiano nahm einen Seiteneingang von der Via Giolitti. Er machte lange Schritte, vergessend, dass Luisa deren zwei im Laufschritt machen musste, um mit ihm mitzuhalten. Plötzlich blieb er stehen, sah sich verwirrt nach ihr um.

»Entschuldige … ich weiß nicht, wo ich mit meinen Gedanken bin.« Jetzt verlangsamte er den Schritt. Schlussendlich fand er einen Wartesaal mit wenigen Reisenden.

»Wäre es nicht besser anderswohin zu gehen? Irgendwo, wo man sich ungestört hinsetzen kann? Es kann doch nicht sein, dass es keinen besseren Platz gibt uns zu treffen?«

Er richtete den Blick auf sie; eigenartiger Weise war er wegen all der Unannehmlichkeiten derart verärgert, dass er für einen Moment den Grund dieses Treffens vergessen hatte: sie wiedersehen, mit ihr reden, klären, wenn da etwas zu klären war, ihre Stimme hören, diese unschuldigen Augen sehen und sich in ihnen verlieren.

»Ich habe alles falsch gemacht. Ich mache immer alles falsch.«

Endlich wurde sein Blick weicher, die Stirn glättete sich.

»Verzeih mir, ich bitte dich, verzeih mir; ich wollte dich wiedersehen und anstatt dich anzusehen, lasse ich mich von diesen kleinen Missgeschicken aus der Ruhe bringen. Ich sehe immer das Nebensächliche und übersehe die wichtigsten Dinge. Bitte verzeih mir.«

»Lass nur … es gibt keinen Grund sich zu entschuldigen. Willst du mich in Verlegenheit bringen?«

»Komm mit mir, wir verziehen uns in diese Ecke. Ich wollte dich nicht nur wiedersehen. Ich wollte dir sagen … ich wollte endlich mit dir reden. Ich möchte, dass du all die Worte hörst, die ich dir in all diesen Jahren nicht gesagt habe … ja, ja, ich weiß. Aber schau mich nicht so an, sonst kann ich nicht weiterreden.« Luisa sah in verdutzt an.

»Du warst immer schon sehr schweigsam. Hast du das vergessen? Und ich weiß wirklich nicht, was du mir hättest sagen können. Ich bin vor dir immer ein kleines Mädchen gewesen und bin es immer noch, ein Mädchen wie viele an-

ragazza come tante altre, senza niente di particolare.»

«No. No. Tu non sei mai stata una ragazzina come tante altre. Non so come cominciare. Avevo anche pensato di scriverti, ma almeno per l'ultima volta, perché questa è l'ultima volta che ci incontriamo, volevo rivedere i tuoi ricciolini biondi, i tuoi occhi innocenti, e... tutto il resto: sei rimasta bambina fino in fondo all'anima. Una bambina...» si fermò, inghiottì a fatica. «Non sapevo che potessero esserci creature come te, al mondo, non potevo crederci. Ogni volta riprovavo, venivo da Bologna, quattro ore in treno pensando di trovarti cambiata, e invece niente: sempre la bambina che spiava da dietro la tenda, ricordi?, ogni volta che venivo a casa tua per studiare. Tu credevi che io non ti vedessi. Invece io aspettavo sempre quel leggero movimento della tenda: avevate una strana casa, allora. Ogni porta era coperta da una pesante tenda scura. Chi ha voluto quelle tende? Tuo padre, tua madre? Tu bambina aprivi appena uno spiraglio di porta, poi una manina spostava la tenda e io sapevo che tu mi stavi osservando: facevo finta di studiare, un libro davanti a me, tutto il tempo in attesa di quella manina.»

Tacque un momento, sopraffatto dalla commozione. Luisa non capiva: aveva visto come lei... possibile che non avesse mai detto niente? E perché? Ogni giorno arrivava, lei lo aspettava. Due anni, forse più, fino alla loro partenza dalla città natale. Dopo qualche tempo era apparso a Roma: si era laureato in fretta, aveva detto, aveva fatto un esame dietro l'altro. Una pazzia. Solo perché voleva partire anche lui e la sua famiglia non aveva nessuna intenzione di muoversi. Non avevano nessun motivo: il padre aveva un lavoro sicuro, la madre tutta la sua famiglia, i tanti parenti, le relazioni socia-

dere ohne etwas Besonderem.«

»Nein, nein, du bist nie ein kleines Mädchen wie viele andere gewesen. Ich weiß nicht wie beginnen. Ich hatte auch daran gedacht dir zu schreiben, aber zumindest das letzte Mal, denn das ist das letzte Mal, dass wir uns begegnen, wollte ich deine blonden Locken, deine unschuldigen Augen und … den ganzen Rest sehen; du bist bis in die Tiefen deiner Seele ein Kind geblieben. Ein Kind …" Er hielt inne, schluckte verkrampft. „Ich wusste nicht, dass es Geschöpfe wie dich auf der Welt geben könnte, ich konnte es nicht glauben. Jedes Mal versuchte ich es wieder, ich kam von Bologna, vier Stunden im Zug, in dem Glauben, dich verändert vorzufinden, stattdessen nichts: immer wieder das Mädchen, das hinter dem Vorhang hervorspionierte, erinnerst du dich, jedes Mal, wenn ich zu euch nach Hause kam, um zu lernen. Du glaubtest, ich würde dich nicht bemerken. Ich hingegen wartete immer auf das leichte Bewegen des Vorhangs; ihr hattet eine sonderbare Wohnung, damals. Jede Tür war hinter einem schweren, dunklen Vorhang versteckt. Wer hatte diese Vorhänge gewollt? Dein Vater, deine Mutter? Du, noch ein Kind, hast die Tür gerade einen Spalt breit aufgemacht, dann bewegte ein Händchen den Vorhang und ich wusste, dass du mich beobachtest. Ich tat als würde ich lernen, ein Buch vor mir, die ganze Zeit in Erwartung jenes Händchens.«

Von Gefühlen überwältigt schwieg er einen Augenblick. Luisa verstand nicht: Er hatte gesehen, wie sie … konnte es sein, dass er nie etwas gesagt hatte? Und warum? Er kam jeden Tag, sie wartete auf ihn. Zwei Jahre oder vielleicht mehr, bis zu ihrem Wegziehen aus ihrem Geburtsort. Einige Jahre darauf war er in Rom aufgekreuzt. Eiligst habe er sein Studium abgeschlossen, sagte er, habe eine Prüfung nach der andern abgelegt. Eine Verrücktheit. Nur weil auch er fortgehen wollte und seine Familie keinerlei Absicht hatte sich vom Fleck zu bewegen. Für sie gab es keinen Anlass: Der Vater hatte eine sichere Stelle, die Mutter, die ganze Familie, die

li; perché lasciare tutto questo per seguire le smanie di un figliolo sempre inquieto? Intanto lui bruciava le tappe per scappare da quel buco di provincia, come definiva la propria città, da quel maledetto Sud. Ma non si era fermato a Roma, come altri amici, aveva subito trovato lavoro a Bologna, si era sistemato alla meglio e dopo qualche tempo aveva finalmente trovato la forza di fare una prima visita alla famiglia di Luisa, sorprendendo tutti, prima di tutti il fratello che ormai lo aveva tolto dalla lista dei suoi amici. Dopo un primo furioso litigio fuori casa, però, Sebastiano aveva dichiarato di venire a trovare non lui, che non aveva mai considerato un amico, ma la famiglia... non aveva osato fare il nome di Luisa.

Non era chiaro a nessuno per quale motivo questo giovanotto ogni fine settimana si presentasse nella loro casa, sempre di passaggio; si sedeva alla loro tavola, sempre gentilmente invitato dalla madre; giocava a carte con la ragazza per poi uscire a spasso, sempre solo con lei. Poi, così come era venuto, spariva, senza neanche congedarsi. Questo era Sebastiano, ormai lo conoscevano e, per dritto o per rovescio, accettavano questo suo carattere di orso. E ora, dopo una lunghissima pausa, veniva per l'ultima volta, così almeno dichiarava, senza neanche passare da casa, senza congedarsi dalla madre. E diceva di voler parlare con lei, quasi sussurrando, gli occhi stranamente teneri e... tutto il suo modo di fare, così diverso, inquietante: Luisa piuttosto stranita cercò un tono più distaccato:

«Abiti ancora a Bologna? E perché sei venuto in aereo?»

«No, abito a Torino e vengo da Londra, adesso ho un nuovo lavoro.» Sempre vago. Luisa non osò chiedere oltre. Suben-

vielen Verwandten, die sozialen Bindungen; sollten sie all das zurücklassen, nur um den Verrücktheiten eines ruhelosen Sohnes nachzugeben? Währenddessen unternahm er alles, um dieses Provinzloch, wie er seine Geburtsstadt nannte, um den verfluchten Süden hinter sich zu lassen. Aber er war nicht wie manche seiner Freunde in Rom geblieben, er hatte gleich in Bologna eine Arbeit gefunden, hatte sich so gut es ging eingerichtet und nach einer gewissen Zeit die Kraft aufgebracht, Luisas Familie einen Besuch abzustatten und alle damit zu überraschen, vor allem ihren Bruder, der ihn mittlerweile von der Liste seiner Freunde gestrichen hatte. Nach einem ersten wütenden Streit, außer Haus, hatte ihm Sebastiano aber eröffnet, dass er nicht ihn, den er nie als einen Freund betrachtet hatte, sondern die Familie besuchen gekommen war ... er hatte nicht gewagt Luisas Namen auszusprechen.

Niemandem war klar, aus welchem Grund dieser junge Mann jedes Wochenende bei ihnen zu Hause aufkreuzte, immer auf der Durchreise; er setzte sich zu ihnen an den Tisch, immer freundlichst von der Mutter eingeladen, spielte mit dem Mädchen Karten, um dann auszugehen, immer nur mit ihr. Dann verschwand er so wie er gekommen war, ohne sich zu verabschieden. Das war Sebastiano, mittlerweile kannten sie ihn in- und auswendig, akzeptierten seinen verschlossenen Charakter. Und nun, nach einer langen Unterbrechung kam er ein letztes Mal, sagte er zumindest, ohne auch nur zu Hause vorbeizukommen, ohne sich von der Mutter zu verabschieden. Und sagte, er wolle mit ihr reden, beinahe flüsternd, mit beinahe zärtlichem Blick und ... der ganzen Art sich zu geben, so anders, beinahe unheimlich. Ziemlich verwirrt suchte Luisa nach einem etwas teilnahmsloseren Ton:

»Wohnst du noch in Bologna? Warum bist du mit dem Flugzeug gekommen?«

»Nein, ich wohne in Turin und komme von London; ich habe jetzt eine neue Arbeit.« Immer nebulös. Luisa wagte nicht nachzufragen. Es folgte ein langes Schweigen. Es

trò un lungo silenzio. Sembrava che non ci fosse più niente da dire. Luisa cominciò a star male.

«Perché dici che questa è l'ultima volta? Vuoi sparire di nuovo?» Lui continuava a guardarsi le mani, sempre più imbarazzato. Poi, sempre guardando le lunghe mani, strizzando le dita quasi a volerne fare uscire il sugo, le ossa, a voce bassa:

«Ho conosciuto una donna e ora vivo insieme a lei.» Luisa non capì.

«Non mi sembra un motivo sufficiente per non venire più da noi, per scomparire dalla circolazione, per congedarti. Che c'entra tutto questo? Veramente non ti capisco.»

«Voglio dire che ho fatto un taglio netto col passato e tu, la tua famiglia e tutto il resto, fate parte di quel passato che ho deciso di eliminare. Voglio cominciare daccapo, cercando di non sbagliare ancora una volta. Voglio almeno tentare.»

«Scusami, mi sembra di aver capito che io, la mia famiglia e non so che altro ancora, siamo parte di un errore che tu vuoi eliminare. E per questo mi hai fatto venire fin qui? Veramente sono senza parole. Era questo che volevi dirmi?»

«Luisa. Ti prego, perdonami... mi sono spiegato male. Non è certo questo il motivo per il quale ti ho telefonato. Volevo vederti, parlare finalmente con te. Ma mi accorgo di non esserne capace. Continuo a sbagliare, ma tu non ne sei responsabile. Sono io, solo io.»

Ora abbassò la testa, sconfitto, avvilito. Poi proseguì, quasi parlando a sè stesso: «Dico ciò che non voglio dire, che non ho neanche intenzione di dire, che non ho mai pensato. È come se dentro di me ci fosse un altro io, un doppio, un negativo, uno che mi vuole solo distruggere. E ci riesce sem-

schien, als gebe es nichts mehr zu sagen. Luisa begann sich unwohl zu fühlen.

»Warum sagst du, dass dies das letzte Mal sei? Willst du aufs Neue verschwinden?« Er betrachtete weiter seine Hände, immer verlegener. Dann, immer noch die langen Finger betrachtend und an ihnen entlang streifend, als wolle er deren Saft – die Knochen – aus ihnen herausmelken, mit leiser Stimme:

»Ich habe eine Frau kennen gelernt und lebe jetzt mit ihr zusammen.« Luisa begriff nicht.

»Mir scheint das nicht Grund genug zu sein, nicht mehr zu uns zu kommen, um von der Bildfläche zu verschwinden. Was hat das alles damit zu tun? Ich versteh' dich wirklich nicht.«

»Ich will sagen, dass ich einen Strich unter die Vergangenheit gezogen habe und du, deine Familie und der ganze Rest, ihr gehört zu jener Vergangenheit, die ich zu eliminieren beschlossen habe. Ich will von vorne beginnen, versuchen, nicht noch einmal alles falsch zu machen. Ich will es zumindest versuchen.«

»Entschuldige, ich glaube verstanden zu haben, dass ich, meine Familie und ich weiß nicht wer oder was sonst noch Teil eines Fehlers sind, den du eliminieren willst. Hast du mich deshalb hierherkommen lassen? Ich bin wirklich sprachlos. War es das, was du mir sagen wolltest?«

»Luisa, ich bitte dich mir zu verzeihen ... ich habe mich falsch ausgedrückt. Das ist bestimmt nicht der Grund, weshalb ich dich angerufen habe. Ich wollte dich sehen, endlich mit dir reden. Aber ich merke, dass ich nicht dazu imstande bin. Ich mache dauernd alles verkehrt, aber du hast keine Schuld. Ich, nur ich.«

Jetzt senkte er den Kopf, geschlagen, deprimiert. Dann fuhr er fort, beinahe als spreche er zu sich selber: »Ich sage, was ich nicht sagen will, was ich nicht einmal die Absicht hatte zu sagen, was ich nie gedacht habe. Es ist, als wäre ein anderes Ich in mir, ein Doppelgänger, ein Negativ, einer, der

pre, da quando sono nato.»

Infine la guardò. Luisa forse per la prima volta vide veramente i suoi occhi, cioè quello che stava dietro i suoi occhi: era come se avesse sollevato il velo che nascondeva da sempre, di certo per difesa, la vulnerabilità del suo io. Lo vide quasi nudo, senza neanche la pelle addosso: un grumo desolato di dolore represso, di solitudine infinita. L'essere umano nella sua peculiarità più estrema: un granello di sabbia in sé circoscritto e ben definito, in un deserto di altri granelli di sabbia. Ecco l'essenza dell'umanità: solitudine immensa, senza nome, senza limiti. Luisa fu fulminata da una visione; ma fu più di una visione. Ebbe l'impressione di gettare uno sguardo in un abisso di estraneità assoluta, di incomprensione: l'inconoscibile umanizzato. Riconobbe quel senso di insularità che nonostante la sua giovane età, aveva già percepito da quando era venuta a Roma. In lui sembrava essere più accentuato, più definitivo; un'insularità che forse non aveva niente a che fare col luogo di origine, con un'isola, cioè con un pezzo di terra circondato dal mare, diviso dal resto del mondo, ma con la natura stessa dell'essere umano. Sentì però che qui c'era dell'altro, qualcosa di sconosciuto. Ebbe un lampo, un primo presentimento del senso di diversità fra gli esseri e più ancora, fra uomo e donna; la prima presa di coscienza di un fenomeno col quale si sarebbe confrontata nel corso della sua vita futura: due mondi che mai si sarebbero incontrati nel profondo, mai riconosciuti, mai veramente capiti, perché privi di qualsiasi affinità. Due universi in sé circoscritti, ben definiti, proprio come due isole, che si cercavano per unirsi in un unico indissolubile; ma proprio per la loro estrema diversità, destinati a non incontrarsi, a non unirsi mai: ecco cosa dicevano gli occhi di Sebastiano, messi a nudo inaspettatamente.

mich nur zerstören will. Und er schafft es immer, seit ich geboren bin.«

Schließlich sah er sie an. Luisa sah vielleicht zum ersten Mal wirklich seine Augen, das heißt, das was hinter seinen Augen steckte; es war, als hätte er den Schleier gehoben, der seit jeher, bestimmt zur Verteidigung, die Verletzlichkeit seines Ichs verbarg. Sie sah ihn, beinahe nackt, nicht einmal mit seiner Haut bedeckt: ein trostloser Klumpen unterdrückten Schmerzes, unendlicher Einsamkeit. Das menschliche Wesen in seiner extremsten Eigenartigkeit: ein Sandkorn, als solches genau beschrieben und vollständig definiert in einer Wüste anderer Sandkörner. Das ist die Essenz der Menschheit: namenlose, grenzenlose Einsamkeit. Luisa wurde von einer Vision durchzuckt, doch vielleicht war es ja mehr als eine Vision. Sie hatte den Eindruck einen Blick in einen Abgrund der absoluten Fremdheit, des Unverständnisses zu werfen: das vermenschlichte Unerkennbare. Sie kannte diese Art Inselcharakter, den sie trotz ihres jugendlichen Alters bereits wahrgenommen hatte, seit sie nach Rom gezogen war. In ihm schien er betonter, endgültiger zu sein; ein Inselcharakter, der vielleicht nichts mit dem Ursprungsort zu tun hatte, mit einer Insel, das heißt mit einem von Meer umgebenen Stück Land, abgetrennt vom Rest der Welt, aber mit derselben Natur des menschlichen Wesens. Sie spürt aber, dass es hier noch etwas anderes gab, etwas Unbekanntes. Sie hatte eine Eingebung, eine erste Vorahnung eines Gefühls des Unterschieds zwischen den Lebewesen und mehr noch zwischen Mann und Frau; das erste Bewusstsein eines Phänomens, mit dem sie sich in ihrem zukünftigen Leben auseinandersetzen würde: zwei Welten, die sich nie wirklich begegnen würden, sich nie erkennen, nie wirklich verstehen würden, weil sie ohne jede Ähnlichkeit waren. Zwei in sich geschlossene Universen, klar definiert, genau wie zwei Inseln, die sich suchten, um sich zu einem untrennbar Einzigem zu vereinen, doch gerade wegen ihrer äußersten Verschiedenheit dazu bestimmt, sich nicht zu be-

«Cosa stai pensando? Perché mi guardi così?» Il silenzio di Luisa lo inquietò. Sentì di essersi scoperto e proprio davanti alla bambina ingenua che conosceva da sempre.

«È che mi dispiace tutto questo... venendo qui non sapevo cosa mi avrebbe aspettato. Tu sei sempre stato bravo con le sorprese, cioè... non è proprio questo che voglio dire. Certo, non sei mai stato un libro aperto per nessuno, credo si dica così. Vedi? Mi fai confondere!»

«Da tempo mi convinco sempre più che le parole siano state inventate non per comunicare con l'altro, ma per non esprimere i veri pensieri che occupano la nostra mente; per ingarbugliare sempre più l'intricata matassa del nostro mondo emotivo, dei cosiddetti sentimenti. Cioè: le parole nascondono più che svelare, sono strumenti d'inganno e niente altro. Ho parlato tanto con te, in questi anni, ma senza parole. Soltanto nella mia testa. Non era necessario formulare frasi, mettere su periodi, cercare le parole giuste. Non so spiegarmi, vedi? Eppure ti ho raccontato tante cose soltanto sul piano emotivo, ti ho letto nel mio libro senza parole, cercando di capirlo io stesso... perché tutti noi siamo dei libri dove qualcuno ha scritto tante nozioni, regole anzi leggi che noi siamo costretti ad accettare. Ma non li abbiamo scritti noi, i nostri libri, per cui non sappiamo cosa c'è scritto e ci arrabattiamo tutta la vita per leggere, lettera dopo lettera, sillaba dopo sillaba, cercando di mettere insieme le parole, le frasi, i periodi. Una vita intera per decifrare un linguaggio sconosciuto, come fanno gli archeologi con le lingue antiche, senza il più piccolo appiglio, senza la minima traccia; così brancoliamo nel buio della nostra non conoscenza. E in questa lingua sconosciuta sono scritti i nostri libri, e ogni libro è scritto in una lingua diversa. Milioni, miliardi di lingue di-

gegnen, sich nie zu vereinen. Das war es, was Sebastianos unerwartet entblößte Augen sagten.

»Was denkst du? Warum siehst du mich so an?« Luisas Schweigen beunruhigte ihn. Er spürte, dass er sich entblößt hatte, gerade vor dem naiven Mädchen, das er seit jeher kannte.

»Es ist so, dass mir das alles leid tut ... als ich hierherkam, wusste ich nicht, was mich erwarten würde. Du warst immer für Überraschungen gut, das heißt ... das ist nicht gerade das, was ich sagen will. Gewiss, du bist nie ein offenes Buch für jemanden gewesen, so nennt man das, glaube ich. Siehst du? Du bringst mich durcheinander!"

„Seit einiger Zeit bin ich immer überzeugter, das die Worte nicht dafür erfunden wurden, um mit den anderen zu kommunizieren, sondern um die wahren Gedanken, die unser Gehirn besetzen nicht auszudrücken, um den verzwickten Knäuel unserer Gefühlswelt, der sogenannten Gefühle noch mehr durcheinanderzubringen. Das heißt, die Wörter verbergen mehr als sie offenbaren, sie sind nichts anderes als betrügerische Werkzeuge. Ich habe in all diesen Jahren viel mit dir geredet aber ohne Worte. Nur in meinem Kopf. Es war nicht nötig Sätze zu bilden, Satzgefüge, die richtigen Wörter zu suchen. Siehst du, ich weiß nicht, wie ich es erklären soll. Und trotzdem habe ich dir viele Dinge nur auf der Gefühlsebene erzählt, habe dich in meinem Buch ohne Wörter gelesen, im Versuch es selber zu verstehen ... denn wir alle sind Bücher, in das jemand viele Kenntnisse eingeschrieben hat, Regeln, das heißt Gesetze, die wir wahrzunehmen gezwungen sind. Doch nicht wir haben sie geschrieben, unsere Bücher, deshalb wissen wir nicht, was darin geschrieben steht und wir mühen uns ein ganzes Leben lang ab, um es zu lesen, Buchstabe für Buchstabe, Silbe für Silbe, in dem Versuch die Wörter zusammenzusetzen, die Sätze, die Absätze. Ein ganzes Leben, um eine unbekannte Sprache zu entziffern, so wie es die Archäologen mit den alten Sprachen machen, ohne den kleinsten Anhalt, ohne die

verse.

Ma forse sbaglio, forse lo stesso libro si ripete all'infinito in un gruppo circoscritto di persone. E nessuno lo sa.

Forse un giorno, molto tardi, magari qualche minuto prima di morire, riusciremo a decifrare le tante parole scritte nel nostro libro. Uno sguardo di sfuggita, uno sguardo ormai inutile; una panoramica, come al cinema, che ci mostra tutto il testo del nostro libro, della nostra vita. Con un colpo solo. Ma non ne sono sicuro. Magari ci portiamo anche nell'aldilà il nostro libro chiuso, indecifrabile. Milioni di libri indecifrabili. Puoi immaginare un'immensa biblioteca strapiena di libri indecifrabili? Chissà, forse chi sta fuori del libro riesce a leggerlo, cioè, mettiamo tu, riesci a leggere il mio libro, mentre io devo fidarmi di ciò che leggi tu. Di come lo interpreti tu. Perché leggere significa anche interpretare. Le parole non hanno lo stesso significato per tutti: pensa, se io dico pane mi viene subito in mente una mafalda, ma la stessa parola per un romano significa ciriola e chissà quanti altri tipi di pane ci sono nel mondo, per cui la parola pane ha un significato diverso a seconda della persona, del luogo, del tempo.

Vedo nei tuoi occhi lo stupore che conosco bene. Stai pensando: adesso comincia a dare i numeri! Io credo di aver letto il tuo libro, di sapere ciò che c'è scritto, di saper interpretare i tuoi pensieri, perché sta scritto nei tuoi occhi... sarò presuntuoso?»

Tacque a lungo, sopraffatto da una profonda commozione. Luisa lo ascoltava cercando di non respirare, di non muovere un solo muscolo del suo bel visino ancora di bam-

geringste Spur; so tappen wir im Dunkeln unserer Unkenntnis. Und in dieser unbekannten Sprache sind unsere Bücher geschrieben, und jedes Buch ist in einer anderen Sprache geschrieben, Millionen, Milliarden anderer Sprachen.

Aber vielleicht irre ich mich, vielleicht wiederholt sich dasselbe Buch endlos in einem begrenzten Personenkreis. Und niemand weiß es.

Eines Tages vielleicht, viel später, vielleicht ein paar Minuten vor dem Sterben wird es uns gelingen, die vielen in unserem Buch stehenden Wörter zu entziffern. Ein flüchtiger Blick, ein mittlerweile unnützer Blick; eine Panoramaaufnahme wie im Kino, die uns den ganzen Rest unseres Buches, unseres Lebens zeigt, auf einen Schlag. Ich bin mir aber nicht sicher. Vielleicht nehmen wir unser verschlossenes, nicht zu entschlüsselndes Buch auch ins Jenseits mit. Millionen nicht entzifferbarer Bücher. Kannst du dir eine unendliche Bibliothek voller nicht zu entschlüsselnder Bücher vorstellen? Wer weiß, vielleicht kann der, der sich außerhalb des Buches befindet, es lesen, das heißt, nehmen wir an, du vermagst mein Buch zu lesen, während ich auf das vertrauen muss, was du liest. Wie du es interpretierst. Denn lesen bedeutet auch interpretieren. Die Wörter haben nicht für alle dieselbe Bedeutung. Denke bloß, wenn ich Brot sage, kommt mir sofort das sizilianische Mafaldabrot in den Sinn, doch gleichzeitig bedeutet es für die Römer Ciriola und wer weiß, wie viele andere Brotsorten es auf der Welt gibt, weshalb das Wort Brot je nach Person, Ort und Epoche eine andere Bedeutung hat.

Ich sehe in deinen Augen Erstaunen, das ich gut kenne. Du denkst: Jetzt fängt er an durchzudrehen! Ich glaube, dein Buch gelesen zu haben, zu wissen, was darin geschrieben steht, deine Gedanken interpretieren zu können, denn das steht in deinen Augen geschrieben ... bin ich anmaßend?«

Überwältigt von einer tiefen Rührung schwieg er lange. Luisa hörte ihm zu und versuchte nicht zu atmen, keinen Muskel ihres hübschen, immer noch mädchenhaften Ge-

bina. Lo fissava, in attesa: aveva la sensazione di scoprire un nuovo mondo, un nuovo pianeta, sconosciuto, tortuoso ma estremamente affascinante: un primo incontro con l'altro, con l'uomo, con quell'essere enigmatico che l'aveva sempre spaventata. Era dunque questo il Sebastiano che aveva osservato incuriosita per anni? Un groviglio di pensieri, un buco nero nel quale perdersi. Una specie di rebus per iniziati. Lui proseguì:

«Mi chiedo chi sia l'autore di questa enorme biblioteca che circola nel mondo, chi ha messo insieme tutti questi libri, chi li ha incasellati, catalogati... non certo quell'astrazione che gli esseri umani chiamano Dio, ma qualcosa d'altro, che so, la natura, i geni, il caso. E mi piacerebbe anche sapere cos'è, il caso. Noi siamo in balia del caso e non sappiamo cosa sia. Non siamo liberi e non lo sappiamo. Non siamo neanche liberi di scegliere le parole che diciamo e forse neanche i pensieri: perché pensiamo certe cose invece di altre, per esempio? Soprattutto non possiamo scegliere il libro che potrebbe piacerci, cioè vivere la vita che vorremmo vivere, essere diversi da quello che siamo... non essere condannati a questa sorta di vita che ci è stata imposta non so da chi. Ribellarsi. Contro chi? Perché ci si ribella sempre contro qualcuno. Da ragazzo mi sono ribellato contro mia madre, contro mio padre, contro i professori a scuola e poi mi sono accorto che anche loro erano schedati, condannati a recitare un certo ruolo, stabilito da qualche parte, chissà da chi. Certo non da loro. Quando ho capito che nessuno riusciva a recitare un ruolo diverso, unico, un ruolo scritto solo da lui, stabilito, voluto da lui, ho smesso di ribellarmi e sono partito. Cosa ho trovato fuori? Lo stesso. Sempre gente schedata, manipolata, solo libri stampati in lingue sconosciute e mai letti, libri destinati ad andare al macero ancora intonsi, mai letti da nessuno, soprattutto da chi se li porta dentro, questi maledetti libri. Siamo tutti analfabeti di noi stessi, ecco cosa

sichts zu bewegen. Sie starrte ihn erwartungsvoll an; sie hatte den Eindruck eine neue Welt, eine neuen unbekannten, komplizierten aber äußerst faszinierenden Planeten kennenzulernen. Eine erste Begegnung mit dem Anderen, mit dem Mann, mit diesem geheimnisvollen Wesen, das sie immer erschreckt hatte. War das also der Sebastiano, den sie jahrelang neugierig beobachtet hatte? Ein Gewirr von Gedanken, ein schwarzes Loch, in dem man sich verlieren konnte. Ein Rebus für Eingeweihte? Und er redete weiter:

»Ich frage mich, wer der Autor dieser riesigen Bibliothek ist, die auf der Erde zirkuliert, wer all diese Bücher zusammengetragen hat, wer sie ordnet, katalogisiert hat … gewiss nicht diese Abstraktion, die die menschlichen Wesen Gott nennen, sondern etwas anderes, was weiß ich, die Natur, die Gene, der Zufall. Und ich würde auch gerne wissen, was das ist: der Zufall. Wir sind dem Zufall ausgeliefert und wissen nicht, was das ist. Wir sind nicht frei und wissen es nicht. Wir sind nicht einmal frei die Wörter zu wählen, die wir aussprechen und vielleicht auch nicht die Gedanken. Warum, zum Beispiel, denken wir bestimmte Dinge und nicht andere? Vor allem aber können wir nicht das Buch aussuchen, das uns gefallen könnte, das heißt das Leben leben, das wir wünschen, anders zu sein als wir sind … nicht zu dieser Art Leben verdammt zu sein, das uns von wer weiß wem aufgezwungen worden ist. Sich auflehnen? Gegen wen? Warum lehnt man sich immer gegen jemanden auf? Als Jugendlicher habe ich gegen meine Mutter rebelliert, gegen meinen Vater, gegen die Lehrer in der Schule, und dann habe ich bemerkt, dass auch sie vorprogrammiert sind, dazu verurteilt eine von irgendwem bestimmte Rolle zu spielen. Gewiss nicht von ihnen bestimmt. Als ich begriffen hatte, dass niemand eine andere, einzigartige Rolle zu spielen vermag, eine nur von ihm selbst festgeschriebene, festgesetzte, von ihm gewollte Rolle, habe ich aufgehört mich aufzulehnen und bin fortgegangen. Was habe ich dort draußen gefunden? Dasselbe. Immer vorprogrammierte Leute, manipu-

ho capito.

Sono riflessioni che mi fanno impazzire. Siamo nelle mani di qualcuno: della società, dei ricchi, del capitalismo, dei potenti... lo so, sono tutte parole! Ma chi tira i fili dei potenti? Perché neanche loro sono in grado di leggere nel loro libro, anche loro sono schiavi del proprio libro. Infine: chi è il grande burattinaio?»

Dopo questa tirata si fermò e si guardò in giro nella sala di attesa della Stazione Termini, quanto mai smarrito, desolato. Luisa, sconvolta e in qualche modo spaventata, lo aveva ascoltato senza riuscire a interrompere questo fiume di parole sconnesse, esagitate. Cosa gli stava succedendo? Non lo aveva mai visto in quelle condizioni, lui sempre freddo, compassato, incapace di una qualsiasi reazione, apatico e ora questa esplosione.

«Non so a quale burattinaio ti riferisci e devo confessare di non aver capito tutto questo discorso. Ma se avevi tanto da dirmi, perché durante le tue visite non hai mai aperto bocca? Dici di sapere tutto di me, di saper leggere nel mio libro, per quello che questo possa significare. Potresti spiegarti meglio? Mi sembra di non aver capito niente di niente.» Guardò l'orologio e subito si pentì. Lui aveva notato quello sguardo.

«Se vuoi, possiamo chiudere qui, se non hai tempo.» Il gelo era tornato di colpo e si capiva dal tono di voce, freddo, addirittura scostante. Luisa non seppe come reagire. Non voleva ferirlo, ma aveva l'impressione di essersi infilata in una gabbia senza via d'uscita, e lui aveva chiuso anche la porticina che dovrebbero avere tutte le gabbie. Almeno per entrar-

liert, nur mir unbekannte, nie gelesene Bücher, nur für die Makulatur bestimmte, druckfrische, nie von jemandem gelesene Bücher, vor allem von jenen ungelesen, die sie in sich tragen, diese vermaledeiten Bücher. Wir sind alles Analphabeten unserer selbst, das ist es, was ich begriffen habe.

Das sind Überlegungen, die mich verrückt machen. Wir befinden uns in den Händen von irgendjemandem: der Gesellschaft, der Reichen, des Kapitalismus', der Mächtigen ... Ich weiß, das sind alles Wörter! Doch wer hält die Fäden der Mächtigen in Händen? Denn auch sie sind nicht imstande in ihrem Buch zu lesen, auch sie sind Sklaven des eigenen Buches. Schlussendlich: Wer ist der große Puppenspieler?«

Nach dieser Tirade hielt er ein und schaute sich im Wartesaal des Bahnhofs Termini um, äußerst trostlos und verloren. Luisa, verstört und irgendwie erschrocken, hatte ihm zugehört, ohne diesen konfusen, aufgedrehten Wortschwall unterbrechen zu können. Was war mit ihm los? Sie hatte ihn noch nie in einer derartigen Verfassung gesehen, er sonst immer kalt, beherrscht, zu keinerlei Reaktion fähig, apathisch, und nun diese Explosion.

»Ich weiß nicht, auf welchen Puppenspieler du dich beziehst und ich muss dir gestehen, dass ich diesen ganzen Diskurs nicht verstanden habe. Wenn du mir schon so viel zu sagen hattest, warum hast du während all der Besuche nie den Mund aufgemacht? Du sagst, alles über mich zu wissen, in meinem Buch lesen zu können, was immer das auch zu bedeuten haben mag. Könntest du dich klarer ausdrücken? Mir kommt vor, überhaupt nichts verstanden zu haben.« Sie schaute auf die Uhr und bereute es gleich. Er hatte diesen Blick bemerkt.

»Wenn du willst, können wir hier abbrechen, wenn du keine Zeit hast.« Die Eiseskälte war plötzlich wieder da und man konnte es aus dem kalten, sogar abweisenden Ton heraushören, Luisa wusste nicht wie reagieren. Sie wollte ihn nicht verletzen, hatte aber den Eindruck, in einen Käfig ohne Ausgang gerannt zu sein und er hatte auch das Tür-

ci.

«Hai detto di aver incontrato una donna. Non vuoi raccontarmi di lei?»

«È una donna come tante altre. C'è poco da dire. Soprattutto non fa mai domande.» Ancora più gelido.

«Vedi come sei? Adesso ho soltanto voglia di piangere o di scappare via. Perché mi tratti così? Mi fai star male. Tu riesci sempre a far stare male gli altri.»

Sebastiano sentì una fitta al cuore: lui stava male e sapeva trasmettere questo malessere a chi gli era vicino, ferendo, anzi uccidendo l'altro: quante volte aveva sentito quest'accusa? Già la madre, ed era soltanto un ragazzo, lo aveva rimproverato dopo una delle sue famose stilettate data alla nonna. La nonna ne aveva sofferto molto. E in seguito i suoi amici, le ragazze con le quale si era accompagnato per un certo tempo, tutte le persone con le quali aveva a che fare: arrivava sempre il giorno in cui si allontanavano da lui e sempre per lo stesso motivo. Ecco: il suo libro era stato scritto tutto in nero, su carta anche nera. Un grande libro nero, dentro e fuori, pieno di parole più taglienti di un pugnale.

Ora aveva deciso di cancellare ogni singola parola, ogni singola lettera: voleva scrivere lui stesso il proprio libro; e cominciare da lei, dalla bambina che lo aveva affascinato già dai tempi del liceo, perché sentiva di aver coperto anche lei di quel nero che sembrava uscire direttamente dalla sua mente, dal suo corpo, come sangue marcio, avvelenato. Voleva cancellare i pensieri, le emozioni che quella bambina gli aveva suscitato e chiudere per sempre anche quel capitolo della sua vita.

chen zugemacht, das alle Käfige haben sollten. Zumindest um hineinzugelangen.

»Du hast gesagt, dass du eine Frau kennen gelernt hast. Willst du mir nicht von ihr erzählen?«

»Sie ist eine Frau wie viele andere. Da gibt es nicht viel zu sagen. Vor allem stellt sie nie Fragen«, erwiderte er noch eisiger.

»Siehst du, wie du bist? Jetzt habe ich nur Lust zu weinen oder davonzulaufen. Warum behandelst du mich so? Du machst mich krank. Du schaffst es immer, dass sich die anderen unwohl fühlen.«

Sebastiano spürte einen stechenden Schmerz in der Herzgegend. Er fühlte sich unwohl und vermochte es, dieses Unwohlsein auf den zu übertragen, der ihm nahestand, den anderen zu verletzen, ihn sogar zu töten. Wie oft hatte er diese Anschuldigung schon gehört? Bereits seine Mutter, da war er noch ein Junge, hatte ihn nach einem seiner berühmten der Großmutter versetzten Nadelstiche zurechtgewiesen. Die Großmutter hatte darunter sehr gelitten. Und in der Folge seine Freunde, die Mädchen, mit denen er sich eine Zeit lang umgab, alle Menschen, mit denen er zu tun hatte. Es kam immer der Tag, an dem sie sich von ihm entfernten und immer aus demselben Grund. Kurz, sein Buch war ganz in Schwarz geschrieben, auf gleichfalls schwarzem Papier. Ein großes schwarzes Buch, innen wie außen, voller Wörter schneidender als ein Dolch.

Nun hatte er beschlossen, jedes einzelne Wort, jeden einzelnen Buchstaben auszulöschen; er wollte sein Buch selber schreiben und bei ihr beginnen, bei dem Mädchen, das ihn bereits seit seinen Gymnasialzeiten fasziniert hatte, weil er fühlte, dass er auch sie mit jenem Schwarz überdeckt hatte, das wie verdorbenes, giftiges Blut direkt aus seinem Geist, aus seinem Körper zu kommen schien. Er wollte die Gedanken auslöschen, die Gefühle, die jenes Mädchen in ihm ausgelöst hatte und auch dieses Kapitel seines Lebens für immer abschließen.

Quando era partita insieme alla sua famiglia aveva sperato di essersi liberato dalle sue ossessioni. Poi non aveva resistito. Dopo qualche anno era venuto a Roma per rivederla o forse per confrontarsi con le ossessioni passate: qui aveva trovato un'adolescente ancora impastata di infanzia, una giovinetta esile, fragile, spaventata da un corpo che da un giorno all'altro non riconosceva più come proprio.

Luisa assisteva passiva, sorpresa e forse anche rassegnata a una trasformazione che non poteva fermare, quasi sulla soglia di un'altra sè stessa, senza sapere da chi sarebbe stata sostituita. Sembrava sognare a occhi aperti, quasi galleggiasse per aria, sospesa fra due mondi, ambedue sconosciuti, da una parte l'infanzia, ancora tanto vicina ma già estranea, e dall'altra l'incognito, il mondo degli adulti che l'aspettava: come dimenticare l'emozione di scoprire in quella creatura innocente forme tipicamente femminili! Tornava e ogni volta non riusciva a convincersi di avere davanti a sé la stessa personcina che aveva conosciuto anni prima, la stessa bambina che di giorno in giorno sbocciava come un fiore o come una farfalla quando, sgusciando fuori dal bozzolo, in un miracolo della natura, dispiega le ali e vola via.

Ne subiva il fascino, come un veleno. Un fascino di tipo diverso, più carnale, che lo spaventava: man mano si accorse di desiderare quel corpo, di sognarlo di notte in sogni tormentosi, di sentirsi in colpa quasi commettesse un incesto solo a pensarla come una donna che voleva possedere. Le sue grandi mani colpevoli su quei piccoli seni appena sbocciati, e poi sempre più femminili: no, Luisa doveva stare su un altare, meglio un piedistallo; Luisa era intoccabile, Luisa era l'unica sacralità che poteva accettare.

Als sie mit ihrer Familie weggezogen war, hatte er gehofft, sich von seiner Besessenheit befreit zu haben. Dann hatte er nicht widerstanden. Nach einigen Jahren war er nach Rom gekommen, um sie wiederzusehen oder vielleicht, um sich mit den ehemaligen Zwangsvorstellungen auseinanderzusetzen. Hier hatte er eine noch mit der Kindheit verknüpfte Jugendliche vorgefunden, ein zartes, zerbrechliches, vor einem Körper erschrockenes Mädchen, den sie von einem auf den anderen Tag nicht mehr als den eigenen wiedererkannte.

Luisa wohnte passiv, überrascht und vielleicht auch resigniert einer Veränderung bei, die sie nicht aufhalten konnte, beinahe auf der Schwelle eines anderen Selbst, ohne zu wissen, von wem sie ersetzt werden würde. Ihr schien, mit offenen Augen zu träumen, beinahe als schwebe sie zwischen zwei Welten in der Luft, beide unbekannt, auf der einen Seite die noch sehr nahe aber bereits fremde Kindheit, auf der anderen das Unbekannte, die Welt der Erwachsenen, die sie erwartete: Wie sollte er die Bewegtheit vergessen, als er in diesem Wesen unschuldige, typisch feminine Formen entdeckte! Er kam wieder und vermochte sich niemals zu überzeugen, dasselbe Persönchen vor sich zu haben, das er vor Jahren kennengelernt hatte, dasselbe Mädchen, das von Tag zu Tag wie eine Blume erblühte oder wie ein Schmetterling, der, ein Wunder der Natur, aus seinem Kokon schlüpft, die Flügel ausbreitet und davonfliegt.

Er erlag dem Reiz wie einem Gift. Einem Reiz anderer fleischlicher Art, der ihn erschreckte: allmählich bemerkte er, dass er diesen Körper begehrte, ihn nachts in quälenden Träumen zu träumen, sich schuldig zu fühlen, beinahe als begehe er einen Inzest, wenn er bloß daran dachte, ihn als den einer Frau besitzen zu wollen. Seine großen schuldigen Hände auf diesen kleinen, gerade erblühten, dann immer fraulicheren Brüsten: Nein, Luisa musste auf einem Altar, besser noch auf einem Postament stehen; Luisa war unberührbar, Luisa war die einzige Heiligkeit, die er akzeptieren

Così era sparito per due anni, non era più tornato per dimenticarla, per non vederla, per non lasciarsi sedurre, o meglio per non sedurla. Perché Luisa non sembrava accorgersi del suo cambiamento, del desiderio che lo divorava: andava a spasso con lui e non sapeva neanche perché; non parlava; ma neanche lui aveva qualcosa da comunicarle, un pensiero, una riflessione, uno stato d'animo. Lei sempre altrove, ma dove? Non lo avrebbe saputo dire, ma in ogni caso non con lui. Non aveva neanche nessuna curiosità di sapere cosa facesse, come vivesse, dove vivesse. Questa era stata Luisa, per tutti gli anni precedenti. Lunghi anni per lui di estremo malessere.

E ora aveva deciso di rivederla, di congedarsi per sempre da lei e dai suoi desideri incestuosi. Più che incestuosi, riposti male, autodistruttivi.

Ma non voleva farle del male.

Invece era riuscito a spaventarla. Cercò di guardarla come quando era una bambina curiosa che lo spiava da dietro la tenda di casa.

«Ti prego ancora una volta di perdonarmi. Non voglio lasciarti un cattivo ricordo di me… ma mi accorgo che è molto difficile uscire dalla propria pelle o meglio, dal proprio libro. Anche nei tuoi confronti, credo di aver letto un libro sbagliato, di non essere riuscito a decifrarlo, e… mi accorgo con sgomento di non sapere cosa sto facendo qui, adesso. Di importunarti con la mia presenza, i miei inutili problemi.»

«No, non mi importuni. Credo anzi di non meritare la tua attenzione, di non averla meritata mai. »

«Che vuol dire meritare? Nessuno di noi merita qualcosa.

konnte.

Also war er zwei Jahre lang verschwunden, war, um sie zu vergessen, sie nicht mehr zu sehen, um sich nicht verführen zu lassen, beziehungsweise um sie nicht zu verführen, nicht mehr aufgekreuzt. Warum schien Luisa seine Veränderung nicht zu bemerken, seine Sehnsucht, die ihn verzehrte. Sie ging mit ihm spazieren und wusste nicht einmal weshalb; sie sprach nicht; aber auch er hatte ihr nichts mitzuteilen, einen Gedanken, eine Überlegung, einen Gemütszustand. Sie, immer anderswo, aber wo? Er hätte es nicht sagen können, doch auf jeden Fall nicht bei ihm. Sie hatte auch keinerlei Neugierde zu wissen, was er tat, wie er lebte, wo er lebte. Das war Luisa in all den vorangegangenen Jahren gewesen. Für ihn lange Jahre extremen Unwohlseins.

Und nun hatte er beschlossen sie wiederzusehen, sich für immer von ihr und seinen inzestuösen Wünschen zu verabschieden. Mehr noch als inzestuöse, selbstzerstörerische Wünsche.

Doch wollte er ihr nicht wehtun.

Stattdessen war es ihm gelungen, sie zu erschrecken. Er versuchte sie wie damals anzusehen, als sie ein neugieriges Mädchen war, das zu Hause hinter dem Vorhang hervorlugte.

»Ich bitte dich noch einmal mir zu verzeihen. Ich möchte keine böse Erinnerung an mich hinterlassen ... doch ich merke, dass es sehr schwer ist, aus der eigenen Haut zu schlüpfen beziehungsweise aus dem eigenen Buch. Auch was dich betrifft, glaube ich ein falsches Buch gelesen zu haben, es nicht zu entziffern vermocht zu haben und ... ich bemerke mit Bestürzung, dass ich nicht weiß, was ich hier mache, jetzt. Dich mit meiner Anwesenheit belästigen, mit meinen überflüssigen Problemen.«

»Nein, du belästigst mich nicht. Im Gegenteil, ich glaube deine Aufmerksamkeit nicht zu verdienen, sie nie verdient zu haben.«

»Was heißt verdienen? Niemand von uns verdient etwas.

Siamo tutti programmati in qualche modo in quel libro...»

«Io non sono d'accordo su questa teoria del libro scritto non si sa bene da chi, col quale praticamente ci liberiamo di ogni senso di responsabilità: in fondo, abbiamo ancora la libertà di accettarlo o di rigettarlo, questo cosiddetto libro. Io mi rifiuto di credere nella tua teoria: io sono come voglio essere, ora e adesso, e nessuno può stabilire in anticipo il mio modo di comportarmi. Forse da bambina, forse i miei genitori, la famiglia, quello che si chiama la società, hanno influenzato il mio modo di essere, ma adesso credo di essere io sola responsabile di ogni mia azione, di ogni mia parola.»

Sebastiano ascoltava incredulo. Questa era la nuova Luisa e... a vent'anni? Possibile che quei pochi anni avessero prodotto un tale cambiamento?

«Chi ti dà tanta sicurezza? Chi dà tanta sicurezza, a voi donne?»

«Questa è bella! Noi donne, secondo te, avremmo la sicurezza che manca agli uomini. Sono di stucco! E poi non si tratta di sicurezza, ma di senso di responsabilità, è di questo che parlo. La libertà di essere come si è comporta anche delle responsabilità, doveri verso se stessi e gli altri. Sono io a stabilire come devo essere; sono stata io, solo io a decidere di venire adesso qui e di incontrarti: tu me lo hai chiesto e io ho deciso. Nessuno lo ha stabilito prima. Secondo la tua teoria saremmo tutti in balia di forze occulte, di una specie di destino. Guarda, da te non mi sarei mai aspettata una tale visione della vita! Sei molto più siciliano di me. Non ti sei liberato dai preconcetti, da quella specie di cappa di piombo che pesa su tutti gli isolani... il destino! Se ci penso non so se ridere o piangere. Mi sembra di sentire mia nonna. Il destino che tu vuoi camuffare con il libro scritto... ma ti prego! »

Wir sind alle auf irgendeine Weise in jenem Buch programmiert ...«

»Ich bin mit dieser Theorie von einem, man weiß nicht genau von wem, geschriebenen Buch, mit dem wir uns praktisch jeglicher Verantwortung entledigen, nicht einverstanden. Im Grunde sind wir frei es zu akzeptieren oder es zu verwerfen, dieses sogenannte Buch. Ich weigere mich deiner Theorie zu glauben: ich bin wie ich sein will,jetzt und immer, und niemand kann im voraus bestimmen, wie ich mich benehmen werde; vielleicht als Kind haben meine Eltern, die Familie, das was man Gesellschaft nennt meine Art zu sein beeinflusst, doch jetzt glaube ich, nur selbst für jede meiner Aktionen, jedes meiner Wörter verantwortlich zu sein.«

Sebastiano hörte ungläubig zu. War das die neue Luisa ... mit zwanzig? Konnte es sein, dass die wenigen Jahre eine derartige Änderung gebracht hatten?

»Wer gibt dir die Gewissheit? Wer gibt euch Frauen eine derartige Gewissheit?«

»Du bist gut! Wir Frauen haben laut dir die Gewissheit, die den Männern fehlt. Ich bin baff! Und übrigens handelt es sich nicht um Gewissheit, sondern um den Sinn für Verantwortung, davon rede ich. Die Freiheit zu sein, wie man ist, impliziert auch Verantwortung, Pflichten sich selbst und den anderen gegenüber. Ich bin es, die bestimmt, wie ich sein soll; ich, allein ich war es, die beschlossen hat, jetzt hierher zu kommen und dich zu treffen; du hast mich darum gebeten und ich habe mich entschieden. Niemand hat das vorherbestimmt. Laut deiner Theorie wären wir allesamt finsteren Mächten ausgeliefert, einer Art Schicksal. Ehrlich, von dir hätte ich nie eine solche Lebensauffassung erwartet! Du bist mehr Sizilianer als ich. Du hast dich nicht von den Vorurteilen, von dieser Art bleierner Dunstglocke befreit, die auf allen Insulanern lastet ... das Schicksal! Wenn ich daran denke, weiß ich nicht, ob ich lachen oder weinen soll. Mir kommt vor, ich höre meine Großmutter. Das Schicksal,

Parlando, Luisa si rendeva conto lei stessa del proprio cambiamento, di una sorta di nuova presa di coscienza del proprio io. Non aveva mai parlato così con nessuno; ma evidentemente quei concetti erano maturati, quasi a sua insaputa, nel suo cervello. Era stato necessario quel confronto con Sebastiano perché scaturissero in uno spazio più reale, pensieri che doveva aver covato già da tempo. Cosa aveva dato una nuova svolta al suo mondo interiore? Cosa era accaduto in quegli anni di così importante, decisivo; chi o che cosa l'aveva costretta a mettersi davanti allo specchio, al suo specchio? Non lo sapeva. "Sono soltanto cresciuta". Pensò.

«Luisa, ti confesso, sono più che sorpreso, travolto dal tuo ragionamento. Sono passati solo pochi anni dall'ultima volta che ci siamo incontrati, e meglio sarebbe dire, che ti ho incontrata, perché fino a qualche anno fa tu non incontravi me, eri assente, lontana, e meglio sarebbe dire, inaccessibile. Io non potevo parlare con te perché non esistevi, almeno per me: eri qualcosa di sfuggente, di inafferrabile. Mi chiedo cosa sia accaduto in questi anni di così coinvolgente, importante. Non so trovare le parole. Ma è successo qualcosa, questo è sicuro.»

«Magari sono soltanto cresciuta, che te ne pare? Sono uscita dal guscio, ecco, ho cominciato a pensare, a riflettere su quanto mi accade intorno, ho imparato a osservare le persone con le quali vivo. Non so. Sento però di aver aperto gli occhi e con essi anche i miei cinque sensi.»

Luisa fino a quel momento non aveva avuto coscienza dell'evoluzione avvenuta in quegli anni: occupata quasi esclusivamente dai suoi studi, aveva letto molti libri, tutta concentrata nello sforzo di capire e assimilare quanto leggeva e, men-

das du als vollgeschriebenes Buch ausgeben willst … ich bitte dich!«

Während sie sprach, wurde Luisa selbst ihre Veränderung bewusst, eine Art des Bewusstwerdens des eigenen Selbst. Nie hatte sie so mit jemandem geredet, doch offensichtlich waren diese Konzepte beinahe unbewusst in ihrem Kopf herangereift. Es hatte dieser Begegnung mit Sebastiano bedurft, damit sie heraussprudelten, sich in einem wirklichen Raum breit machten, Gedanken, die sie schon lange ausgebrütet haben musste. Was hatte ihrer inneren Welt eine neue Wendung gegeben? Was war in diesen Jahren so Wichtiges, Entscheidendes vorgefallen; wer oder was hatte sie gezwungen sich vor den Spiegel, vor ihren Spiegel zu stellen? Sie wusste es nicht. „Ich bin bloß erwachsen geworden“, dachte sie.

»Luisa, ich gestehe, dass ich mehr als überrascht bin, überwältigt von deinem Gedankengang. Es sind nur wenige Jahre seit unserer letzten Begegnung vergangen, es wäre besser zu sagen, dass ich dir begegnet bin, denn bis vor einigen Jahren bist du mir nicht begegnet, du warst abwesend, weit weg und es wäre besser zu sagen unnahbar. Ich konnte nicht mit dir reden, weil es dich nicht gab, zumindest für mich nicht; du warst etwas Flüchtiges, Ungreifbares. Ich frage mich, was in diesen Jahren derart Mitreißendes, Wichtiges geschehen ist. Ich finde keine Worte. Doch etwas ist geschehen, das ist sicher!«

»Vielleicht bin ich bloß erwachsen geworden, was glaubst du? Ich bin aus dem Schneckenhaus herausgekommen, das ist es, ich habe die Menschen, mit denen ich lebe zu beobachten gelernt. Ich weiß es nicht. Ich spüre aber, dass ich die Augen geöffnet habe und mit ihnen meine fünf Sinne.«

Luisa hatte bis zu diesem Moment nicht das Bewusstsein für die in jenen Jahren stattgefundene Entwicklung; beinahe ausschließlich mit ihrem Studium beschäftigt, hatte sie viele Bücher gelesen, ganz auf das Bemühen konzentriert, das zu

tre cercava di capire i libri scritti da altri, cominciava a decifrare il proprio. In questo processo di crescita la musica aveva assunto un ruolo fondamentale: aveva un nuovo insegnante di pianoforte che le aveva aperto nuovi orizzonti, un signore molto anziano, pieno di esperienza, ottimo pedagogo, assai sensibile al linguaggio musicale. Il nuovo modo di accostarsi alla musica le aveva aperto un varco in un mondo tutto da esplorare. La scoperta della razionalità, della logica più assoluta, coniugata alle più sottili emozioni nell'essere umano – e questo attraverso sette note, come i cinque colori fondamentali, capaci di fondersi in una gamma di colori pressoché infinita – le aveva proposto altre visioni di vita e soprattutto una maggiore comprensione di sè stessa. Il linguaggio musicale non si serviva di parole, trite e ritrite, che sapevano sviare dal senso della realtà, ma di suoni puri, incontaminati da ogni tentativo di falsità, da ogni possibilità di equivoco: niente di più affascinante, di universale.

La Verità che si manifestava nella sua più pura essenza; questo era la musica per lei: una ricchezza immensa, un tesoro da scoprire ogni giorno, del quale non poteva saziarsi.

Sebastiano non era stato partecipe di questo processo evolutivo, lui era rimasto alla Luisa bambina, avvolta nell'inconsapevolezza dell'infanzia prima e dell'adolescenza poi. Ma sarebbe stato in grado di capire, durante questo periodo di risveglio dovuto all'abilità del nuovo maestro, cosa stava succedendo nel mondo di Luisa? Per lui non esisteva una Verità, nessuna Verità da scoprire: solo un buco nero che nascondeva chissà quali orrori, un groviglio di passioni, meglio ancora di ossessioni. Questa per lui era la vera essenza della vita.

«Possibile che tu abbia cambiato il tuo libro a tal punto?

verstehen und aufzunehmen, was sie las und während sie versuchte, die von anderen geschriebenen Bücher zu verstehen, begann sie das eigene zu entziffern. In diesem Wachstumsprozess hatte die Musik eine wesentliche Rolle gespielt. Sie hatte einen neuen Klavierlehrer, der ihr neue Horizonte eröffnet hatte, ein sehr betagter Herr voller Erfahrung, ein ausgezeichneter Pädagoge, ziemlich sensibel für die Sprache der Musik. Die neue Art sich der Musik zu nähern, hatte ihr einen Zugang zu einer zu erforschenden Welt aufgetan. Die Entdeckung der Rationalität, der höchsten Logik, gepaart mit den feinsten Gefühlen des menschlichen Wesens – und das mithilfe von sieben Noten, wie die fünf Grundfarben imstande zu einer beinahe unendlichen Skala von Farben zu verschmelzen – hatte ihr andere Ansichten des Lebens aufgezeigt und vor allem ein größeres Verständnis ihrer selbst. Die Sprache der Musik bedient sich nicht der Wörter, gekaute und wiedergekaute, die vom Sinn der Wirklichkeit abzulenken wussten, sondern reine Töne, von jedem Versuch der Verfälschung, eines von jedem möglichen Missverständnis unberührte Töne, nichts Faszinierenderes, Universelleres.

Die Wahrheit, die sich in ihrer reinsten Essenz zeigt, das war die Musik für sie: ein unermesslicher Reichtum, ein Tag für Tag zu entdeckender Schatz, von dem sie nie genug kriegen konnte.

Sebastiano hatte nicht an diesem Bildungsprozess teilgenommen; er war stehengeblieben bei Luisa als Kind, in die Unbewusstheit der Kindheit erst und der Jugend dann eingehüllt. Aber wäre er in dieser Zeit des Erwachens, das der Geschicklichkeit ihres Lehrers zu verdanken war, zu begreifen imstande gewesen, was in der Welt Luisas vorging? Für ihn gab es keine Wahrheit, keine zu entdeckende Wahrheit, nur ein schwarzes Loch, das, wer weiß welche Schrecken verbarg, ein Durcheinander von Leidenschaften, eher wohl Obsessionen. Das war das wahre Wesen des Lebens für ihn.

»Kann es sein, dass du dein Buch so sehr geändert hast?

Mi sembra di incontrare una nuova persona. Deve essere accaduto qualcosa di fondamentale... un incontro, una nuova esperienza.»

E già calcolava la possibilità che avesse incontrato un uomo, che si fosse innamorata: sì, doveva esserci un uomo di mezzo, altrimenti non avrebbe saputo spiegare questo cambiamento. Infatti era dell'opinione che soltanto un uomo, e meglio ancora l'amore di un uomo, avesse il potere di cambiare, modificare, magari costruire il mondo interiore di una donna.

«È vero. Ho incontrato un uomo, non come pensi tu, un incontro molto diverso. La mia maestra di pianoforte è andata in pensione e ho dovuto cambiare classe: il mio nuovo maestro ha fatto miracoli. Non posso spiegarti dettagliatamente di cosa si tratta, anche perché so che tu con la musica non hai un buon rapporto, cioè per te la musica è soltanto un'accozzaglia di suoni e niente altro. E invece è tanto, tanto altro! Lui mi ha aperto questa porta magica e io scopro ogni giorno mondi nuovi. Purtroppo andrà anche lui in pensione, ma mi ha promesso di accompagnarmi fino al diploma.» Luisa, parlando del suo maestro, sembrava entrare in un'altra sfera, il viso si illuminava di una luce nuova, interiore: una gioia che non aveva niente dell'esplosione infantile, dell'entusiasmo disordinato dell'adolescenza. Era qualcosa di più profondo, di più intenso e per questo inesprimibile. Aveva scoperto il vero senso della vita. La Verità che si nasconde a ogni comune mortale si chiariva ora a lei, attraverso i suoni. E la trovava non soltanto nell'espressione musicale: aveva scoperto il mondo nelle sue più diverse totalità; la natura che adesso vedeva con occhi diversi; l'universo dei sentimenti, delle emozioni subitanee, quindi le immense possibilità espressive, le sue diversità, le sue varietà. Era come se una sensibilità sopita da tempo, e cioè quella stessa sensibilità che possedeva dalla nascita, sommersa dalla banalità della vita quotidiana, fosse stata svegliata, esorcizzata da

Mir kommt vor, einer anderen Person gegenüberzustehen. Es muss etwas Grundlegendes vorgefallen sein ... eine Begegnung, eine neue Erfahrung.«

Und schon rechnete er mit der Möglichkeit, dass sie einem Mann begegnet sei, dass sie sich verliebt habe, ja, da muss ein Mann im Spiel sein, anders konnte er sich diese Veränderung nicht erklären. In der Tat war er der Meinung, dass nur ein Mann, das heißt die Liebe für einen Mann die Macht habe, die innere Welt einer Frau zu verändern, vielleicht gar zu erschaffen.

»Es stimmt. Ich bin einem Mann begegnet, doch nicht so wie du denkst, eine ganz andere Begegnung. Meine Klavierlehrerin ist in Rente gegangen und ich musste die Klasse wechseln. Mein neuer Lehrer hat Wunder vollbracht. Ich kann dir nicht im Detail erklären, um was es sich handelt, auch weil ich weiß, dass du kein gutes Verhältnis zur Musik hast, will sagen, weil für dich die Musik nur ein Mischmasch von Klängen und nichts weiter ist. Sie ist jedoch viel mehr, viel anderes mehr! Er hat mir diese magische Tür geöffnet und ich erkenne jeden Tag neue Welten. Leider wird auch er in Rente gehen, aber er hat mir versprochen, mich bis zum Diplom zu begleiten.« Wenn Luisa von ihrem Lehrer sprach, schien sie in eine andere Sphäre einzutauchen; ihr Gesicht erstrahlte in einem neuen Licht; eine Freude, die nichts mit der kindlichen Explosion, dem regellosen Enthusiasmus der Jugend zu tun hatte. Da war etwas Tieferes, Eindringliches und deshalb Unaussprechliches. Sie hatte den wahren Sinn des Lebens entdeckt. Die Wahrheit, die sich vor jedem gewöhnlichen Sterblichen verbirgt, offenbarte sich ihr jetzt mittels der Klänge. Und sie fand sie nicht bloß im musikalischen Ausdruck, sie hatte die Welt in ihrer verschiedenartigsten Gesamtheit entdeckt: die Natur, die sie jetzt mit anderen Augen sah; das Universum der Gefühle, die plötzlichen Gefühlsregungen, folglich die unermesslichen Ausdrucksmöglichkeiten. Ihre Unterschiede, ihre Vielfältigkeit. Es war, als wäre eine schon lange schlummernde Sensibili-

una bacchetta magica.

Sebastiano intuì qualcosa, anche se non capì l'origine di questo cambiamento: era vero, per lui la musica era soltanto un insieme di suoni, la pittura un insieme di colori più o meno ben assortiti, infine l'arte gli era estranea in tutte le sue forme. Una grande perdita? Soltanto in quel momento, vedendo la reazione della ragazza, ebbe la sensazione che ci dovesse essere qualcosa di vero, magari di fondamentale, non scritto nel suo libro. Mancante. Semplicemente mancante. Non è dato a tutti di capire l'arte, di esserne partecipi, pensò.

«Tu dici che la musica ti ha dato tutte le certezze che io cerco invano? Verità da scoprire? L'arte aiuta a scoprire, a dare un senso alla vita.» E già il tono della voce, da scettico, passava all'ironico. Luisa non lo ascoltava, tutta presa dai suoi ragionamenti.

«Cosa sarebbe l'essere umano senza l'arte? Te lo sei mai chiesto? Io da qualche tempo me lo chiedo e non so trovare una risposta soddisfacente.»

«L'arte come soluzione di tutti i problemi.» Ancora più ironico.

«Non soluzione, ma comprensione, che è già molto. Maggiore coscienza di sé, o meglio conoscenza di sé. Ma tornando alla tua teoria del libro già scritto che ognuno di noi si ritrova dentro, come una specie di eredità non voluta, io trovo che sia troppo a buon mercato, che giustifichi più che chiarire, che tolga al singolo la possibilità di fare una revisione generale. Inoltre penso che ognuno di noi, appunto con l'aiuto dell'arte, possa imparare a leggere in questo famoso libro e magari modificarlo. Sta in noi modificare la nostra vita, prendere altre direzioni, altre vie. Tutto dipende dagli in-

tät, das heißt gerade jenes Feingefühl, das sie seit ihrer Geburt besaß, das jedoch von der Banalität des Alltags überdeckt war, aufgeweckt worden, von einem Zauberstab exorziert.

Sebastiano ahnte etwas, auch wenn er den Ursprung dieser Veränderung nicht begriff. Es stimmte, für ihn war die Musik nur ein Miteinander von Klängen, die Malerei nur ein Miteinander von mehr oder weniger gut zusammenpassenden Farben, schlussendlich war ihm die Kunst in all ihren Ausdrucksformen fremd. Ein großer Verlust? Erst in diesem Moment, da er die Reaktion des Mädchens sah, hatte er das Gefühl, dass es da etwas Wahres, etwas Grundlegendes, nicht in seinem Buch Niedergeschriebenes geben müsse. Etwas Fehlendes. Einfach etwas, das da fehlte. Nicht allen ist es gegeben die Kunst zu verstehen, an ihr teilzuhaben, dachte er.

»Du sagst, dass dir die Kunst hilft das Leben zu entdecken, ihm einen Sinn zu geben?« Der Tonfall seiner Stimme ging bereits von der Skepsis in die Ironie über. Luisa, ganz mit ihren Überlegungen beschäftigt, hörte ihm nicht zu.

»Was wäre das menschliche Wesen ohne die Kunst? Hast du dich das nie gefragt? Ich frage mich das seit einiger Zeit und kann keine zufriedenstellende Antwort finden.«

Er, noch ironischer: »Die Kunst als Lösung aller Probleme.«

»Nicht als Lösung aber als Verständnis, was bereits viel ist. Stärkeres Selbstbewusstsein oder besser noch Selbsterkenntnis. Aber um auf deine Theorie vom bereits vollgeschriebenen Buch zurückzukommen, das jeder von uns wie eine Art ungewolltes Erbe in sich selbst findet, glaube ich, dass sie zu billig ist, dass sie mehr rechtfertigt als erklärt, dass sie dem Einzelnen die Möglichkeit nimmt, eine Revision vorzunehmen. Außerdem denke ich, dass ein jeder von uns eben mithilfe der Kunst in diesem Buch lesen lernen und es vielleicht ändern kann. Es liegt an uns, unser Leben zu ändern, andere Richtungen, andere Wege einzuschlagen.

contri che facciamo e questo fin dal primo momento, diciamo, fin dalla nascita: parlando con te mi sto accorgendo appunto dell'importanza degli incontri che possono cambiare la nostra vita, o meglio la visione che abbiamo della nostra vita. Perché si tratta solo di visioni. Che altro è la vita se non una visione?»

Lo guardò e finalmente sorrise, il sorriso di quando era bambina, perché proprio il sorriso, per quanti anni possano passare, resta sempre lo stesso: la prima cosa che impara un bambino poco dopo la nascita, anche se all'inizio è solo un piccolo stiramento della muscolatura del tutto inconscio; in breve però diventa la prima manifestazione di un sentimento, la prima vera emozione positiva, dopo il pianto, perché riconosce il viso, la voce della madre. E allora quello stiramento dei muscoli diventa il primo segno di conoscenza e anche di gioia, di sicurezza.

Sebastiano soltanto ora si accorse che Luisa lo aveva accolto seria, lo aveva ascoltato seria, aveva riflettuto seria, aveva risposto seria: quel sorriso gli era mancato e lo notò con profondo rimpianto. Mai più lo avrebbe rivisto: anche questo era scritto nel suo libro?

«Luisa, tu mi confondi. Non riuscivo a immaginare cosa ci potesse essere nella tua testa di bambina, di ragazza, di donna. E ora mi trovo davanti a una sconosciuta che io credevo di conoscere!» Sentì di esserne affascinato, forse più di prima. «Più ti ascolto e più vorrei ascoltarti, per ore, per giorni, per anni: mi sembra che tu sia una medicina contro tutte le avversità della vita, una specie di elisir, un toccasana, una boccata di aria pura. Non so se sia l'arte, la musica, come dici tu, il tuo nuovo maestro, ma c'è qualcosa di nuovo in te che non ho mai sentito. Perché anche se non parlavi, e prima non parlavi mai con me, tu riuscivi a trasmettermi delle sicurezze, una sorta di stabilità o meglio... di fiducia, di speranza nella vita, negli altri. Lo vedi, non so esprimermi, non so spiegare a me stesso queste sensazioni. Ora poi sento un

Alles hängt von den Begegnungen ab, vom ersten Augenblick an, sagen wir von Geburt an. Wenn ich mit dir rede, wird mir die Wichtigkeit der Begegnungen bewusst, die unser Leben verändern können beziehungsweise die Vision, die wir von unserem Leben haben, denn es handelt sich nur um Visionen. Was anderes ist das Leben als eine Vision?«

Sie sah ihn an und endlich lächelte sie dasselbe Lächeln wie als Kind, denn gerade das Lächeln, so viele Jahre auch vergehen mögen, bleibt immer dasselbe; es ist, als ob das Erste, das ein Kind bald nach der Geburt lernt, auch wenn es am Anfang nur ein leichtes, völlig unbewusstes Strecken der Muskeln ist; bald wird es aber die erste Äußerung eines Gefühls, die erste positive Gefühlsregung nach dem Weinen, weil es das Gesicht, die Stimme der Mutter erkennt. Und dann wird diese Muskelregung das erste Zeichen des Bewusstseins und auch der Freude, der Sicherheit.

Erst jetzt bemerkte Sebastiano, dass ihn Luisa ernst genommen, ernsthaft zugehört, ernsthaft nachgedacht, ernst geantwortet hatte: dieses Lächeln hatte ihm gefehlt und er bemerkte es mit tiefem Bedauern. Nie wieder würde er es wiedersehen; stand auch das in seinem Buch geschrieben?

»Luisa, du verwirrst mich. Ich war nicht imstande mir vorzustellen, was in deinem Kopf als Kind, als Mädchen, als Frau vor sich ging. Und jetzt finde ich mich vor einer Unbekannten wieder, die ich zu kennen glaubte!« Er spürte, dass er fasziniert war, vielleicht mehr noch als zuvor. »Je länger ich dir zuhöre, desto mehr möchte ich dir zuhören, stunden-, tage-, jahrelang. Mir scheint, dass du eine Medizin gegen alle Widerwärtigkeiten des Lebens bist, eine Art Elixier, ein Allheilmittel, ein Atemzug frischer Luft. Ich weiß nicht, ob es die Kunst, die Musik ist, wie du sagst, dein neuer Klavierlehrer, aber da ist etwas Neues in dir, das ich nie gespürt hatte. Denn auch wenn du nicht geredet hast, und früher hast du nie mit mir geredet, vermochtest du mir Gewissheiten zu vermitteln, eine Art von Stabilität oder besser eine Art von Vertrauen, der Erwartung an das Leben, Vertrauen

entusiasmo, come un'esplosione di vita che non ti conoscevo. Prima, non saprei dire, c'era qualcosa d'altro che mi...», fece una pausa, quasi non riuscisse a dire la parola „incantava“, che lasciava uno strascico... – altra difficoltà – magico, «che mi costringeva poi a tornare per lasciarmi incantare ancora e ancora, senza trovare una soluzione, una via d'uscita. Certo, colpa mia, lo ammetto. Non sono mai riuscito a...» – un ultimo indugio, ancora alla ricerca della parola giusta che non lo compromettesse troppo, che non lo scoprisse – «dirti ciò che pensavo, che sentivo. Ora finalmente ti ho veramente incontrata e... fra un po' devo andar via.» Era talmente imbarazzato, proprio come un ragazzino che fa la sua prima dichiarazione d'amore, che non avendo il coraggio di guardare la ragazza, di incontrare i suoi occhi stupiti, si limitò a gettare uno sguardo in giro per la sala.

Luisa, sorpresa, avendo capito e non capito, ma registrato le visibili difficoltà di Sebastiano, guardò il suo orologio, questa volta senza temere di offenderlo.

«Quando devi essere all'aeroporto?»

«Ho ancora un po' di tempo.» E guardò a sua volta l'orologio. «Ancora venti minuti, ho un treno che mi porta a Ciampino.» Tacque, di nuovo congelato.

Ancora una volta Luisa prese la situazione in mano. Sentiva che quell'incontro non poteva finire così.

«Tu dici che mi vedi come una sconosciuta e che pensavi al contrario di conoscermi. Mi chiedo chi possa veramente conoscere l'altro. Chi cerca di confrontarsi seriamente con questo difficile compito, soprattutto se non conosce le regole fondamentali di ricerca, prima di tutto deve guardare

in die Anderen. Siehst du, ich weiß mich nicht auszudrücken, ich kann mir diese Gefühle selbst nicht erklären. Jetzt aber spüre ich eine Begeisterung wie eine Explosion von Leben, die ich nicht von dir kannte. Früher, ich weiß nicht, wie ich sagen soll, war da etwas anderes, das mich ...«, er machte eine Pause, beinahe als könne er das Wort nicht aussprechen, »... mich verzauberte, eine Nachwirkung ...«, noch so eine Hürde, »eine wunderbare Nachwirkung, die mich zwang zurückzukommen, um mich wieder und wieder verzaubern zu lassen, ohne eine Lösung, einen Ausweg zu finden. Gewiss, meine Schuld, ich gebe es zu. Ich war nie imstande dir ...«, ein letztes Zögern noch, wieder auf der Suche nach den richtigen Wörtern, das ihn nicht zu sehr kompromittiere, ihn nicht entblöße, »dir zu sagen, was ich dachte, fühlte. Jetzt bin ich dir wahrhaftig begegnet und ... bald muss ich geben.« Er war derart verlegen, gerade wie ein Junge bei seiner ersten Liebeserklärung, der, da er nicht den Mut hat das Mädchen anzusehen, ihren erstaunten Blicken zu begegnen, sich darauf beschränkte sich im Wartesaal umzusehen.

Überrascht sah Luisa auf die Uhr, diesmal ohne zu befürchten dabei ertappt zu werden; sie hatte Sebastianos offensichtliche Schwierigkeiten verstanden und auch wieder nicht, aber doch wahrgenommen.

»Wann musst du am Flughafen sein?«

»Ich habe noch ein wenig Zeit.« Er blickte seinerseits auf die Uhr. »Noch zwanzig Minuten; ich habe einen Zug, der mich nach Ciampino bringt.« Er schwieg, erneut wie versteinert.

Noch einmal nahm Luisa die Situation in die Hände. Sie spürte, dass diese Begegnung nicht so enden durfte.

»Du sagst, dass du mich wie eine Fremde siehst und mich, ganz im Gegenteil zu kennen dachtest. Ich frage mich, wer wirklich den anderen kennen könnte. Wer setzt sich ernsthaft mit dieser schwierigen Aufgabe auseinander, vor allem, wenn er die grundlegenden Regeln des Erforschens

dentro di sé. Ci sarebbe una chiave: attraverso l'arte! Io mi permetto di dire di conoscere Bach, Chopin, Beethoven e tanti altri che non sto qui ad elencarti, perché tu tanto non li conosci. Suonando e analizzando le loro composizioni ho imparato a conoscerli nel profondo, anche e soprattutto come esseri umani, perché la musica è un prodotto puramente umano. Niente di più umano della musica. In ogni nota c'è dietro l'uomo che l'ha scritta, con tutti i suoi problemi, le sue illusioni, i suoi desideri, le sue ossessioni. Questi sono gli incontri più importanti della mia vita: mi hanno insegnato tanto sulle emozioni, sui sentimenti e... tutto ciò che è importante conoscere per sentirsi vivi. E questo lo devo al mio maestro.» Sorrise di nuovo, il suo sorriso ingenuo di bambina alla scoperta del mondo.

«Conclusione, se si vuole capire il senso della vita, bisogna studiare pianoforte! È questo che mi vuoi dire?» Il tono, più che ironico, quasi provocatorio, la ferì; un vera doccia fredda. Sebastiano aveva tirato fuori i suoi famosi artigli.

«Vogliamo lasciarci con queste parole e soprattutto con questo tono? Al contrario di te, io non ho mai pensato di conoscerti sul serio, solo quello che hai voluto mostrare di te, quello che era visibile per tutti. Spero che l'invisibile sia più positivo, anche se ho qualche dubbio. Sei riuscito a ferirmi. Adesso vorrei soltanto voltarmi e andar via.»

«Sì, è meglio se vai via adesso, senza inutili sentimentalismi.» Gelido, tagliente.

Luisa non se lo fece dire due volte, si girò e uscì dalla sala di aspetto della stazione. Sebastiano la seguì con gli occhi finché non la vide sparire. Non avrebbe saputo analizzare i suoi sentimenti, sommerso come era da un'ondata di vele-

nicht kennt, muss er vor allem einmal in sich selbst suchen. Es gäbe einen Schlüssel: mit Hilfe der Kunst! Ich erlaube mir zu sagen Bach, Chopin, Beethoven und viele andere zu kennen, die ich hier nicht aufzählen möchte, da du sie ja doch nicht kennst. Indem ich ihre Kompositionen gespielt und analysiert habe, habe ich sie sehr gut kennen gelernt, auch und vor allem als menschliche Wesen, denn die Musik ist ein rein menschliches Produkt. Es gibt nichts Menschlicheres als die Musik. In jeder Note steckt der Mensch, der sie geschrieben hat, mit all seinen Problemen, seinen Illusionen, seinen Wünschen, seinen Zwangsvorstellungen. Das sind die wichtigsten Begegnungen in meinem Leben; sie haben mir viel über die Gefühlsregungen, das Empfinden und … all das beigebracht, was zu kennen wichtig ist, um sich lebendig zu fühlen. Und das verdanke ich meinem Lehrer.« Sie lächelte wieder ihr argloses Lächeln eines Kindes bei der Entdeckung der Welt.

»Schlussfolgerung: will man den Sinn des Lebens verstehen, muss man Klavierspielen lernen! Ist es das, was du mir sagen willst?« Der Ton, mehr als ironisch, beinahe provozierend, verletzte sie; eine richtig kalte Dusche. Sebastiano hatte seine berühmten Krallen ausgefahren.

»Sollen wir uns mit diesen Worten und vor allem mit diesem Ton trennen? Im Gegensatz zu dir habe ich nie gedacht, dich wirklich zu kennen, nur das, was du von dir wirklich offenbaren wolltest, das, was für alle sichtbar war. Ich hoffe, dass das Unsichtbare positiver ist, auch wenn ich meine Zweifel hege. Du hast es geschafft mich zu verletzten. Jetzt möchte ich mich nur umdrehen und weggehen.«

»Ja, es ist besser du gehst jetzt ohne unnütze Gefühlsduseleien.« Eiskalt, schneidend.

Luisa ließ es sich nicht zweimal sagen, drehte sich um und verließ den Wartesaal des Bahnhofs. Sebastiano folgte ihr mit den Augen, bis sie aus seinem Blickfeld verschwand. Er hätte seine Gefühle nicht zu analysieren gewusst, überschwemmt von einer Welle aus Gift, voller Hass auf sich

no, di odio verso sè stesso, che conosceva così bene.

Fuori il cielo si era schiarito. Anzi si colorava di rosa e di rosso. Rosso di sera bel tempo si spera, pensò Luisa e attraversò via Giolitti. Si ritrovò sulla piazza dei Cinquecento. Non andò diretta alla fermata del 64. Si diresse verso l'Esedra e proseguì per via Nazionale, in qualche modo scontenta, pensierosa, forse anche delusa. Che uomo difficile, pensò solo. Ormai il pomeriggio era passato, non avrebbe più potuto studiare se non con la sordina. Decise di andare a piedi fino a piazza Argentina.

Cosa era accaduto in quelle ore trascorse con Sebastiano? Aveva preso coscienza di una propria visione del mondo, aveva gettato uno sguardo nel proprio io, aveva scoperto di avere delle convinzioni, idee chiare.

Il colloquio era stato un incontro importante, se ne rese conto mentre percorreva quel tratto di strada che conosceva tanto bene. Un incontro che si sarebbe portato dentro per il resto della sua vita. Lo capì di colpo, quasi un lampo l'avesse fulminata.

selbst, einer Welle, die er so gut kannte.

Draußen hatte sich der Himmel aufgehellt, er hatte sich sogar rosa und rot gefärbt. Abendrot, Schönwetterbot, dachte Luisa und überquerte die Via Giolitti. Sie fand sich auf der Piazza dei Cinquecento wieder. Sie ging nicht direkt zur Haltestelle des Vierundsechzigers. Sie ging Richtung Esedra-Durchgang und weiter zur Via Nazionale, irgendwie unzufrieden, nachdenklich, vielleicht auch enttäuscht. Was für ein schwieriger Mann, dachte sie. Mittlerweile war es später Nachmittag, sie hätte nicht mehr üben können, und wenn dann nur mit Sordine. Sie beschloss zu Fuß bis zur Piazza Argentina zu gehen.

Was war in diesen mit Sebastiano verbrachten Stunden passiert? Ihr war ihre eigene Weltanschauung bewusst geworden, sie hatte einen Blick ins eigene Ich geworfen, hatte entdeckt eigene Überzeugungen zu haben, klare Vorstellungen.

Das Gespräch war eine wichtige Begegnung gewesen; es wurde ihr bewusst, während sie jene Wegstrecke zurücklegte, die sie so gut kannte. Eine Begegnung, die sie für den Rest ihres Lebens in sich tragen würde. Sie begriff es schlagartig, beinahe als hätte sie ein Blitz getroffen.

L'amore assoluto

Andò via sbattendo la porta, urlando ancora sulle scale: che almeno lo sentissero tutti i vicini, anzi tutte le vicine, dato che a quell'ora gli uomini erano a lavorare.

«Non torno più. Qui non mi vedrai mai più. Te ne pentirai...»

La vecchia signora Lentini riaprì la porta e la richiuse piano piano, sfiorandola leggermente con la mano, come per sminuire, cancellare con quel gesto l'ultima offesa. Le spalle curve, quasi a proteggere la testa dalle frustate, dai colpi che le cadevano addosso, sembrava essersi rimpicciolita: ogni parola, una scudisciata in pieno viso, una nuova ferita che si aggiungeva alle altre. "Te ne pentirai" aveva detto. Di quante cose avrebbe dovuto pentirsi? La lista delle cose che non avrebbe dovuto fare o dire era assai lunga, a cominciare dalla sua innata incapacità di dire di no, di piegarsi sempre alla volontà delle persone che amava: il padre, il marito, il figlio. Tutti uomini che avevano giocato il ruolo principale nella sua vita, che, anche se in modi diversi, ne avevano segnato il corso.

E ora per la prima volta aveva detto di no, no e basta, irremovibile. Il primo vero rifiuto della sua vita. Anche lei sorpresa, forse più del figlio.

Sapeva di avere dentro qualcuno, una piccola belva che viveva da anni con lei, che da sempre abitava dentro di lei,

Die bedingungslose Liebe

Er ging, die Tür hinter sich zuschlagend und noch im Stiegenhaus herumbrüllend: sollten ihn zumindest alle Nachbarn, beziehungsweise alle Nachbarinnen hören, da um diese Uhrzeit die Männer auf Arbeit waren.

»Ich komme nicht wieder. Hier wirst du mich nie mehr wiedersehen. Du wirst es bereuen ...«

Die alte Frau Lentini öffnete die Tür wieder und schloss sie dann ganz sachte, leicht mit der Hand darüberstreichend, wie um mit dieser Geste diese letzte Beleidigung zu schmälern, auszulöschen. Mit hochgezogenen Schultern, wie um den Kopf vor den Hieben, vor den Schlägen, die auf sie niederprasselten zu schützen, schien sie geschrumpft zu sein. Jedes Wort ein Peitschenhieb mitten ins Gesicht, eine neue Wunde, die sich an die anderen reihte. „Du wirst es bereuen", hatte er gesagt. Wie viele Dinge hätte sie bereuen sollen? Die Liste der Dinge, die sie nicht hätte tun oder sagen sollen war lang, beginnend bei ihrer angeborenen Unfähigkeit nein zu sagen, sich immer dem Willen der Menschen, die sie liebte zu beugen: dem Vater, dem Mann, dem Sohn. Alles Männer, die die Hauptrolle in ihrem Leben gespielt hatten, die, wenn auch auf unterschiedliche Weise, ihren Lebensweg bestimmt hatten.

Und nun hatte sie zum ersten Mal nein gesagt, nein und Schluss, unwiderruflich. Die erste wahre Verweigerung ihres Lebens. Auch sie war davon überrascht, vielleicht mehr noch als ihr Sohn.

Sie wusste, dass sie jemanden in sich trug, ein kleines Raubtier, das seit Jahren mit ihr lebte, das seit jeher in ihr

ospite indesiderata e indiscreta: quante volte si era chiesta se ogni essere umano avesse quell'ospite, ben nascosto nel buio più buio del suo essere. Se ognuno ne fosse cosciente e se le dimensioni della belva variassero da persona a persona. Come avrebbe voluto essere libera da quella terribile ospite, sfrattarla, metterla semplicemente sulla strada, come si fa con un criminale che insidia la propria vita, la propria quiete. Una vita intera era scesa a compromessi con lei, l'aveva blandita con mille parole, mille scuse, spesso domata, messa a tacere anche nelle situazioni più difficili. Anche quando aveva creduto di non farcela più. Le aveva insegnato a ragionare, a mantenere la calma, a trovare scuse, giustificazioni, a perdonare: una mamma deve saper perdonare, aveva più volte sentito dire. Quella piccola belva aveva una voce, anzi un ruggito che negli ultimi anni a stento era riuscita a tenere a freno. E ora questo. Era bastato un momento di disattenzione, una piccola perdita di controllo e già la belva prendeva il sopravvento. Non aveva urlato e tanto meno ruggito, questo no. Con calma, a voce bassa, senza scomporsi aveva detto semplicemente di no, non accettava di mettere un'ipoteca sulla casa e basta.

Non avrebbe dovuto dirlo già prima, quel no?

Ebbe un attimo di insicurezza. Aveva fatto male? Si pentiva già? Perché poi, cosa la legava ancora alla casa paterna?

Fu colta da improvvisa debolezza e si appoggiò allo stipite della porta.

Restò ancora un momento in ascolto, indecisa: forse tor-

wohnte, ein ungebetener und indiskreter Gast; wie oft hatte sie sich gefragt, ob jedes menschliche Geschöpf einen solchen Gast habe, gut versteckt in der finstersten Dunkelheit seines Seins. Wenn sich jeder dessen bewusst wäre und wenn die Ausmaße des Raubtiers von Mensch zu Mensch verschieden wären? Wie sehr hätte sie frei von diesem schrecklichen Gast sein wollen, ihn ausquartieren, ihn ganz einfach auf die Straße setzen wollen, wie man es mit einem Kriminellen macht, der das Leben, den Frieden bedroht. Ein Leben lang hatte sie sich auf Kompromisse mit ihm eingelassen, hatte ihn mit tausend Worten, tausend Ausreden beruhigt, oft gebändigt, selbst in den schwierigsten Situationen zum Schweigen gebracht. Selbst wenn sie geglaubt hatte es nicht mehr zu schaffen. Er hatte ihr beigebracht zu überlegen, die Ruhe zu bewahren, Ausreden zu finden, Rechtfertigungen, um vergeben zu können. Eine Mutter muss verzeihen können, hatte sie ihn öfter sagen hören. Dieses kleine Raubtier hatte eine Stimme, eine brüllende Stimme sogar, die sie in den letzten Jahren nur mühsam hatte im Zaum halten können. Und nun das. Es hatte ein Augenblick der Unaufmerksamkeit genügt, ein kleiner Verlust an Kontrolle und schon gewann das Raubtier die Oberhand. Sie hatte nicht geschrien und schon gar nicht gebrüllt, das nicht. Ruhig, mit leiser Stimme, ohne die Fassung zu verlieren, hatte sie einfach nein gesagt, sie war nicht damit einverstanden, eine Hypothek auf das Haus aufzunehmen und Schluss.

Hätte sie dieses Nein nicht schon früher aussprechen sollen?

Sie war sich einen Moment lang unsicher. Hatte sie falsch gehandelt? Bereute sie es bereits? Warum auch, was fesselte sie noch an das väterliche Haus?

Sie wurde von einer plötzlichen Schwäche befallen und lehnte sich an den Türrahmen.

Unentschlossen lauschte sie noch einen Augenblick: viel-

nava sui suoi passi, magari le chiedeva scusa per quella sfuriata, per le brutte parole che le aveva buttato in faccia, le accuse, sempre le stesse, e le ultime minacce. Sentì un tonfo. Il portone era stato sbattuto con violenza, tanto da far tremare tutta la casa. Era sceso a precipizio giù dalle scale, prendendo gli scalini a quattro a quattro, impaziente, incapace di aspettare l'ascensore, tanto era furioso. Ma anche per fare un bel baccano, perché tutti sentissero come sapeva reagire lui ai maltrattamenti della madre. Voleva uscire il più presto possibile da quella casa, smaltire la rabbia. In cucina le aveva urlato: " ti odio" e poi subito aveva aggiunto, "hai rovinato la mia vita... ecco cosa hai fatto di me".

Che dirà la gente, pensò la signora Lentini. In quella cittadina di provincia dove tutti si conoscevano da generazioni e generazioni, dove perfino le malattie delle famiglie, le cosiddette tare ereditarie, facevano parte del patrimonio comune, e i vizi più o meno nascosti continuavano ad essere argomento di discussioni all'osteria, al bar, nelle stanze da pranzo delle cosiddette famiglie per bene, subito si sarebbe trovato qualcuno che avrebbe raccontato dell'ultima scenata di Giuseppe Lentini, di come aveva sbattuto la porta in faccia alla madre, sicuramente per i soliti motivi, conosciuti da tutti.

Si mosse e fece ancora in tempo ad andare alla finestra per sbirciare l'alta figura dell'uomo che di slancio apriva la portiera della macchina e con uno stridere di gomme partiva, sobbalzando come una tigre. "E questo è mio figlio..." pensò, a conclusione di quella mattinata assai tempestosa. Fra qualche mese avrebbe compiuto quarantanove anni. Il suo unico figliuolo.

Si girò nella stanza soprappensiero. Vide la sua poltrona, vecchia, gualcita, ancora la poltrona di suo padre mai rimessa a nuovo, e si sedette, avvilita. Sconfitta. "Voglia il cielo che

leicht überlegte er es sich noch, vielleicht bat er sie noch um Verzeihung für seinen Wutausbruch, seine bösen Worte, die er ihr ins Gesicht geschleudert hatte, für die Anschuldigungen, immer dieselben, für seine letzten Drohungen. Sie hörte ein dumpfes Geräusch. Das Haustor war mit Wucht ins Schloss geworfen worden, so fest, dass das ganze Haus bebte. Er war die Treppe hinuntergestürmt, jeweils drei Stufen auf einmal nehmend, ungeduldig, unfähig auf den Aufzug zu warten, so zornig war er. Aber auch um gehörig Lärm zu machen, damit alle mitbekamen, wie er auf die Schikanen der Mutter zu antworten wusste. Er wollte so schnell wie möglich dieses Haus verlassen, die Wut verdauen. In der Küche hatte er geschrien: „Ich hasse dich", und dann hatte er gleich hinzugefügt: „du hast mein Leben ruiniert ... das ist es, was du mit mir gemacht hast."

Was werden die Leute sagen, dachte Frau Lentini. In diesem Provinznest, wo sich alle seit Generationen kannten, wo sogar die Familienkrankheiten, die sogenannten Erblasten Teil des kollektiven Gedächtnisses waren und die mehr oder weniger bekannten Laster Diskussionsstoff in den Wirtshäusern, Bars, in den Speisezimmern der sogenannten besseren Gesellschaft waren, würde sich sofort jemand finden, der den letzten Auftritt Giuseppe Lentinis weitererzählen würde, wie er der Mutter die Tür ins Gesicht geknallt hatte, gewiss aus den üblichen, allen bekannten Gründen.

Sie raffte sich auf und schaffte es gerade noch ans Fenster, um nach der langen Figur dieses Menschen zu sehen, der mit Schwung die Autotür öffnete und mit quietschenden Reifen, mit einem Satz wie ein Tiger losfuhr. „Und das ist mein Sohn ...", dachte sie zum Abschluss dieses sehr stürmischen Vormittages. In einigen Monaten würde er neunundvierzig, ihr einziger Sohn.

Gedankenverloren drehte sie sich um. Sie sah ihren Sessel, alt, verbraucht, noch der Sessel ihres Vaters, nie erneuert, und setzte sich deprimiert hinein. Sie war erledigt. „Möge es der Himmel geben, dass er wirklich nicht mehr

non torni veramente più", si sorprese a pensare. Ancora quella piccola belva, quella maledetta voce che non le riusciva più di soffocare. "A questo punto sono arrivata"?

Non era la prima volta che le venivano simili pensieri. Scoprì con raccapriccio veri sentimenti di odio, di risentimento. Era ferita, ferita a morte. "In che cosa ho sbagliato? Che cosa gli ho fatto mancare? Forse non ho fatto abbastanza per lui, non mi sono sacrificata, non l'ho amato come ogni madre dovrebbe amare i propri figli". Sempre gli stessi pensieri, lo stesso rimprovero a sé stessa: non avergli dato abbastanza. Certo gli aveva dato la vita, ma oltre alla vita, cosa gli aveva dato? La propria vita, ecco cosa gli aveva dato, anche la propria vita. E lo aveva amato sempre.

Sempre? Che vuol dire sempre? Per la prima volta si chiese cosa fosse l'essenza vera dell'amore: sapeva di non averlo amato sempre, ogni attimo, ogni respiro... quante volte avrebbe voluto mollargli uno schiaffo, sbatterlo da qualche parte, liberarsi di lui. Scappare lontano, il più lontano possibile. Ma si era sempre controllata, aveva resistito a quelle istanze dettate solo dall'impazienza, dalle frustrazioni, dalle continue rinunce per accontentare lui, per non farlo soffrire. Aveva accumulato una montagna di risentimenti che oltre a tutto le procuravano enormi sensi di colpa, e sempre quel sentimento di impotenza contro certi istinti egoistici che pur covavano dentro di lei.

Lo rivide piccino, appena nato. Aveva voluto un parto naturale, per partecipare in piena coscienza alla nascita della sua creatura. In seguito aveva dichiarato di essersi sentita Dio al momento della creazione. Un senso di assoluta potenza, unico nella sua specie. Un essere fatto da lei, creato da lei, venuto dal suo corpo. Cosa può esserci di più grandioso? Solo che

wiederkommt", dachte sie von sich selbst überrascht. Und wieder dieses kleine Untier, diese verfluchte Stimme, die sie nicht zu ersticken imstande war. „Musste es so weit kommen?"

Es war nicht das erste Mal, dass ihr ähnliche Gedanken kamen. Sie entdeckte mit Schrecken Gefühle des Hasses, des Grolls. Sie war verletzt, tödlich verwundet. „Wo habe ich gefehlt? An was ließ ich es ihm fehlen? Vielleicht habe ich nicht genug für ihn getan, habe mich nicht aufgeopfert, habe ihn nicht geliebt, wie jede Mutter ihr Kind lieben sollte!" Immer dieselben Gedanken, dieselben an sich selbst gerichteten Vorwürfe, ihm nicht genug gegeben zu haben. Gewiss, sie hatte ihm das Leben geschenkt, aber was hatte sie ihm außer dem Leben gegeben? Ihr eigenes Leben, das hatte sie ihm gegeben. Und sie hatte ihn immer geliebt.

Immer? Was heißt immer? Zum ersten Mal fragte sie sich, was die Essenz der wahren Liebe sei. Sie wusste, dass sie ihn nicht immer geliebt hatte, nicht jeden Augenblick, bei jedem Atemzug ... wie oft hätte sie ihm eine Ohrfeige verabreichen wollen, ihn irgendwohin stoßen, sich seiner entledigen wollen. Weit weglaufen, so weit wie nur möglich. Aber sie hatte sich immer beherrscht, hatte jenen von der Ungeduld, den Frustrationen, dem dauernden Verzicht diktierten Bestrebungen widerstanden, um ihn zufriedenzustellen, ihn nicht leiden zu lassen. Sie hatte einen Berg an Groll angehäuft, der ihr neben allem anderen nur gewaltige Gewissensbisse verursachte und immer dieses Gefühl der Machtlosigkeit gegenüber einem bestimmten egoistischen Instinkt, der trotzdem in ihr brütete.

Sie sah ihn, als er klein war, gerade geboren. Sie hatte eine natürliche Entbindung gewollt, um bei vollem Bewusstsein an der Geburt ihres Geschöpfs teilzuhaben. Danach hatte sie erklärt, sich wie Gott im Augenblick der Schöpfung gefühlt zu haben. Ein Gefühl der absoluten Macht, einzigartig. Ein von ihr geschaffenes Wesen, von ihr geschaffen, aus ihrem

aveva sottovalutato lo sforzo enorme, il dolore fisico, lo sbalordimento di tutto il corpo: inconsciamente aveva deciso di non ripetere la stessa esperienza. Una creazione per ogni donna è sufficiente, aveva concluso, tenendo conto che il Creatore, senza nessuna fatica fisica, si era limitato a mettere al mondo un solo essere umano. Al secondo poi aveva dovuto pensarci lui stesso, anche se solo dal fianco, non certo così doloroso! Ma infine, chi può saperlo? Forse nasce da questo dolore intercostale quella sorta di acredine verso le donne che, sotto sotto, cova in ogni uomo, da sempre, nonostante il tanto decantato amore.

A conti fatti fin dall'inizio si era trattato di un giustificato desiderio di possesso, o meglio di una ripresa di possesso di una parte del proprio corpo, volendo escludere l'indistruttibile istinto di riproduzione del genere umano; ma forse la signora Lentini non aveva fatto queste riflessioni, lei col femminismo non aveva mai avuto il tempo di confrontarsi. Roba per donne sfaccendate, aveva commentato in quegli anni.

Lo aveva vegliato notte e giorno, senza tregua. Non aveva mai permesso a nessuno di tenerlo per qualche ora, neanche alla propria madre, che pur aveva esperienza di bambini, avendone messi al mondo una mezza dozzina. Lei aveva solo questo e apparteneva solo a lei. E lo aveva ammirato in ogni piccola parte del suo corpicino come un miracolo unico al mondo, quasi non avesse mai visto un bambino fino a quel momento. Quello però era un bambino speciale, perché lo aveva creato lei, solo lei, escludendo in questo ogni partecipazione del marito: un intervento di secondaria importanza, del tutto trascurabile, anche se necessario. E il suo rap-

Körper entsprungen. Was könnte es Größeres geben? Allein, sie hatte die enorme Anstrengung unterschätzt, den körperlichen Schmerz, das Überwältigtsein des gesamten Körpers. Unbewusst hatte sie beschlossen, dieselbe Erfahrung nicht zu wiederholen. Eine Schöpfung für jede Frau reicht, hatte sie beschlossen, bedenkend dass der Schöpfer, ohne jegliche körperliche Anstrengung, sich darauf beschränkt hatte ein einziges menschliches Wesen in die Welt zu setzen. Das zweite hatte dieses Wesen dann selbst schaffen müssen, wenn auch nur aus seiner Seite heraus, gewiss nicht so schmerzhaft! Doch wer konnte das am Ende wissen? Vielleicht hat diese Art Härte den Frauen gegenüber, die im Grunde genommen trotz der vielbesungenen Liebe seit jeher in jedem Mann brütet, gerade in diesem Schmerz zwischen den Rippen seinen Ursprung.

Am Ende hatte es sich von Beginn an um einen gerechtfertigten Besitzwunsch gehandelt, beziehungsweise um eine Wiederinbesitznahme des eigenen Körpers, indem sie den unzerstörbaren Reproduktionsinstinkt der menschlichen Gattung ausschließen wollte. Doch vielleicht hatte Frau Lentini diese Überlegungen gar nicht angestellt; sie hatte nie die Zeit gehabt sich mit dem Feminismus auseinanderzusetzen. Eine Angelegenheit für untätige Frauen, hatte sie in jenen Jahren geurteilt.

Sie hatte Tag und Nacht über ihn gewacht, ohne Unterlass. Sie hatte niemals jemandem erlaubt ihn für einige Stunden bei sich zu behalten, nicht einmal der eigenen Mutter, die doch Erfahrung mit Kindern hatte, da sie ein halbes Dutzend auf die Welt gebracht hatte. Sie aber hatte nur dieses und das gehörte nur ihr. Und sie hatte es in jedem kleinsten Teil seines Körperchens wie ein einziges Weltwunder bestaunt, beinahe so, als hätte sie bis zu diesem Augenblick noch nie ein Kind gesehen. Dieses aber war ein besonderes Kind, weil sie es erschaffen hatte, nur sie, jegliche Beteiligung ihres Mannes ausschließend; ein völlig vernachlässig-

porto con lui non era mai andato oltre questa necessità. Tanto che, realizzato lo scopo, lo aveva bandito dal letto matrimoniale, praticamente subito dopo il parto. Lei aveva bisogno di tutto il letto per dare spazio al neonato, aveva detto, per non lasciarlo solo di notte; quanti anni avevano dormito nello stesso letto, lei e la sua creatura, mentre il marito era stato relegato altrove, il più lontano possibile per non sentire gli strilli del bambino? Ora pensò che forse era stato un errore. Ma il piccolo piangeva, temeva la solitudine, il buio e lei doveva proteggerlo, fargli sentire il calore del suo corpo, consolarlo, giorno e notte, contro la volontà del marito e se necessario del mondo intero.

Sua madre aveva considerato questa specie di amore isterico con una certa sufficienza, ma anche con la pacatezza di chi ha una lunga esperienza dietro di sé. „Si calmerà", aveva sentenziato, „basta che ne abbia ancora un paio... è solo questione di tempo."

E invece non vennero altri figli. Lei era sana, il marito anche. Almeno lui aveva un gran desiderio di metterne al mondo ancora altri due di figli, e invece niente. Le sorelle avevano ognuna tre figli, uno dietro l'altro, lei no, lei uno solo. Il marito sacramentava, ma a nessuno raccontò mai di essere stato cacciato via dal letto matrimoniale e di aver vissuto in una sorta di astinenza sessuale per volere della moglie. Si vergognava di questa situazione che lo faceva sentire poco uomo, ma lei su questo punto era stata irremovibile. Diceva che la nascita del bambino le aveva tolto ogni desiderio di carattere sessuale, forse un fatto ormonale, cercava di giustificarsi, non confessando neanche a sé stessa una sorta di ripugnanza fisica verso quell'uomo che in ogni caso gli aveva permesso di avere il suo bambino. In realtà si trattava di

barer, wenn auch notwendiger Eingriff. Und ihre Beziehung zu ihm war nie über diese Notwendigkeit hinausgegangen, sodass sie ihn, einmal seinen Zweck erfüllt, praktisch gleich nach der Geburt aus dem Ehebett verbannt hatte. Sie brauchte das ganze Bett, um Platz für den Neugeborenen zu haben, hatte sie ihm gesagt, um ihn nachts nicht allein zu lassen; wie viele Jahre hatten sie zusammen im selben Bett geschlafen, sie und ihr Geschöpf, während der Mann anderswohin verwiesen wurde, so weit weg wie möglich, damit er das Geschrei des Kindes nicht höre. Jetzt dachte sie, dass es vielleicht ein Fehler gewesen war. Aber der Kleine weinte, fürchtete die Einsamkeit, die Dunkelheit und sie musste ihn beschützen, ihn die Wärme ihres Körpers spüren lassen, ihn trösten, Tag und Nacht, gegen den Willen des Mannes und der ganzen Welt, wenn es sein musste.

Ihre Mutter hatte diese Art hysterischer Liebe mit einer gewissen Überheblichkeit aber auch mit der Gelassenheit derjenigen betrachtet, die eine lange Erfahrung mit sich brachte. „Sie wird sich beruhigen", hatte sie geurteilt, „sie muss nur noch ein paar weitere bekommen ... das ist nur eine Frage der Zeit."

Es kamen jedoch keine weiteren Kinder. Sie war gesund, der Mann auch. Zumindest er hatte große Lust noch zwei Kinder in die Welt zu setzen, stattdessen nichts. Ihre Schwestern bekamen eine jede drei Kinder, eines nach dem anderen, sie nur eines. Der Mann fluchte, erzählte aber nie jemandem, dass er aus dem Ehebett gejagt worden war und wegen seiner Frau eine Art sexuelle Abstinenz durchmachen musste. Er schämte sich wegen dieser Angelegenheit, die ihn nicht sehr männlich erscheinen ließ, sie aber war in dieser Sache unerschütterlich geblieben. Sie sagte, dass ihr die Geburt des Kindes jedes Bedürfnis sexueller Natur geraubt habe, vielleicht eine hormonelle Angelegenheit, versuchte sie sich zu rechtfertigen, nicht einmal sich selbst die körperlicher Abneigung diesem Mann gegenüber eingestehend, der ihr doch ermöglicht hatte, ihr Kind zu bekommen.

un rifiuto verso l'atto di violenza che il marito esercitava su di lei, atto che serviva solo ad appagare le sue necessità fisiologiche, necessità che secondo una vecchia tradizione veniva riconosciuta solo agli uomini, mai alle donne per bene. E lei era una donna per bene. Quindi la sua insoddisfazione sessuale era indecente, vergognosa, inaccettabile, per non dire peccaminosa. Non lo confessava neanche a se stessa; ma forse non ne era cosciente. Senza contare che non aveva mai conosciuto un vero orgasmo, solo una sorta di stordimento per quanto accadeva sul proprio corpo, niente che avesse a che fare col cosiddetto piacere fisico (ne aveva letto qualcosa in un libro di biologia. Subito aveva saltato quelle frasi, rossa di vergogna). Man mano aveva scoperto di odiare quell'uomo che ansimava su di lei per poi buttarsi dall'altra parte e mettersi subito a russare. Non ne aveva parlato con nessuno, e con chi? Sapeva che il mondo è fatto così, che non c'è un altro sistema per avere un figlio e aveva sopportato appunto per questo motivo: dopo, raggiunto il fine, non sapeva più per quale motivo avrebbe dovuto sottomettersi a quella umiliazione notturna.

Intanto il piccolo Giuseppe cresceva, e lei Pippuzzo qui, Pippuzzo là, lo allattò fino a tre anni: per questo motivo restò nel suo letto, rifiutandosi di ascoltare i rimproveri, le lamentele del marito, incapace ormai di sopportare quel piccolo intruso.

«Quello ha i denti buoni, può mangiare una bistecca... e dormire in un letto da solo, la stanza è già pronta...» si spazientiva, cercando di celare a sé stesso la gelosia e l'astio contro quel piccolo tiranno che riusciva a disunire i genitori: in qualche modo sentiva però che quel bambino era soltanto una sorta di scudo per la madre che se ne serviva per tenere

In Wirklichkeit handelte es sich um eine Ablehnung der Gewalt, die der Mann auf sie ausübte, einen Akt, der einzig der Befriedigung seiner physiologischen Bedürfnisse diente, Bedürfnisse, die laut einer alten Tradition alleine den Männern zustanden, nie den ehrenhaften Frauen. Und sie war eine ehrenwerte Frau. Also war seine sexuelle Unzufriedenheit indezent, schändlich, inakzeptabel, um nicht sündhaft zu sagen. Sie gestand es nicht einmal sich selbst ein, doch vielleicht war sie sich dessen gar nicht bewusst. Ohne zu bedenken, dass sie nie einen richtigen Orgasmus kennen gelernt hatte, nur eine Art Benommenheit bezüglich dessen, was in ihrem Körper vor sich ging, nichts, was mit der sogenannten fleischlichen Lust zu tun gehabt hätte (sie hatte etwas darüber in einem Biologiebuch gelesen; sofort hatte sie die Sätze übersprungen, rot vor Scham). Mit der Zeit hatte sie entdeckt diesen Mann zu hassen, der da auf ihr keuchte, um sich dann auf die andere Seite zu drehen und sofort zu schnarchen. Sie hatte nie mit jemanden darüber gesprochen, mit wem auch? Sie wusste, die Welt war nun mal so, es gab kein anderes System ein Kind zu bekommen und sie hatte es also aus diesem Grunde ertragen. Danach, einmal den Zweck erfüllt, wusste sie nicht mehr, warum sie sich dieser nächtlichen Erniedrigung hätte unterwerfen sollen.

Inzwischen wuchs der kleine Giuseppe heran und sie, Pippuzzo hin, Pippuzzo her, gab ihm die Brust bis er drei war: Aus diesem Grund schlief er in ihrem Bett und sie weigerte sich, die Vorwürfe, die Klagen ihres Mannes zu erhören, der mittlerweile den kleinen Eindringling nicht mehr ertragen konnte.

»Der hat gute Zähne, kann ein Schnitzel kauen … und alleine in einem Bett schlafen; das Zimmer ist schon hergerichtet …«, verlor er die Geduld und versuchte die Eifersucht und den Groll gegen diesen kleinen Tyrannen zu verbergen, der die Eltern zu entzweien vermochte. Irgendwie spürte er aber, dass dieses Kind nur eine Art Schutzschild der Mutter

lontano proprio lui, il marito, il vero, il solo possessore di quel corpo femminile, per diritto divino anzi per legge.

Lei non era capace di svezzarlo. Bastava che lui gridasse per un nonnulla per slacciarsi la camicetta.

La madre a sua volta scuoteva la testa,

«Non ho mai visto una tale debolezza, né maggiore testardaggine.» Commentava non senza amarezza. E se ne andava sbattendo la porta. La signora Lentini inquieta per queste reazioni negative, un po' vergognandosi, finì col parlarne col pediatra.

«Cara signora, male non gli fa... i popoli africani allattano i loro piccoli fino a un'età in ogni caso superiore ai cosiddetti popoli civili.»

Lei si era consolata. D'altra parte, da un punto di vista fisiologico, quel poco di latte materno che ancora le rimaneva, non poteva certo fargli male. Ma l'altro punto di vista, quello del famoso cordone ombelicale che lei non riusciva a spezzare, non veniva toccato, per una sorta di pudore.

Ora ripensò che fra lei e il figlio non era mai esistito l'io e il tu, ma il 'noi'. Per lunghi anni aveva sempre usato il noi, mai il singolare, un lapsus nel quale era incorsa continuamente.

«Noi stiamo bene insieme», diceva con una certa sufficienza, escludendo da quel 'noi' il resto del mondo, ma soprattutto il marito, la famiglia, gli amici.

Quando aveva smesso di dire 'noi'? Non lo ricordava più, ma ora quel noi le bruciava, un'accusa in più contro la propria cecità.

A tre anni e mezzo, di comune accordo con Giuseppe, che veniva consultato sempre per qualsiasi motivo, e la sua opi-

war, die sich seiner bediente, um sich gerade ihn, den Mann, vom Leibe zu halten, ihn, den einzig wahren Besitzer dieses weiblichen Körpers, aus gottgewolltem Recht beziehungsweise vor dem Gesetz.

Sie konnte ihn nicht abstillen. Es genügte, dass er wegen einer Nichtigkeit weinte und schon knöpfte sie die Bluse auf.

Ihre Mutter schüttelte ihrerseits den Kopf.

»Noch nie habe ich eine derartige Schwäche und Dickköpfigkeit gesehen«, kommentierte sie nicht ohne Verbitterung, und ging, die Tür hinter sich zuschlagend. Beunruhigt von diesen negativen Reaktionen und sich ein wenig schämend, sprach Frau Lentini endlich mit dem Kinderarzt.

»Meine gute Frau, schlecht tut es ihm nicht; die afrikanischen Völker stillen ihre Kleinen bis in ein weit höheres Alter als die sogenannten zivilisierten Völker.«

Sie hatte sich beruhigt. Andererseits konnte ihm aus physiologischer Sicht, das bisschen Muttermilch, das ihr noch blieb, nicht schaden. Doch der andere Gesichtspunkt, der von der berühmten Nabelschnur, die zu durchtrennen ihr nicht gelang, wurde wegen einer Art Scham nicht angesprochen.

Jetzt dachte sie, dass zwischen ihr und ihrem Sohn nie das Ich und das Du existiert hatten, sondern nur das 'wir'. Jahrelang hatte sie nur das Wir benutzt, nie den Singular, ein Lapsus, über den sie dauernd gestolpert war.

»Uns geht es miteinander gut«, sagte sie mit einer gewissen Überheblichkeit, aus diesem 'Uns' den Rest der Welt, vor allem aber den Mann, die Familie, die Freunde ausschließend.

Wann hatte sie aufgehört 'wir' zu sagen? Sie erinnerte sich nicht mehr, doch jetzt verfolgte sie dieses wir, eine zusätzliche Anklage gegen ihre Blindheit.

Mit dreieinhalb Jahren, in Absprache mit Giuseppe, der immer zu jeglicher Angelegenheit befragt wurde – und seine

nione contava più di quella della madre, ci fu il primo tentativo di mandarlo all'asilo. Naturalmente Giuseppe era convinto che lei sarebbe rimasta tutto il tempo con lui. Passarono le settimane e gli urli del bambino erano sempre gli stessi, bastava solo che la madre si allontanasse per un momento dalla stanza. Inutile ogni tentativo della maestra di convincerla ad andare: „tutti i bambini fanno così", aveva più volte ripetuto, lo sapeva per esperienza, „poi si abituano". Quando però le fu categoricamente proibito di restare, Giuseppe si ammalò di morbillo.

Il primo anno fu un susseguirsi di malattie infantili e brevi convalescenze per cui era previdente lasciarlo in casa.

Nel frattempo Giuseppe aveva scoperto un sistema infallibile per tenere avvinta l'attenzione della madre: i perché. Era capace di chiedere per ore intere, senza stancarsi, il perché di tutte le cose. E lei, benché fosse una donna intelligente e anche con una certa istruzione (insegnava alla scuola media, ma per potersi occupare del figlio a tempo pieno aveva chiesto alcuni anni di aspettativa), era convinta che la curiosità del figlio fosse segno di una particolare intelligenza. Non si accorse mai che Giuseppe in realtà non l'ascoltava nemmeno, o solo in parte; cercava soltanto di impedirle di pensare ad altro o di occuparsi di altro che non fosse lui. Il confine fra il suo io e quello del bambino non esisteva, non era mai esistito e quando questa mancanza di limiti cominciò a diventare insostenibile anche per lei, quando cioè brevi esplosioni di aggressività subito repressa cominciarono a dare segnali preoccupanti, era troppo tardi.

Aveva voluto tutto questo? Non lo sapeva. Ora rifacendo il percorso all'indietro scopriva con sorpresa una serie di errori, frutti del suo amore assoluto, incondizionato: una chi-

Meinung zählte mehr als die der Mutter –, wurde der erste Versuch unternommen, ihn in den Kindergarten zu schicken. Natürlich war Giuseppe der Meinung, sie würde die ganze Zeit bei ihm bleiben. Die Wochen vergingen und das Geschrei des Kindes blieb immer dasselbe, es genügte, dass sich die Mutter einen Augenblick aus dem Zimmer entfernte. Jeder Versuch der Kindergärtnerin sie zum Gehen zu überreden war vergeblich. „Alle Kinder benehmen sich so", hatte sie mehrmals wiederholt, sie wisse es aus Erfahrung, „dann gewöhnen sie sich." Als ihr aber kategorisch verboten wurde zu bleiben, bekam Giuseppe die Masern.

Das erste Jahr war eine Abfolge von Kinderkrankheiten und kurzen Genesungsintervallen, weshalb es ratsam schien ihn zu Hause zu behalten.

Mittlerweile hatte Giuseppe ein unfehlbares System gefunden, die Aufmerksamkeit der Mutter auf sich zu lenken: das Warum. Stundenlang konnte er ohne zu ermüden nach dem Warum aller Dinge fragen. Und sie, obwohl eine intelligente Frau, auch mit einer gewissen Bildung (sie unterrichtete an der Mittelschule, doch um sich ganztägig um den Sohn kümmern zu können, hatte sie einige Jahre Wartestand beantragt), war sie überzeugt, dass die Neugierde des Sohnes ein Zeichen von besonderer Intelligenz war. Sie bemerkte nie, dass ihr Giuseppe in Wirklichkeit nicht einmal zuhörte oder nur teilweise; er versuchte nur sie daran zu hindern an anderes zu denken oder sich mit anderem neben ihm zu beschäftigen. Die Grenze zwischen ihrem Ich und dem des Kindes existierte nicht, hatte nie existiert und als das Fehlen dieser Grenze auch für sie unhaltbar zu werden begann, das heißt als die kurzen Ausbrüche sofort unterdrückter Aggressivität bedenkliche Formen anzunehmen begannen, war es zu spät.

Hatte sie das alles gewollt? Sie wusste es nicht. Jetzt, da sie den Werdegang rückwärts betrachtete, entdeckte sie überrascht eine Reihe von Fehlern, das Ergebnis ihrer absoluten,

na, una valanga dalla quale veniva travolta. Non era certo la prima volta che cercava di capire cosa era accaduto, cosa aveva sbagliato nella sua vita, per quale motivo proprio quel figlio tanto amato le aveva procurato sempre, sempre delusioni, amarezze, frustrazioni e anche la separazione dal marito che senza nessuna vergogna l'aveva tradita proprio con la sua migliore amica: a lei aveva soltanto detto di non poter più sopportare quella situazione... ma poco prima di morire, già gravemente ammalato, era tornato a casa e lei, ormai sola, lo aveva accolto e curato, come pensava fosse suo dovere. Storie passate. Era rimasto via per un numero di anni che ora si rifiutava di contare, ma molti anni, di questo era sicura. Durante tutti quegli anni non aveva capito di quali colpe si fosse caricata; in tutta la sua complessa vicenda matrimoniale credeva che il solo colpevole fosse il marito e la sua innaturale gelosia e rivalità verso il figlio. Ora le vennero in mente varie scene in cui Giuseppe aveva giocato un ruolo di primaria importanza: anche questi ricordi facevano parte della valanga.

Quando Giuseppe compì cinque anni decise di riprendere la sua attività di insegnante, cercando di liberarsi dall'angoscia di sapere il figlio solo, in mani straniere. Le mani straniere erano poi quelle della maestra d'asilo, in seguito della maestra elementare, della nonna e qualche volta delle zie, ma soprattutto di una donna che viveva da sempre nella sua famiglia, una specie di governante tuttofare che aveva allevato lei e le sue sorelle e ora si occupava di tutti i bambini che considerava alla stregua di nipoti, con una particolare predilezione per Giuseppe, secondo lei il migliore e il più disgraziato perché non aveva fratelli.

bedingungslosen Liebe: ein Abgrund, eine Lawine, von der sie überrollt wurde. Es war gewiss nicht das erste Mal, dass sie zu begreifen versuchte, was geschehen war, was sie in ihrem Leben falsch gemacht hatte, aus welchem Grund der so sehr geliebte Sohn ihr immer, immer solche Enttäuschungen, Verbitterungen, Frustrationen und auch die Trennung von ihrem Mann beschert hatte, der sie schamlos mit ihrer besten Freundin betrogen hatte. Ihr hatte er nur gesagt, diese Situation nicht mehr ertragen zu können ..., aber kurz vor seinem Tod, bereits schwer krank, war er zu ihr, die inzwischen alleine war, zurückgekommen; sie hatte ihn aufgenommen, gepflegt, so wie sie dachte, dass es ihre Pflicht sei. Alte Geschichten. Er war so viele Jahre fort gewesen, die sie sich nunmehr zu zählen weigerte, es waren aber viele Jahre gewesen, dessen war sie sich sicher. In all diesen Jahren hatte sie nicht verstanden, welche Schuld sie auf sich geladen hatte; in der ganzen komplexen ehelichen Angelegenheit, glaubte sie, war ihr Mann der einzig Schuldige, er und seine unnatürliche Eifersucht auf Giuseppe und seine Rivalität gegenüber ihm. Jetzt kamen ihr verschiedene Szenen in Erinnerung, in denen Giuseppe eine Rolle von primärer Wichtigkeit gespielt hatte: Auch diese Erinnerungen waren Teil der Lawine.

Als Giuseppe fünf geworden war, beschloss sie ihre Tätigkeit als Lehrerin wieder aufzunehmen, im Versuch, sich von der Angst zu befreien, den Sohn alleine in den Händen Fremder zu wissen. Die fremden Hände waren die der Kindergärtnerinnen erst, der Volksschullehrerin dann, der Großmutter, manchmal der Tanten, aber vor allem die einer Frau, die seit jeher mit ihrer Familie lebte, eine Art Gouvernante, die sie und ihre Schwestern großgezogen hatte und sich nun um alle Kinder kümmerte, die sie als ihre Nichten und Neffen betrachtete, mit einer besonderen Vorliebe für Giuseppe, laut ihr der Beste und der Unglücklichste, da er keine Geschwister hatte.

Al padre, da solo, non lo lasciò mai. Era infatti convinta che lui, troppo sbadato e incompetente, non avrebbe saputo accudire al figlio; ma piuttosto non aveva voluto cederlo, permettergli di amarlo e farsi amare.

Soltanto ora si rese conto di aver inconsciamente costruito fra i due un muro di incomprensione. Senza volerlo impedì che nascesse la classica complicità fra maschi, l'identificazione del più giovane con l'adulto, il misurarsi magari giocando insieme, cosa che avrebbe aiutato il ragazzo a crescere, a rendersi indipendente. Si instaurò al contrario una forte rivalità fra i due, una lotta senza quartiere per assicurarsi il possesso esclusivo dell'unica donna della casa, con gravi ripercussioni sull'equilibrio psichico soprattutto del più giovane e grande amarezza nel padre, invischiato in un groviglio di sentimenti, di emozioni per la maggior parte irrazionali, che lo allontanarono sempre più dalla sua famiglia. Anche lei, coinvolta in quel triangolo di affetti, soffriva, incapace di vedere l'origine di quelle ostilità, senza essere in grado di porvi rimedio.

Giuseppe intanto cresceva indolente, grasso, solitario, scontento, sempre litigioso, aggressivo soprattutto verso la madre. A scuola non si dava da fare, era svogliato, noncurante, disinteressato. Forse voleva punire la madre, o confermarla nella sua supposizione:

«Tu sarai un asinello, a scuola!», gli aveva detto varie volte scherzando, quando ancora c'era solo il problema dell'asilo. Allora se ne stava in cucina e sbatteva i coperchi delle pentole quasi fossero i piatti di una batteria. La madre, non senza una punta di ironia commentava, «...e non sei neanche musicale.» Puntualmente il ragazzo si era rifiutato di studia-

Nie ließ sie ihn mit dem Vater alleine. Sie war in der Tat überzeugt, dass er, zu zerstreut und inkompetent, nicht in der Lage gewesen wäre den Sohn zu betreuen; deshalb hatte sie ihn ihm nie überlassen, ihm nie erlaubt ihn zu lieben und von ihm geliebt zu werden.

Jetzt erst verstand sie, zwischen den beiden unbewusst eine Mauer des Unverständnisses aufgerichtet zu haben. Ohne es zu wollen, verhinderte sie, dass sich die klassische männliche Komplizenschaft entwickeln konnte, die Identifizierung des Jungen mit dem Erwachsenen, das sich im Spiel miteinander messen, das dem Jungen vielleicht geholfen hätte zu reifen, unabhängig zu werden. Es kristallisierte sich im Gegenteil eine starke Rivalität zwischen den beiden heraus, ein Kampf ohne Unterlass, um sich den Besitz der einzigen Frau im Haus zu sichern, mit schwerwiegenden Auswirkungen besonders auf das psychische Gleichgewicht des Jüngeren und großer Verbitterung des Vaters, die diesen in ein Geflecht von Gefühlen verwickelten, zum größten Teil irrationale Emotionen, die ihn immer weiter von seiner Familie entfernten. In dieses Dreiecksverhältnis von Zuneigungen verwickelt litt auch sie, unfähig den Ursprung dieser Feindseligkeiten zu erkennen und ohne imstande zu sein, dem Abhilfe zu schaffen.

Inzwischen wuchs Giuseppe heran, träge, fett, einzelgängerisch, immer streitsüchtig, angriffslustig vor allem der Mutter gegenüber. In der Schule bemühte er sich nicht, war lustlos, rücksichtslos, uninteressiert. Vielleicht wollte er seine Mutter bestrafen oder sie in ihren Vermutungen bestätigen:

»Du wirst in der Schule der Schlechteste sein!«, hatte sie ihm mehrere Male scherzhaft gesagt, als es erst noch um das Problem mit dem Kindergarten ging. Dann blieb er in der Küche und schlug die Topfdeckel gegeneinander als wären es Schlagzeugbecken. Die Mutter kommentierte nicht ohne ironische Spitze: »... und du bist nicht einmal musikalisch«. Folgerichtig hatte sich der Junge geweigert irgendein

re un qualsiasi strumento, pianoforte, violino, flauto. Era stato provato tutto, ma lui non aveva interesse per nulla; l'unica musica che lo divertiva, più tardi, fu quella rock, rumorosa, fracassona, a tutto volume, forse soltanto per disturbare i genitori, a loro volta amanti della musica classica.

Dagli otto ai dieci anni cominciò a tiranneggiare la famiglia comportandosi in modo singolare, soprattutto quando c'erano ospiti in casa. Lui era capace di chiudere la bocca alla madre con una mano per non farla parlare, o di mettersi a urlare di punto in bianco costringendo gli amici ma anche i parenti a congedarsi. Solitamente dopo che l'ultimo ospite era uscito dalla porta di casa scoppiava un putiferio. Il padre infatti gli somministrava un fracco di legnate e alla madre che tentava di mettersi in mezzo per proteggere il pargoletto arrivavano non pochi colpi, assai pesanti, assestati dalle robuste mani del marito esasperato. Erano scene selvagge che lasciavano lividi nel corpo e nell'anima. Il padre gridava:

«Questo è il frutto della tua educazione», e non aveva tutti i torti. La povera signora Lentini ribatteva:

«Con la violenza non si ottiene niente.» E anche lei aveva ragione.

Arrivò la pubertà e con essa le prime depressioni. Il ragazzo trascorreva interi pomeriggi sdraiato sul letto, perso in chissà quali fantasticherie, inattivo, scontroso, scontento di sé e del mondo intero. L'unica cosa che faceva ancora con disperata soddisfazione era rimpinzarsi di cibi vari, fino quasi a scoppiare, svuotando sistematicamente il frigorifero specie quando la madre aveva fatto spese. Inoltre aveva il viso coperto di acne, come tutti i suoi coetanei, cosa che aumentava il suo cattivo umore e il suo bisogno di litigare con la madre, secondo lui, la sola colpevole di tutte le sue disgrazie... e forse aveva ragione anche lui.

Instrument, Klavier, Geige, Flöte zu spielen. Alles wurde ausprobiert, aber er war an nichts interessiert. Die einzige Musik, die ihm später gefiel war der Rock, geräuschvoll, ein Gepolter, volle Lautstärke, vielleicht bloß um die Eltern, ihrerseits Liebhaber klassischer Musik, zu stören.

Im Alter zwischen acht und zehn Jahren begann er die Familie zu tyrannisieren indem er sich, vor allem wenn Gäste im Haus waren, eigenartig benahm. Er war imstande der Mutter den Mund mit der Hand zuzuhalten, um sie am Reden zu hindern oder plötzlich zu schreien zu beginnen und so die Freunde, aber auch die Verwandten zu zwingen sich zu verabschieden. Üblicherweise brach die Hölle los, sowie der letzte Gast die Tür hinter sich zugemacht hatte. Der Vater verabreichte ihm eine Tracht Prügel und die Mutter, im Versuch sich dazwischen zu stellen, um ihn zu beschützen, bekam nicht wenige sehr heftige Hiebe ab, die von den kräftigen Händen des genervten Ehemannes ausgeteilt wurden. Es waren wilde Szenen, die blaue Flecken sowohl am Körper wie auch in der Seele hinterließen. Der Vater schrie:

»Das ist das Ergebnis deiner Erziehung«, und hatte damit nicht Unrecht. Die arme Frau Lentini erwiderte:

»Mit Gewalt erreicht man nichts.« Auch sie hatte Recht.

Es kam die Pubertät und mit ihr die ersten Depressionen. Der Junge verbrachte ganze Nachmittage auf dem Bett ausgestreckt, wer weiß in welchen Fantasien verloren, untätig, mürrisch, unzufrieden mit sich selbst und der ganzen Welt. Das einzige, was er noch mit verzweifeltem Genuss machte, war sich mit allerhand Speisen beinahe bis zum Platzen vollzustopfen und den Kühlschrank systematisch leerzuräumen, vorzugsweise wenn die Mutter gerade eingekauft hatte. Außerdem hatte er das Gesicht, wie alle seine Altersgenossen, voller Pickel, was seine schlechte Laune und seine Streitlust mit der Mutter steigerte, laut ihm die einzig Verantwortliche seines ganzen Unglücks ... und vielleicht hatte er auch Recht.

Crebbe molto di statura e di peso: un gigante.

Il grande amore della signora Lentini per questo unico figlio cominciava a denunciare qualche crepa: le prediche più o meno benevoli della madre; i rimproveri del marito, ormai dichiaratamente geloso del figlio dal quale si sentiva spodestato, in realtà il rivale vincente che in qualche modo giustificava i suoi continui tradimenti; le scenate a tre, madre, padre e figlio in cui la madre stava in ogni caso dalla parte del più debole (così credeva lei) e infine la decisione di separarsi, avevano finito per metterla in crisi. Ancora più spesso cominciava a chiedersi: "in che cosa sto sbagliando?"

Ma bastava che il ragazzo volesse un paio di stivali alla Cowboy, impossibili da infilare, scomodi e pacchiani, per correre subito a comperarglieli e se rifiutava qualche nuova stravaganza, la governante interveniva con i suoi risparmi, magari di nascosto, per accontentare il povero ragazzo. E poteva trattarsi di un orologio particolare – ne aveva un cassetto pieno – un paio di pantaloni alla moda, un giaccone di pelle: ogni indumento che indossava doveva essere di una particolare marca, avere una certa etichetta come l'avevano tutti i ragazzi della sua età, magari lo stesso colore, la stessa confezione. A scuola pareva non avessero altro da fare che seguire quanto la pubblicità imponeva, anzi dettava perentoriamente. Un solo desiderio, una sola aspirazione: essere uguale agli altri, tutti con le stesse magliette, le stesse scarpe, lo stesso frasario e magari gli stessi pensieri... piccoli robot al servizio dell'industria dell'abbigliamento. Stava nascendo una nuova società schiava della televisione, dei media, manipolata a seconda delle necessità del nuovo capitalismo indirizzato sul grande mercato dei giovani fino ad allora trascurato, un mercato obbediente, privo di qualsiasi individualità, formato da una massa di adolescenti insicuri, privi di aspirazioni, di ideali; viziati, incapaci di iniziative proprie,

Er nahm sehr an Körpergröße und Gewicht zu: ein Riese.

Die große Liebe Frau Lentinis für diesen einzigen Sohn begann manche Risse zu zeigen: die mehr oder weniger gutmütigen Predigten der Mutter; die Zurechtweisungen ihres Mannes, mittlerweile erklärtermaßen eifersüchtig auf den Sohn, von dem er sich entthront fühlte, in Wirklichkeit der siegreiche Rivale, der irgendwie seine wiederholten außerehelichen Verhältnisse rechtfertigte; die Streitereien zu dritt, Mutter, Vater und Sohn, bei denen die Mutter in jedem Fall auf Seiten des Schwächeren (so glaubte sie) stand, und schlussendlich der Entschluss sich zu trennen, hatte sie in eine Krise gestürzt. Noch häufiger begann sie sich nun zu fragen, was sie falsch gemacht hatte.

Doch es genügte, dass der Junge ein paar nicht passende, unbequeme und geschmacklose Cowboystiefel wollte und sie rannte sofort los sie ihm zu besorgen, und wenn sie sich irgendeiner neuen Extravaganz verweigerte, sprang die sogenannte Gouvernante mit ihren Ersparnissen ein, eventuell ohne das Wissen der Mutter, um den armen Jungen zufriedenzustellen. Dabei konnte es sich auch um eine besondere Uhr handeln – er hatte eine Schublade voll davon –, eine modische Hose, eine Lederjacke: jedes Kleidungsstück, das er trug, musste von einer besonderen Marke sein, ein bestimmtes Etikett aufweisen, so wie es alle Jungen seines Alters trugen, eventuell in derselben Farbe, demselben Schnitt. In der Schule schienen sie nichts anderes zu tun zu haben als dem zu folgen, was die Werbung anpries beziehungsweise zwingend diktierte. Ein einziger Wunsch, eine einzige Bestrebung: den anderen gleich zu sein, alle mit demselben Shirt, denselben Schuhen, derselben Wortwahl und vielleicht denselben Gedanken ... kleine Automaten im Dienste der Bekleidungsindustrie. Es wuchs eine neue Gesellschaft heran, Sklaven des Fernsehens, der Medien, manipuliert, ja nach den Bedürfnissen des Neuen am Markt, der bis dahin ignorierten Jugend ausgerichteten Kapitalismus', ein folgsamer Markt ohne jegliche Individualität, gebildet

figli di genitori a loro volta insicuri, frustrati e snervati, insoddisfatti, delusi della vita che conducevano. La signora Lentini, pur sorpresa da questo cambiamento generazionale che non ricordava di aver avuto nella sua gioventù, accondiscendeva a quasi tutte le sue richieste, spesso senza dir niente al marito, pur di tenerlo lontano da un altro giro, ben più pericoloso: quello della droga. Per fortuna Giuseppe sembrava indifferente ai narcotici, a lui bastava fumare e star dietro alle ragazze.

Gli anni del liceo furono una tortura per il ragazzo e per la madre. Del resto il marito era sempre stato contrario a che Giuseppe frequentasse il Classico.

«Che razza di ambizioni hai... con un fannullone come lui.»

La signora Lentini invece era convinta che i professori non capissero il suo ragazzo, che in realtà con la sua intelligenza avrebbe potuto avere ben altri successi, se soltanto lo avesse voluto, se fosse stato incoraggiato dai professori e anche dal padre che da parte sua si teneva il più lontano possibile, appunto per non essere coinvolto nelle storie del figlio. Lei intanto dentro si rattrappiva, si intossicava, impotente contro l'indolenza del figlio, dal quale si sentiva tradita, punita ingiustamente. E litigavano per ogni sciocchezza, per ogni parola detta a proposito o a sproposito, non potendo fare a meno l'uno dell'altra. E alla fine se ne andò dalla scuola senza fare gli esami di maturità. L'ultima grande delusione per la madre.

Ma allora era già sola. Da anni il marito era andato ad abitare dalla sua migliore amica, facendosi vedere soltanto per le feste, poche ore, per via del figlio, diceva, per i parenti, gli amici e tutta la gente che li conosceva. Uno scandalo.

von einer Masse an unsicheren Jugendlichen ohne Bestrebungen und ohne Ideale; Verwöhnt, unfähig zu eigenen Initiativen, Kinder von ihrerseits unsicheren, frustrierten und genervten, unzufriedenen und vom Leben, das sie führten enttäuschten Eltern. Frau Lentini, obschon von dieser generationsbedingten Veränderung überrascht, die in ihrer Jugend erlebt zu haben sie sich nicht erinnerte, fügte sich beinahe allen seinen Wünschen, häufig ohne dem Mann etwas zu sagen, nur um ihn von anderen, weit gefährlicheren Gefahren wie den der Drogen fernzuhalten. Zum Glück schienen Giuseppe die Rauschmittel gleichgültig zu sein; ihm genügte es zu rauchen und den Mädchen nachzusteigen.

Die Jahre auf dem Lyzeum waren eine Tortur für den Jungen und die Mutter. Ihr Mann war übrigens immer dagegen gewesen, dass Giuseppe das klassische Gymnasium besuchte.

»Was hast du für Ambitionen mit einem Nichtsnutz wie ihn?«

Frau Lentini hingegen war überzeugt, dass die Lehrer ihren Jungen nicht verstanden, der mit seiner Intelligenz ganz andere Ergebnisse hätte erzielen können, wäre er bloß von den Lehrern und auch vom Vater ermutigt worden, der sich seinerseits so weit als möglich raushielt, um nicht in die Angelegenheiten des Sohnes hineingezogen zu werden. Sie verkrampfte und vergiftete sich inzwischen innerlich, ohnmächtig angesichts der Trägheit des Sohnes, von dem sie sich verraten, zu Unrecht bestraft fühlte. Und sie stritten sich wegen jeder Dummheit, jedem absichtlich zu Recht oder Unrecht fallen gelassenem Wort, da die Eine nicht vom Anderen lassen konnte. Am Ende ging er von der Schule ab, ohne die Reifeprüfung abgelegt zu haben. Die letzte große Enttäuschung der Mutter.

Aber da war sie bereits alleine. Vor Jahren war ihr Mann zu ihrer besten Freundin gezogen und ließ sich nur an den Feiertagen für wenige Stunden blicken, wegen des Sohnes, wie er sagte, wegen der Verwandten, der Freunde und all

Questo era stato.

La signora Lentini non volle ricordare oltre. Si alzò dalla sua poltrona e andò in cucina: il tragitto era assai breve. Da qualche anno infatti si era ridotta in un appartamentino di pochi metri quadrati, due stanzette con cucinino e bagnetto, in un condominio un po' fuori mano, ma con ascensore. Alla morte del marito, avvenuta pochi anni prima, il figlio se ne era venuto con la storia che lei, alla sua età, con le gambe che funzionavano sempre meno, avrebbe fatto bene a cambiare casa. Allora abitava in una magnifica villa a due piani, proprio nel quartiere più elegante della città: la facciata era dominata da un enorme glicine ormai vecchissimo ma ancora traboccante di grappoli odorosi che riempivano di profumo tutte le stanze. Alberi, cespugli e diverse piante esotiche impedivano ai passanti di vedere il resto del giardino e soprattutto la serra, grande passione del marito che vi trascorreva ogni minuto libero, anche dopo la separazione. Era la casa che aveva ereditato dai propri genitori, piena di ricordi della sua infanzia e della sua famiglia: il padre, donandola solo a lei e quasi diseredando le altre figlie – e ne era nato un processo assai dispendioso che aveva seminato tante inimicizie in famiglia – aveva voluto risarcirla delle cure che gli aveva prestato, fino agli ultimi anni della sua vita. Le sorelle ancora adesso non le perdonavano quella ingiustizia, benché avessero ricevuto a loro volta altre proprietà, certo di minor valore.

Ma se da una parte lo aveva considerato un onore, dall'altra era stato un prolungarsi del malessere che quelle mura le avevano sempre procurato. Quella villa non fu mai fonte di ricordi felici; il padre, uomo debole, sempre malaticcio, aveva tiranneggiato durante la sua lunga vita le quattro figlie, la

der Leute, die ihn kannten. Ein Skandal, das war es gewesen.

Frau Lentini wollte sich an nichts weiter erinnern. Sie erhob sich aus ihrem Sessel und ging in die Küche, ein sehr kurzer Weg. Seit ein paar Jahren hatte sie sich in eine kleine Wohnung von wenigen Quadratmetern zurück gezogen, zwei Zimmerchen mit Küche und einem kleinen Bad in einem etwas abgelegenen Kondominium, aber mit Aufzug. Nach dem vor einigen Jahren eingetretenen Tod ihres Mannes war ihr ihr Sohn mit der Geschichte gekommen, dass sie angesichts ihres Alters und der immer schlechter funktionierenden Beine besser daran täte die Wohnung zu wechseln. Bis dahin wohnte sie in einer zweistöckigen Villa im elegantesten Viertel der Stadt. Die Fassade war von einer riesigen, mittlerweile uralten Glyzinie beherrscht, immer noch voller duftender Blütentrauben, die alle Zimmer mit ihrem Duft füllten. Bäume, Sträucher und verschiedene exotische Pflanzen hinderten die Passanten daran den restlichen Garten, vor allem aber das Gewächshaus zu sehen, die große Leidenschaft des Mannes, der auch nach der Trennung jede freie Minute darin verbrachte. Es war das Haus, das sie von ihren Eltern geerbt hatte, voller Erinnerungen an ihre Kindheit und ihre ganze Familie. Indem ihr Vater es nur ihr alleine zum Geschenk gemacht und damit die anderen Töchter fast enterbt hatte – und es hat einen sehr kostspieligen Prozess gegeben, der in der Familie einiges an Feindschaft bewirkt hatte – hatte er sie für die Pflege entschädigen wollen, die sie ihm bis in die letzten Jahre seines Lebens hatte angedeihen lassen. Ihre Schwestern verziehen ihr diese Ungerechtigkeit immer noch nicht, auch wenn sie ihrerseits andere Besitzungen, wenn auch von geringerem Wert geerbt hatten.

Wenn sie es einerseits als Ehre empfunden hatte, war es andererseits ein in die Länge gezogenes Unbehagen, das ihr diese Mauern immer beschert hatten. Diese Villa war nie eine Quelle glücklicher Erinnerungen gewesen. Der Vater, ein schwacher Mann, immer kränklich, hatte sein ganzes Le-

moglie, la famosa governante che vi restò per più di quarant'anni, e non per ultima la propria madre, una donna durissima che trattava il figlio e il resto della famiglia con pugno di ferro. Il padre, l'unico uomo in quella costellazione tutta femminile, si era costruito una propria nicchia di pace dove poteva vivere indisturbato. Era convinto di avere una salute assai cagionevole cui si aggiungeva un'estrema sensibilità ai rumori che a suo dire scuotevano il suo fragile sistema nervoso. Tutto era motivo di disturbo, di terribili attacchi di ansia: il chiacchiericcio delle figlie, lo spostamento di una sedia, lo sbattere di una porta, un temporale notturno o un colpo di vento che chiudeva una finestra, il suono di una canzoncina canticchiata sottovoce. Un carattere ipocondriaco, un continuo tastarsi il polso, un chiamare il medico di casa per ogni piccolo colpo di tosse, mal di testa, raffreddore, qualche lineetta di febbre... amareggiando, anzi avvelenando l'infanzia e l'adolescenza delle quattro ragazze. Alla prima occasione tre sorelle avevano lasciato la casa paterna, mentre la signora Lentini, al contrario era rimasta in casa.

La signora Lentini ora pensò per la prima volta a quanto subdola sia l'arma della debolezza. Come reagire contro la volontà di una persona debole? Si sarebbe sentita un verme. Contro un uomo forte avrebbe potuto, lei e tutta la famiglia, ribellarsi, mai contro un ammalato, fragile e sofferente. La malattia usata come ricatto continuo verso i sani; ma ancor più contro un bambino, di per sé inerme, non per questo meno dominante con le sue richieste impellenti.

Durante tutta l'infanzia, essendo la maggiore, aveva dovuto essere brava, ragionevole; se c'era un litigio fra le sorelle era lei a dover mettere pace, appunto per rispettare il bisogno di quiete del padre, e non gridare, ridere forte, o anche peg-

ben lang die vier Töchter, die Ehefrau, die berühmte Gouvernante, die mehr als vierzig Jahre bei ihnen geblieben war, tyrannisiert und nicht zuletzt auch seine eigene Mutter, eine sehr strenge Frau, die den Sohn und den Rest der Familie mit eisernen Faust kommandierte. Der Vater, der einzige Mann in dieser völlig weiblichen Konstellation, hatte sich eine Nische des Friedens geschaffen, in der er ungestört leben konnte. Er war überzeugt gesundheitlich sehr labil zu sein, wozu sich eine extreme Empfindlichkeit gegenüber Geräuschen gesellte, die, laut ihm, sein zartes Nervensystem erschütterten. Alles gab Anlass zu Beschwerden, löste furchtbare Angstzustände aus: das Geschwätz der Töchter, das Verrücken eines Stuhls, das Schlagen einer Tür, ein nächtliches Gewitter oder ein Windstoß, der ein Fenster zuschlug, der Klang eines leise gesungenen Liedchens. Ein hypochondrischer Charakter, ein ständiges den Puls fühlen, wegen eines leichten Hüstelns nach dem Hausarzt verlangen, ein Klagen wegen der Kopfschmerzen, eine Erkältung, ein Zehntel Grad Fieber ... womit er vier Mädchen die Kindheit verbitterte, bzw. vergiftete. Bei der ersten Gelegenheit hatten drei der Schwestern das Elternhaus verlassen, während hingegen Frau Lentini daheim geblieben war.

Frau Lentini dachte jetzt zum ersten Mal daran, wie hinterlistig die Waffe der Schwäche war. Wie sollte man auf den Willen eines schwachen Menschen reagieren? Sie wäre sich wie ein Wurm vorgekommen. Gegen einen starken Mann hätte sie sich auflehnen können, sie und die ganze Familie, nie aber gegen einen zerbrechlichen, leidenden Kranken. Die Krankheit als ständige Erpressung der Gesunden, aber mehr noch eines Kindes, von sich aus wehrlos aber nichtsdestotrotz nicht weniger dominant mit seinen zwingenden Forderungen.

Während der ganzen Kindheit hatte die Älteste brav und vernünftig sein müssen. Gab es Streit zwischen den Schwestern, war sie es, die Frieden stiften musste, eben um dem Bedürfnis des Vaters nach Ruhe zu entsprechen und nicht

gio cantare se ne avevano voglia. Anche la madre del resto, aveva vissuto sempre con due piedi in una scarpa, come dice un detto popolare. L'unica a sbraitare era la nonna, che teneva tutta la famiglia sotto controllo, anche per via dell'ingente patrimonio, suo personale, del quale vivevano tutti, dato che il padre non era praticamente in grado di lavorare. Del resto nessuno sapeva quali attività avrebbe saputo svolgere.

La signora Lentini, pur essendo la maggiore delle sorelle, fu l'ultima a sposarsi. Perché? Il suo fidanzamento si trascinò per circa dieci anni, e accettò di sposarsi soltanto quando la madre la mise alle strette: se infatti aveva intenzione di aspettare ancora qualche annetto avrebbe dovuto rinunciare ad avere figli. Senza molta convinzione, si lasciò persuadere, priva di entusiasmo. Il lungo fidanzamento aveva affievolito il primo innamoramento e ora non sapeva se amava l'uomo col quale avrebbe dovuto trascorrere il resto della sua vita o se soltanto si era abituata a lui.

In cucina si preparò un caffè, era una delle ultime cose cui avrebbe rinunciato, anche se il medico l'avvertiva che per via del cuore debole avrebbe fatto bene a limitarsi. Ma proprio in questo momento aveva urgente bisogno di un caffè. E poi, il giorno era lungo. Come avrebbe fatto ad arrivare fino alla sera senza un altro caffè?

Mentre metteva la polvere nella napoletana sentì un vago dolore alla spalla sinistra. Pensò: i soliti reumatismi, e proseguì. Intanto il profumo inebriante del caffè si propagava nella piccola cucina. Lo versò in una tazzina, senza zucchero, nero, con una leggera schiuma sopra, lo bevve. Una seconda fitta nella zona cardiaca, un dolore che conosceva per averlo provato qualche anno prima, quando aveva avuto un infarto. Era stato un infarto leggero, il medico aveva detto, quasi un

zu schreien, laut zu lachen oder – noch schlimmer – zu singen, wenn sie Lust dazu hatten. Auch die Mutter hatte übrigens immer zwei Füße in einem Schuh gehabt, wie ein Sprichwort sagt. Die einzige, die brüllte, war die Großmutter, die die gesamte Familie unter Kontrolle hatte, auch wegen des beträchtlichen persönlichen Vermögens, von dem sie alle lebten, da der Vater praktisch arbeitsunfähig war. Im Übrigen wusste niemand, welche Arbeit er hätte verrichten können.

Obwohl die älteste von den vier Schwestern, war Frau Lentini die letzte, die heiratete. Warum? Ihr Verlöbnis zog sich ungefähr zehn Jahre hin und sie willigte erst in die Hochzeit ein, als ihre Mutter sie in die Enge trieb: Hätte sie noch einige Jahre zugewartet, hätte sie darauf verzichten müssen Kinder zu kriegen. Ohne große Überzeugung, ohne Begeisterung ließ sie sich überreden. Die lange Verlobung hatte das anfängliche Verliebtsein erlahmen lassen und nun wusste sie nicht, ob sie den Mann liebte, mit dem sie den Rest ihres Lebens verbringen sollte oder ob sie sich bloß an ihn gewöhnt hatte.

In der Küche stellte sie Kaffee auf, das war eines der letzten Dinge, auf die sie verzichtet hätte, obwohl sie der Arzt gewarnt hatte, sie solle sich wegen ihres schwachen Herzens mäßigen. Aber gerade in diesem Moment brauchte sie dringend einen Kaffee. Und überhaupt war der Tag noch lang. Wie hätte sie es ohne eine weitere Tasse bis zum Abend schaffen sollen?

Während sie das Kaffeepulver in die ‘Napoletana’ löffelte, spürte sie einen leichten Schmerz in der linken Schulter. Der übliche Rheumatismus, dachte sie und machte weiter. Inzwischen verbreitete sich der berauschende Duft des Kaffees in der kleinen Küche. Sie goss ihn in eine kleine Tasse, ohne Zucker, schwarz mit einem leichten Schaum obenauf und trank ihn. Ein zweiter stechender Schmerz in der Herzgegend, ein Schmerz, den sie kannte, da sie ihn bereits eini-

avvertimento. Il secondo, seguito a distanza di qualche mese, era stato così forte che l'avevano portata all'ospedale con l'ambulanza. Non volle pensarci. Tornò nel salottino, dove erano accatastati, quasi senza ordine né eleganza, alcuni mobili della vecchia casa, quelli ai quali non aveva potuto rinunciare.

Il figlio era andato ad abitare nella villa, insieme alla sua nuova famiglia, e aveva trovato per lei questo appartamentino al terzo piano, dove avrebbe potuto vivere, secondo lui, più comodamente. In effetti, con la pensione che percepiva ogni mese, non sarebbe stato facile mantenere la grande casa paterna. Col solo riscaldamento e la donna che ogni tanto veniva a farle le pulizie e tutto il resto, se ne andava via più della metà delle sue entrate.

Qui però c'era odore di miseria. Le vicine, il quartiere… le sembrava di essere una nobile decaduta, benché non fosse né l'una né l'altra. Forse decaduta, sì. E faceva fatica ad abituarsi.

Per un momento aveva persino temuto che il figlio volesse infilarla in una casa di riposo per vecchi. Per fortuna la retta richiesta era così alta che aveva optato per un appartamentino lontano dal centro, a conti fatti più a buon mercato.

Si sedette nella sua poltrona e avvicinò il telefono sul tavolino accanto. Non si sentiva bene. Rifletté un momento: con chi avrebbe voluto parlare, magari raccontare del figlio, delle sue pretese? Con nessuno. Non c'era nessuno al mondo che avrebbe potuto comprendere la sua amarezza, la grande delusione della sua vita rappresentata nella persona del suo unico figliolo. Infine decise di scambiare qualche parola con la sorella Maria, la più vicina a lei per età e anche per mentalità; nonostante la storia della villa, con lei aveva mantenuto un buon rapporto, mentre con le altre due sorelle erano nati malintesi, che neanche il tempo aveva saputo

ge Jahre zuvor verspürt hatte, als sie einen Infarkt erlitten hatte. Es war ein leichter Infarkt gewesen, hatte der Arzt gesagt, eine Art Warnung. Der Zweite, so heftig, dass man sie mit dem Krankenwagen ins Spital gebracht hatte, war einige Monate darauf gefolgt. Sie wollte nicht daran denken. Sie ging ins Wohnzimmer zurück, in dem ohne Ordnung und Eleganz einige Möbel aus der alten Wohnung angehäuft waren, die, auf die sie nicht verzichten hatte können.

Ihr Sohn war gemeinsam mit seiner neuen Familie in die Villa gezogen und hatte für sie diese Kleinwohnung im dritten Stock gefunden, wo sie laut ihm bequemer wohnen könne. In der Tat wäre es nicht einfach gewesen, das große Elternhaus mit der Rente, die sie jeden Monat bezog, zu erhalten. Allein für die Heizung und die Zugehfrau, die ab und zu kam, um den Hausputz und den ganzen Rest zu erledigen, ging mehr als die Hälfte ihrer Einnahmen drauf.

Hier jedoch roch es nach Elend. Die Nachbarinnen, das Viertel ... sie kam sich wie eine verarmte Adelige vor, obwohl sie weder das eine noch das andere war. Vielleicht verarmt ja. Und sie tat sich schwer, sich daran zu gewöhnen.

Einen Moment lang hatte sie sogar befürchtet, ihr Sohn wolle sie in ein Altersheim stecken. Zum Glück waren die Kosten so hoch gewesen, dass er sich für eine Kleinwohnung weit weg vom Zentrum entschieden hatte – alles zusammen gerechnet war das einfach günstiger.

Sie setze sich in den Sessel und zog das Beistelltischchen mit dem Telefon näher zu sich heran. Sie fühlte sich nicht wohl. Sie überlegte eine Weile, mit wem sie hätte reden können, vielleicht über ihren Sohn, seine Ansprüche? Mit niemandem. Es gab niemanden auf der Welt, der ihre Verbitterung hätte verstehen können, die große Enttäuschung ihres Lebens in der Person ihres einzigen Sohnes. Schließlich beschloss sie einige Worte mit ihrer Schwester Maria zu wechseln, alters- und auch mentalitätsmäßig ihr am nächsten; trotz der Angelegenheit mit der Villa hatte sie zu ihr eine gute Beziehung bewahrt, während mit den anderen beiden

appianare.

Non poté fare a meno di raccontarle dell'ultima scenata di Giuseppe. «Ha bisogno di soldi, come sempre, non chiedermi per che cosa. Con la vita che conduce, le donne, le due famiglie, non ci sono soldi che bastino.»

Maria riconobbe dal tono della voce che c'era dell'altro, chiese se si sentiva bene, se tutto era in ordine. La signora Lentini disse di si, che tutto era in ordine e, aggiunse, presto starò ancora meglio.

Non raccontò che Giuseppe aveva intenzione di mettere una grossa ipoteca sulla villa, e aveva solo bisogno della sua firma, dato che la casa era intestata a lei.

Il figlio aveva in mente una scuola speciale di lingue, una scuola col metodo del sonno o del dormiveglia, non aveva capito bene le sue spiegazioni. Cioè in una settimana, con questo metodo, si poteva imparare una lingua straniera tanto da poterla parlare correntemente; bisognava solo mettere l'allievo in stato di trance, per mezzo di una musica speciale e altro... non aveva voluto dilungarsi in inutili spiegazioni, tanto lei non lo avrebbe capito. Infine aveva bisogno di soldi, di molti soldi, perché avrebbe dovuto prendere dei locali in affitto, degli insegnanti da istruire, eccetera.

Anni prima era stato necessario vendere una casa di proprietà del padre, per mettere su un laboratorio di pellami. Stranamente il padre si era lasciato convincere e aveva acconsentito alla vendita. Forse un tentativo per riconciliarsi col figlio. Il rapporto fra loro due, nonostante quel massiccio intervento finanziario, non era migliorato. Stranamente la signora Lentini per lungo tempo non si era accorta dell'ostilità del padre verso il figlio e del conseguente risentimento di Giuseppe.

Dopo il fallimento scolastico e il servizio militare (ricor-

Schwestern Missverständnisse entstanden waren, die nicht einmal die Zeit zu glätten vermocht hatte.

Sie konnte nicht anders, als ihr vom letzten Auftritt Giuseppes zu erzählen. »Er braucht Geld, wie immer, frag mich nicht wofür. Bei dem Leben, das er führt, die Frauen, die beiden Familien, da reicht das Geld nie.«

Maria erkannte am Tonfall der Stimme, dass da noch etwas war, fragte, ob sie sich wohl fühle, ob mit ihr alles in Ordnung sei. Frau Lentini sagte ja, dass alles in Ordnung wäre und bald, fügte sie hinzu, werde sie sich noch besser fühlen.

Sie erzählte ihr nicht, dass Giuseppe vorhatte eine große Hypothek auf die Villa aufzunehmen und ihre Unterschrift brauchte, da sie die Besitzerin des Hauses war.

Ihr Sohn hatte eine besondere Sprachschule im Sinn, eine Schule mit Schlaf- oder Halbschlafmethode; sie hatte seine Ausführungen nicht recht verstanden. Es hieß, mit dieser Methode könne man in einer Woche eine Fremdsprache soweit erlernen, um sie fließend sprechen zu können; man müsse den Schüler mithilfe einer besonderen Musik und sonstwas bloß in Trance versetzen ... er hatte sich nicht in weiteren unnützen Erklärungen ergehen wollen, die sie doch nicht verstanden hätte. Schlussendlich brauchte er Geld, viel Geld, denn er hätte Räumlichkeiten anmieten, Lehrer anlernen müssen und so weiter.

Jahre zuvor hatte man ein Haus aus dem Besitz des Vaters veräußern müssen, um eine Lederverarbeitungswerkstatt einzurichten. Eigenartiger Weise hatte sich der Vater überreden lassen und hatte dem Verkauf zugestimmt. Vielleicht ein Versuch sich mit dem Sohn auszusöhnen. Die Beziehung der beiden hatte sich trotz des massiven finanziellen Beitrags nicht gebessert. Seltsamer Weise hatte Frau Lentini lange Zeit die Feindseligkeit des Vaters dem Sohn gegenüber und den darauffolgenden Groll Giuseppes nicht bemerkt.

Nach dem schulischen Misserfolg und dem Militärdienst

dò la prima cartolina di Giuseppe: "Passato gloriosamente stretto di Messina. Qui si respira aria pulita. Il rancio è una merda. Giuseppe"), aveva fatto un viaggio lungo tutta l'Europa, in autostop, insieme a vari amici. Era arrivato fino in Norvegia. Ogni tanto scriveva per chiedere denaro, sempre molto poco, in verità. Aveva finanziato quasi tutto il viaggio con lavori di vario genere in vari posti: aveva raccolto asparagi, piselli, tagliato la testa a migliaia di aringhe e aveva cominciato a bazzicare con donne. Se ne accorse perché al suo ritorno, dopo quasi un anno, una mattina vide uscire dalla sua stanza una sgualdrinella con niente addosso che vedendola in una lunga camicia da notte era scoppiata in una risata. Giuseppe, anche lui tutto nudo, le stava dietro. Non seppe trattenersi e forse per la prima volta uscì dai gangheri.

«Ma che modi sono questi. Un po' di rispetto per questa casa, almeno per questa casa.»

Lui si era girato ed era tornato in camera, senza dire una parola. La pace, il silenzio che aveva caratterizzato il periodo della sua assenza: spazzati via con un colpo solo. Un uragano si abbatté su di lei. Ricominciarono i litigi, le porte sbattute, le accuse: „tu hai rovinato la mia vita“ oppure, „sono un fallito e la colpa è dei miei genitori“. Lei si tappava le orecchie e scappava via.

Giuseppe aveva deciso di mettere su una laboratorio di pellami per fare cinture da uomo e donna in una cittadina della Toscana, soprattutto per lasciare l'isola, secondo lui origine di tutti i suoi mali.

Tornò invece qualche anno dopo, con una mano davanti e una di dietro, come si suol dire, portando con sé una ragazza toscana e un bambino di pochi mesi.

Quel ragazzo, suo nipote, per volere della madre era cre-

(sie erinnerte sich an die erste Ansichtskarte: „Glorreich die Meerenge von Messina überquert. Hier atmet man saubere Luft. Das Essen ist Scheiße. Giuseppe.") hatte er gemeinsam mit Freunden eine Reise per Anhalter quer durch ganz Europa gemacht. Er war bis nach Norwegen gekommen. Ab und zu schrieb er, um um Geld zu bitten, in Wahrheit immer sehr wenig. Er hatte sich fast die ganze Reise mit Gelegenheitsarbeiten verschiedenster Art an verschiedensten Orten finanziert, hatte Spargel und Erbsen geerntet, tausenden von Heringen die Köpfe abgeschnitten und angefangen mit Frauen zu verkehren. Es wurde ihr gewahr, als sie eines Morgens, beinahe ein Jahr nach seiner Rückkehr, ein Flittchen mit nichts am Leibe aus seinem Zimmer kommen sah, das in Gelächter ausgebrochen war, als sie sie im langen Nachthemd dastehen sah. Giuseppe, ebenfalls nackt, stand hinter ihr. Sie vermochte sich nicht zurückzuhalten und vielleicht zum ersten Mal explodierte sie.

»Was sind denn das für Sitten. Ein wenig Respekt für das Haus, für dieses Haus zumindest.«

Er hatte sich umgedreht und war in sein Zimmer zurückgegangen, ohne ein Wort zu sagen. Der Frieden, die Ruhe, die die Zeit seiner Abwesenheit gekennzeichnet hatten, war mit einem Schlag wie weggefegt. Ein Orkan brach über sie herein. Es fingen wieder die Streitereien an, die Anschuldigungen und Türen knallten: „Du hast mein Leben ruiniert", oder „ich bin ein Versager und es ist die Schuld meiner Eltern". Sie verstopfte sich die Ohren und rannte davon.

Giuseppe hatte beschlossen eine Lederverarbeitungswerkstatt für Herren- und Damengürtel in einem Städtchen in der Toskana zu eröffnen, in erster Linie, um die Insel zu verlassen, laut ihm die Ursache seines ganzen Unglücks.

Stattdessen kam er einige Jahre später mit leeren Händen nach Hause, wie man hier zu sagen pflegt, und brachte ein Mädchen aus der Toskana und ein nur wenige Monate altes Kind mit.

Dieses Kind, ihr Enkel, war auf Wunsch der Mutter fern

sciuto lontano da lei: lo avrebbe viziato, aveva detto, come aveva già fatto col proprio figlio. Durante i primi anni della sua permanenza in Sicilia lo aveva visto forse una decina di volte, sempre in compagnia della madre, e soltanto durante le feste, quando veniva a ritirare i regali di Natale, di Pasqua o di compleanno. Anche lui era grasso come Giuseppe alla sua età, anche lui scontroso e maleducato, nonostante una madre severa e intransigente, quasi avesse ereditato dal padre proprio quei lati del carattere a lei particolarmente molesti.

Dalla seconda donna aveva adesso due bambine, anche queste tenute alla larga da lei, cosa che l'aveva sempre molto ferita, anche qui per i soliti motivi.

La signora Lentini aveva lasciato correre; con le donne del figlio non aveva mai voluto mettersi in conflitto, le aveva sempre accettate senza commenti. E ci sarebbe stato molto da commentare. La sorella Maria si meravigliava della sua enorme tolleranza: la prima, una ragazza non istruita, arrogante, piena di disprezzo per la gente del Sud, dopo qualche tempo di convivenza con Giuseppe era tornata in Toscana col figlio; la seconda pur essendo andata a scuola, non dimostrava maggiore istruzione della prima.

In realtà era tutta colpa di Giuseppe se le sue donne non l'avevano mai rispettata, questa l'opinione di Maria, e la signora Lentini non poteva certo darle torto.

Abbassò la cornetta del telefono. Sentì una grande debolezza. Fece giusto in tempo a dire alla sorella, vieni. Una fitta al cuore, un dolore lancinante. Un pensiero attraversò per un istante il suo cervello: questo è il terzo infarto, quello buono.

Rivide Giuseppe ancora in fasce, tenero, indifeso. Come lo aveva amato, un amore immenso, assoluto, la sua creatura, la parte migliore di sé stessa. Un lamento le sfuggì dalle labbra... aggrottò le sopracciglia, veramente la parte miglio-

von ihr aufgewachsen: sie hätte ihn, wie sie sagte, nur verwöhnt, so wie sie es bereits mit dem eigenen Sohn gemacht hatte. Während der ersten Jahre seines Aufenthalts auf Sizilien hatte sie ihn vielleicht an die zehn Mal gesehen, immer in Begleitung der Mutter und nur während der Festtage, wenn er die Weihnachts- und Oster- oder Geburtstagsgeschenke abholen kam. Auch er war fett wie Giuseppe im selben Alter, auch er mürrisch und ungezogen, trotz der strengen und unnachgiebigen Mutter, beinahe als habe er vom Vater gerade diese ihr besonders lästigen Eigenschaften geerbt.

Von der zweiten Frau hatte er zwei Mädchen, auch diese von ihr ferngehalten, auch hier wiederum aus denselben Gründen, etwas, was sie immer verletzt hatte.

Frau Lentini hatte darüber hinweggesehen, mit den Frauen ihres Sohnes hatte sie keinen Streit haben wollen, hatte sie immer kommentarlos akzeptiert. Und es hätte viel zu sagen gegeben. Ihre Schwester Maria wunderte sich über ihre enorme Toleranz. Die Erste, ein Mädchen ohne Schulbildung, arrogant, voller Verachtung für die Süditaliener, war nach einer Zeit des Zusammenlebens mit Giuseppe mit dem Kind in die Toskana zurückgekehrt. Die Zweite, obschon zur Schule gegangen, legte nicht mehr Bildung an den Tag als die Erste.

In Wirklichkeit war alles Giuseppes Schuld, wenn seine Frauen sie nicht respektiert hatten, so die Meinung Marias und Frau Lentini konnte ihr da gewiss nicht Unrecht geben.

Sie legte den Telefonhörer auf. Sie spürte eine große Schwäche. Sie hatte es gerade noch geschafft zur Schwester zu sagen: Komm. Ein Stich in der Herzgegend, ein stechender Schmerz. Ein Gedanke durchzuckte für einen Moment ihr Gehirn: Das ist der dritte Infarkt, der endgültige.

Sie sah Giuseppe noch einmal in den Windeln, zart, wehrlos. Wie sie ihn geliebt hatte, eine unendliche, absolute Liebe, ihr Geschöpf, der beste Teil ihrer selbst. Ein Lamento entfloh ihren Lippen ... sie zog die Augenbrauen zusammen:

re di sé stessa?

La domanda rimase senza risposta. Il suo viso portò per sempre il segno di quella domanda.

Wirklich der beste Teil ihrer selbst?

Die Frage blieb ohne Antwort. Ihr Antlitz trug für immer die Zeichen dieser Frage.

In treno

Il treno proveniente da Milano, a Verona si svuotò quasi del tutto. Altri passeggeri carichi di enormi valigie e zaini si affrettarono a salire.

I pochi rimasti avevano subito chiuso la porta dello scompartimento, per scoraggiare un eventuale compagno di viaggio alla ricerca di un posto libero; altri sprofondati nella lettura di un giornale o di un libro, cercavano di evitare lo sguardo di chi guardava solo il numero dello scompartimento col biglietto della prenotazione in mano, nell'evidente timore di dover cedere il proprio posto a chi lo aveva di diritto.

La prima ad aprire la porta fu Elisabeth, una signora di una quarantina d'anni, vestita con ricercata eleganza, i capelli di un biondo sbiadito, assai nordico, i lineamenti del viso delicati, appena accennati: in tutto l'insieme, una bella donna, capace di attirare ancora sguardi maschili dai trenta in su. Nonostante l'alta statura e il corpo già maturo, che tuttavia non denunziava per niente la sua reale età, c'era in lei un sottofondo di fragilità che inteneriva: si indovinava infatti la deliziosa bambina che doveva essere stata. Sottilissime rughe, soprattutto sulla fronte e ai lati della bocca, quando sorrideva, cosa che accadeva assai spesso, erano segno che il tempo aveva lasciato qualche traccia anche su di lei. Una persona molto gentile, una di quelle ormai rarissime donne che aveva il vezzo di scusarsi per ogni nonnulla, quasi non avesse il diritto, come tutti gli altri esseri umani, di avere il suo posto nel mondo. Ma era soltanto un vezzo del quale si

Im Zug

Der von Mailand kommende Zug leerte sich in Verona beinahe völlig. Andere, mit enormen Koffern und Rucksäcken beladene Fahrgäste, beeilten sich zuzusteigen.

Die wenigen Verbliebenen hatten sofort die Abteilstüren geschlossen, um eventuelle Mitreisende auf der Suche nach einem freien Sitzplatz abzuschrecken; andere, in die Lektüre einer Zeitung oder eines Buches Vertiefte versuchten den Blicken derer auszuweichen, die mit der Fahrkarte in der Hand auf der Suche nach der Nummer des Abteils waren, in der Befürchtung, ihren Platz dem überlassen zu müssen, der ein Recht darauf hatte.

Die erste, die die Tür zum Abteil aufschob war Elisabeth, eine Frau an die vierzig, mit erlesener Eleganz gekleidet, die Haare von einem verblassten Blond, sehr nordisch, zarte, leicht angedeutete Gesichtszüge: alles in allem eine schöne Frau, noch fähig die Blicke der Männer von dreißig aufwärts auf sich zu ziehen. Trotz ihrer Größe und dem bereits reifen Körper, der allerdings mitnichten ihr wahres Alter verriet, war da an ihr etwas Zerbrechliches, das einen rührte; man erahnte in ihr in der Tat das entzückende Mädchen, das sie gewesen sein musste. Sehr feine Fältchen, vor allem auf der Stirn und, wenn sie lächelte, was sehr häufig geschah, an beiden Seiten des Mundes, waren ein Zeichen, dass die Zeit auch an ihr einige Spuren hinterlassen hatte. Eine sehr liebenswürdige Person, eine jener sehr seltenen Frauen, die die Angewohnheit hatten, sich wegen jeder Kleinigkeit zu entschuldigen, beinahe so, als hätten sie nicht so wie alle anderen menschlichen Wesen ein Anrecht auf einen Platz

serviva come di un numero in più; un espediente, forse inconscio, che aumentava il suo fascino e le accattivava soprattutto le simpatie degli uomini.

«Buongiorno. C'è ancora un posto libero?»

«Credo di sì.»

Aveva una grossa valigia che riusciva appena a tirarsi dietro, nonostante le rotelle, ed entrando nello scompartimento girò gli occhi intorno in cerca di aiuto: mai da sola sarebbe riuscita a sollevarla. Nello scompartimento sedeva soltanto un uomo di forse cinquant'anni, che di scatto si alzò:

«Posso aiutarla?»

«O grazie, ma è così pesante... non so se ce la farà.» Parlando, la voce assai seducente, quasi infantile, si compiaceva in una sorta di cantilena di chiara origine straniera. Il signore naturalmente si risentì: un uomo, qualunque sia la sua età, non permette a nessuna donna di mettere in dubbio la propria forza fisica. Con tutto ciò, sollevando la valigia, sentì che effettivamente andava oltre le sue possibilità. Elisabeth gli corse subito in aiuto e, nonostante la fragilità di tutta la persona, dimostrò di possedere forze insospettate. Con slancio, di comune accordo, riuscirono a sistemare la valigia sul portabagagli.

Si guadarono sorridendo, ambedue soddisfatti.

«Ha visto che ce l'abbiamo fatta? Lei mi è stata di grandissimo aiuto, ammetto di aver sottovalutato la sua forza fisica.»

«È vero, tutti si meravigliano, anche mio marito, che pure mi conosce bene.»

«A volte sono proprio i mariti gli ultimi a conoscere le vere potenzialità delle loro mogli.» Intanto si erano seduti, lei vicino alla porta, lui di fronte, nel sedile di mezzo.

«Vedo che lei preferisce sedere accanto alla porta, non vicino al finestrino, come tutti. C'è un motivo particolare?»

auf dieser Welt. Doch es war nur eine Angewohnheit, derer sie sich wie eines Accessoires bediente; ein vielleicht unbewusster Trick, der ihren Reiz steigerte und vor allem die Sympathie der Männer anzog.

»Guten Tag. Ist noch ein Platz frei?«

»Ich glaube ja.«

Sie hatte einen großen Koffer, den sie trotz der Rollen kaum hinter sich herzuziehen imstande war, und sie sah sich, das Abteil betretend um Hilfe um; niemals wäre sie allein imstande gewesen ihn hochzuheben. Im Abteil saß nur ein Mann von vielleicht fünfzig Jahren, der sich sofort erhob:

»Darf ich Ihnen behilflich sein?«

»Oh, danke, aber der ist so schwer ... ich weiß nicht, ob Sie das schaffen.« Wenn sie mit ihrer sehr verführerischen, fast kindlichen Stimme sprach, gefiel sie sich in einem Tonfall eindeutig fremder Herkunft. Der Mann war natürlich gekränkt: Ein Mann, egal welchen Alters, erlaubt keiner Frau seine physische Kraft anzuzweifeln. Den Koffer hochhebend spürte er aber, dass der seine Möglichkeiten überstieg. Elisabeth eilte ihm sofort zu Hilfe und trotz der Zerbrechlichkeit ihrer ganzen Person, bewies sie unerwartete Kräfte. Mit Schwung und Einvernehmen gelang es ihnen, den Koffer auf die Gepäckablage zu hieven.

Beide sahen sich zufrieden lächelnd an.

»Sehen Sie, wir haben es geschafft. Sie waren mir eine große Hilfe, ich gebe zu, ihre Kräfte unterschätzt zu haben.«

»Es stimmt, alle wundern sich, auch mein Mann, der mich doch gut kennt.«

»Manchmal sind gerade die eigenen Männer die letzten, die die wahren Kapazitäten ihrer Frauen erkennen.“

Inzwischen hatten sie sich gesetzt, sie neben die Tür, er ihr gegenüber auf den Platz in der Mitte.

»Ich sehe, dass Sie es vorziehen neben der Tür zu sitzen und nicht am Fenster, wie alle. Gibt es einen besonderen Grund dafür?«

In quel momento la porta fu spalancata con una certa violenza e un uomo entrò, si guardò intorno in cerca del numero dei sedili, poi, sempre con molta energia, si girò per chiamare qualcuno che evidentemente stava arrivando dietro di lui. Il tutto ignorando la presenza degli altri passeggeri, quasi non fossero esistiti. Dopo qualche secondo una giovane donna si fece avanti, incerta: l'uomo, con tono di comando, le disse qualcosa in una lingua slava non meglio identificabile, indicando i due posti liberi, uno accanto alla porta, l'altro di fronte al signore che era rimasto seduto. Lei entrò e subito si sedette. Accanto alla porta.

"Ecco un'altra donna che preferisce sedere accanto alla porta". Pensò subito il signore di prima.

Intanto l'uomo, forse di una trentina d'anni, alto, muscoloso, piuttosto tozzo, il viso duro, quasi quadrato, come tagliato con l'accetta, si tolse con decisione la giacca a vento, pesantissima, e l'appese al gancio sopra la testa della sua compagna, senza badare al viso di lei che ne venne del tutto coperto. La donna rimase qualche minuto immobile, stordita dal colpo; poi, timidamente cominciò a spostare le falde della giacca e infine, sempre con colpetti assai cauti, riuscì a liberare il proprio viso da quell'ingombro, sistemando il tutto dietro la propria schiena. Una manovra che richiese del tempo, ma era chiaro che non voleva irritare il proprietario della giacca. Quest'ultimo intanto, prima di issare con leggerezza le poderose valigie sul portabagagli, si era tolto con la stessa impazienza di prima anche i guanti, gettandoli subito, senza alcun riguardo, in grembo alla donna. Lei continuava a stringere un borsone sul petto, del quale sembrava non volersi separare a nessun costo. Soltanto quando il giovane glielo strappò di mano per collocarlo sul portabagagli, sopra la sua testa, lo cedette, e si vedeva, contro voglia. Ora anche lei si alzò per togliersi la giacca che tenne poi stretta al petto forse per proteggersi da qualche nuovo assalto. Infine si sedette di nuovo osando appoggiare la testa sulla giacca di lui,

In diesem Moment wurde die Tür mit Heftigkeit aufgeschoben und es trat ein Mann ein, sah sich nach der Platznummerierung um, drehte sich, immer sehr schwungvoll um, um jemanden zu rufen, der ihm offensichtlich nachkam. Bei alledem ignorierte er die anderen Fahrgäste, beinahe so, als gäbe es sie nicht. Kurz darauf erschien zögernd eine junge Frau. Der Mann sagte im Kommandoton in einer nicht genauer identifizierbaren slawischen Sprache irgendetwas zu ihr und zeigte auf die zwei freien Plätze, einer neben der Tür, der andere dem Herrn gegenüber, der sitzen geblieben war. Sie kam herein und setzte sich sofort. Neben die Tür.

»Na sowas, noch eine Frau, die es vorzieht neben der Tür zu sitzen«, dachte der Mann von vorhin gleich.

Inzwischen zog sich der Mann, vielleicht an die dreißig, muskulös, ziemlich stämmig, harte Gesichtszüge, beinahe quadratisch, wie mit der Axt aus einem Stück gehauen, entschlossen die schwere Windjacke aus und hing sie an den Haken über dem Kopf seiner Gefährtin, ohne auf ihr Gesicht zu achten, das dabei völlig verdeckt wurde. Die Frau blieb einige Minuten regungslos, ganz verblüfft, dann begann sie schüchtern die Jackenschöße wegzuschieben und schließlich gelang es ihr, immer mit sehr vorsichtigen Bewegungen ihr Gesicht von diesem Hindernis zu befreien und alles hinter ihrem Rücken zu verstauen. Ein Manöver, das Zeit beanspruchte, aber es war klar, dass sie den Besitzer der Jacke nicht irritieren wollte. Dieser hatte, noch bevor er den riesigen Koffer auf die Gepäckablage hievte, mit derselben Ungeduld auch die Handschuhe ausgezogen und sie ohne Rücksicht der Frau in den Schoß geworfen. Sie drückte weiterhin ihre Reisetasche, von der sie sich um keinen Preis trennen zu wollen schien, an ihre Brust. Erst als der junge Mann sie ihr aus den Händen riss, um sie auf die Gepäckablage zu legen, gab sie, wie man sehen konnte, nur widerwillig nach. Jetzt erhob auch sie sich, um sich die Jacke auszuziehen, die sie dann fest an die Brust drückte, vielleicht um sich vor einem erneuten Angriff zu schützen. Schließlich setzte sie sich

che nel frattempo si era seduto accanto a Elisabeth, sospirando sollevato, quasi avesse vinto una battaglia: forse avevano litigato poco prima di salire sul treno. La giovane donna, bellissima, a sua volta chiuse gli occhi incrociando le braccia sulla giacca quasi temesse che il giovane volesse toglierle anche questa. Era alta, slanciata, un corpo da modella, un viso dai lineamenti quasi mongoli, capelli castano dorato: qualunque pittore ne avrebbe fatto un ritratto, magari un nudo da riempire una tela. Sia Elisabeth che il signore di prima non si stancavano di guardare tanta bellezza, una bellezza compiuta, intatta, priva di ogni artificio, di ogni trucco: le labbra di linea squisita avevano il colore che madre natura le aveva dato, così il resto del viso, la linea perfetta delle sopracciglia, il naso, la forma degli occhi. Il colore ambrato della pelle.

«Non ho mai visto una bellezza simile.» Non poté trattenersi dall'esclamare Elisabeth, con quel delizioso accento straniero che la rendeva ancor più affascinante.

«Da una donna bella come lei un simile complimento è qualcosa di più di un complimento: è il riconoscimento di una Dea ad altra Dea, cosa che non accadeva neanche in Olimpo, come certamente lei saprà.»

Elisabeth rise intanto che un lieve rossore coloriva le sue guance.

«Non vorrà certo paragonarmi... mi mette in imbarazzo.»

«Non è mia intenzione metterla in imbarazzo, ma mi consenta di dire che il confronto, a un giudice equo, dovrebbe riuscire assai difficile, mi permetta di citare „recondita armonia, di bellezze diverse..."»

wieder und erlaubte sich ihren Kopf an seine Jacke zu lehnen; er hatte sich inzwischen erleichtert aufatmend neben Elisabeth gesetzt, beinahe so, als hätte er eine Schlacht gewonnen; vielleicht hatten sie sich gestritten, bevor sie den Zug bestiegen hatten. Die wunderschöne junge Frau schloss ihrerseits die Augen, die Arme über ihre Jacke verschränkt, beinahe so, als fürchte sie, dass ihr der Mann auch diese wegnehmen könnte. Sie war groß, schlank, die Figur eines Models, ein Gesicht mit beinahe mongolischen Zügen, goldkastanienbraunes Haar; jeder Maler hätte daraus ein Porträt gemacht, vielleicht einen leinwandfüllenden Akt. Weder Elisabeth noch der Herr von vorhin wurden es müde eine derart vollendete, intakte Schönheit ohne jedwede Künstlichkeit, ohne Schminke zu betrachten: die fein geschwungenen Lippen waren von der Farbe, die Mutter Natur ihnen gegeben hatte, so wie der Rest des Gesichtes, perfekte geschwungene Augenbrauen, die Nase, die Form der Augen. Die bernsteinfarbene Haut.

»Ich habe noch nie eine derartige Schönheit gesehen«, konnte sich Elisabeth nicht verkneifen in ihrem bezaubernden ausländischen Akzent auszurufen, der sie noch faszinierender machte.

»Ein derartiges Kompliment von Seiten einer so schönen Frau wie Sie es sind, ist mehr als ein Kompliment: das ist die Anerkennung einer Göttin für eine andere Göttin, etwas, was nicht einmal im Olymp geschah, wie Sie sicherlich wissen.«

Elisabeth lächelte, während ihr ein zartes Rot in die Wangen stieg.

»Sie werden mich doch nicht mit ... Sie bringen mich in Verlegenheit.«

»Es ist nicht meine Absicht, Sie in Verlegenheit zu bringen, doch erlauben Sie mir zu sagen, dass einem unparteiischen Richter ein Urteil sehr schwerfallen würde. Erlauben sie mir zu zitieren: „recondita armonia, di bellezze diverse – Welche zarte Harmonie dieser Bilder!“«

«Oh, lei è un esperto di opere! Se non sbaglio, si tratta della Tosca.»

«Neanche lei mi sembra incompetente. Sì, la Tosca, bruna, mentre l'altra è bionda, proprio come lei!»

Elisabeth rise ancora una volta, pensando all'ultima Tosca vista allo Staatsoper di Vienna, con i capelli rossi! Di certo una stravaganza del regista che voleva in tal modo dettare nuove regole sulla messa in scena di un'opera di repertorio, ignorando le intenzioni del compositore e del librettista. Certe incongruenze, secondo lui di secondaria importanza, non avrebbero potuto intaccare la sua idea di una regia d'avanguardia, libera da ogni muffa tradizionale.

«È sicuro che Tosca avesse i capelli neri? Io l'ho vista recentemente con i capelli rossi.»

«Mah, cosa vuole che le dica, secondo il libretto ha i capelli neri, considerando poi che tutto il seguito è appunto una conseguenza del colore dei capelli. Il ritratto di una donna bionda, dipinto dal suo amante, suscita la gelosia di Tosca che lo denuncia. D'altra parte... ognuno fa come vuole. Oggigiorno nessuno si attiene alle regole, basta guardare quello che succede nel nostro Paese: un decadimento culturale che sta toccando il fondo; indifferenza per i principi umanitari, civili; ognuno fa il proprio comodo senza alcun rispetto dell'altro. Scandali a ogni piè sospinto di cui nessuno si cura, parlamentari che dovrebbero starsene in prigione e... basta così, non voglio continuare per non guastarmi la giornata. Noi che viviamo all'estero ci vergogniamo più di quelli che stanno qui: forse ignorano o fanno finta di ignorare per inerzia, o per puro fatalismo. Mi scusi, ma forse lei vive all'estero e non mi sembra neanche italiana.»

«In quanto a vivere, certo vivo all'estero, ma ho molto a che

»Oh, Sie sind ein Opernexperte! Wenn ich mich nicht irre, handelt es sich um Tosca.«

»Auch Sie scheinen mir nicht inkompetent. Ja, die Tosca, kastanienbraun, während die andere blond ist, genauso wie Sie!«

Elisabeth lächelte wiederum und dachte an die letzte Tosca mit den roten Haaren, die sie an der Wiener Staatsoper gesehen hatte. Gewiss eine Extravaganz des Regisseurs, der auf diese Weise neue Regeln hinsichtlich der Inszenierung eines Werkes diktieren wollte, die Absichten des Komponisten und des Librettisten ignorierend. Bestimmte, laut ihm zweitrangige Ungereimtheiten hätten seine Vorstellung von einer avantgardistischen Regie, frei von jedem traditionellen Mief, nicht angreifen können.

»Sind Sie sich sicher, dass Tosca schwarze Haare hatte? Ich habe sie neulich mit roten Haaren gesehen.«

»Na ja, was soll ich Ihnen sagen, laut Libretto hat sie schwarze Haare und man bedenke, dass der ganze Rest eine Folge der Haarfarbe ist. Das Porträt einer von ihrem Geliebten gemalten blonden Frau erweckt die Eifersucht Toscas, die ihn verrät. Andererseits … tut jeder wie er will. Heutzutage hält sich keiner an die Regeln, da genügt es einen Blick auf das Geschehen in unserem Land zu werfen: ein kultureller Verfall, der seinen Tiefpunkt erreicht; Gleichgültigkeit den humanitären und sozialen Grundsätzen gegenüber, jeder schaut auf den eigenen Vorteil ohne jegliche Rücksicht auf den anderen. Skandale auf Schritt und Tritt, um die sich niemand schert, Abgeordnete, die im Gefängnis sitzen sollten und … genug damit, ich will nicht fortfahren, um mir nicht den Tag zu verderben. Wir, die wir im Ausland leben, schämen uns mehr als die, die hier leben; vielleicht ignorieren sie alles oder tun so als ob, aus reiner Gewohnheit oder aus Fatalismus. Verzeihen Sie mir, aber vielleicht leben sie im Ausland und mir scheint Sie sind nicht einmal Italienerin.«

»Was dies betrifft, so lebe ich gewiss im Ausland, doch

fare con l'Italia: i miei genitori sono italiani, cioè mia madre è trentina, mio padre sudtirolese e io stessa sono nata in Italia. Prima di sposarmi infatti avevo il passaporto italiano. Ora non più. Mio marito è austriaco e ho preso la sua cittadinanza.»

«Se è per questo, anche mia madre è italiana.» Tacque di colpo. Del padre non sapeva niente. Guardò la signora gentile che gli sorrideva e poi decise di continuare: «Di mio padre non so niente né ho voluto saperne qualcosa. Lui non si è mai interessato di me, non vedo perché io debba andare a cercarlo, come fanno molti. Mi sembra un'inutile sentimentalismo... questo cercare, questo voler sapere. Ma forse la disturbo con riflessioni su problemi che di certo non la interessano.»

«Al contrario, mi interessa moltissimo. Proprio di recente ho visto in televisione un reportage su persone che vanno in giro per il mondo in cerca dei loro padri. Mi sembra molto strano. Non capisco perché debbano essere sempre i figli a cercare i padri e non vice versa. Io non ho mai avuto questo problema: ho conosciuto i miei genitori fin dalla nascita, se così posso dire.» E sorrise in quel suo modo disarmante.

Conosceva la storia della propria nascita per averla sentita raccontare varie volte e con tutti i minimi particolari dalla madre: dopo dieci anni di matrimonio, quando ormai avevano perso tutte le speranze, era arrivata una bella bambina tutta bionda, dolce e buona. La madre la lodava ancora adesso e di certo la coccolava come quando era piccolina. Elisabeth era l'immagine della donna molto amata, prima dai genitori, poi dall'anziano marito che la trattava come la figlia ideale.

«Anch'io ho visto lo stesso reportage, credo si trattasse di persone di una certa età, francesi se non sbaglio, che andavano in Germania sulle tracce dei loro padri, morti ormai

habe ich viel mit Italien zu tun: meine Eltern sind Italiener, das heißt meine Mutter ist aus dem Trentino, mein Vater ist Südtiroler und ich selbst bin in Italien geboren. Bevor ich geheiratet habe, hatte ich in der Tat einen italienischen Pass. Jetzt nicht mehr. Mein Mann ist Österreicher und ich habe seine Staatsangehörigkeit angenommen.«

»Was das betrifft, ist auch meine Mutter Italienerin.« Plötzlich verstummte er. Er wusste nichts über seinen Vater. Er sah die freundliche Frau an, die ihm zulächelte und entschloss sich dann fortzufahren: »Von meinem Vater weiß ich nichts und wollte auch nie etwas wissen. Er hat sich nie für mich interessiert und ich wüsste nicht, warum ich ihn suchen sollte, so wie es viele machen. Mir scheint das eine unnütze Gefühlsduselei zu sein … dieses Suchen, dieses Wissen-Wollen. Aber vielleicht störe ich Sie mit meinen Überlegungen zu Problemen, die Sie gewiss nicht interessieren.«

»Im Gegenteil, sie interessieren mich sehr. Erst kürzlich habe ich im Fernsehen eine Reportage über Menschen gesehen, die auf der Suche nach ihren Vätern in der Welt herumreisen. Mir erscheint das seltsam. Ich verstehe nicht, warum es immer die Kinder sind, die ihre Väter suchen und nicht umgekehrt. Ich habe dieses Problem nie gehabt; ich habe meine Eltern seit meiner Geburt gekannt, wenn man das so sagen kann.« Und sie lächelte auf ihre entwaffnende Art.

Sie kannte die Geschichte ihrer Geburt, weil sie sie verschiedene Male bis in die kleinsten Details von ihrer Mutter erzählt bekommen hatte. Nach zehn Jahren Ehe, als sie bereits jede Hoffnung aufgegeben hatte, hatte sie ein Mädchen zur Welt gebracht, ganz blond, süß und brav. Die Mutter lobte es und immer noch verwöhnte sie es wie damals, als es noch klein war. Elisabeth war das Abbild der sehr geliebten Frau, erst von den Eltern, dann vom älteren Ehemann, der sie wie eine ideale Tochter behandelte.

»Auch ich habe diese Reportage gesehen, ich glaube, es handelte sich um Menschen eines gewissen Alters, Franzosen, wenn ich mich nicht irre, die in Deutschland auf den

da tempo. Figli di guerra. Ce ne sono stati tanti. Io non sono un figlio di guerra. Sono nato nel '60.»

Seguì un lungo silenzio. Sembrava che l'argomento si fosse esaurito da solo. Cosa passava per le loro teste? La guerra che nessuno dei due aveva conosciuto, ma della quale avevano sentito parlare: Elisabeth stranamente più della prima, della cosiddetta Grande Guerra, che della seconda. Anzi la seconda veniva sistematicamente ignorata, saltata. Il padre, che pur aveva fatto il militare, non sembrava avere ricordi. Diceva soltanto che era stato il periodo più nero della sua vita e preferiva non parlarne. Sulla prima guerra mondiale invece erano i nonni, soprattutto la nonna materna, ora quasi centenaria, a ricordare i bei tempi del Kaiser, quando il Trentino faceva parte dell'Impero Austro-Ungarico e si guardava all'Italia dall'alto in basso, come al paese degli straccioni, loro che non erano di certo ricchi. Il disfacimento dell'Impero era stato anche per loro un crollo, un cambiamento cui si erano abituati soltanto dopo molte resistenze: la nonna portava ancora al collo un medaglione col ritratto dell'Imperatrice Elisabetta, la famosa Sissi, e lei, la nipote, ne aveva ricevuto il nome.

Il treno fermò a Vicenza. Due signori entrarono nello scompartimento. Ambedue avevano prenotato un posto accanto al finestrino ma si vedeva che non erano insieme. Il giovane, forse meno di vent'anni, aveva capelli neri, ricciuti, e un bel viso ancora di bambino. Elisabeth riconobbe in lui il figlio molto amato, magari assai viziato da una mamma troppo apprensiva. Gli occhi curiosi, vivaci, guardavano il mondo con la fiducia di chi non ha mai subito vere frustrazioni, di chi non conosce il vero, grande dolore, le grandi perdite. La solitudine. La mancanza d'amore durante l'infanzia.

Spuren ihrer seit langem toten Väter unterwegs waren. Kriegskinder. Es hat viele davon gegeben. Ich bin kein Kriegskind. Ich bin neunzehnhundertsechzig geboren.«

Es folgte ein langes Schweigen. Es schien, als hätte sich das Thema von alleine erschöpft. Was ging in ihren Köpfen vor? Der Krieg, den keiner von beiden kennen gelernt hatte, von dem sie aber reden gehört hatten, Elisabeth, eigenartiger Weise mehr vom Ersten, vom sogenannten Großen Krieg als vom Zweiten. Das heißt, der Zweite wurde systematisch ignoriert, übergangen. Der Vater schien, obwohl er beim Militär gewesen war, keine Erinnerung daran zu haben. Er sagte bloß, dass es der schwärzeste Abschnitt seines Lebens war und er es vorziehe nicht darüber zu reden. Über den Ersten Weltkrieg hingegen waren es die Großeltern, vor allem die Großmutter mütterlicherseits, jetzt beinahe hundertjährig, die sich an die schönen Zeiten des Kaisers erinnerte, als das Trentino zum österreichisch-ungarischen Reich gehörte und man auf Italien wie auf ein Land von Bettlern herabschaute, sie, die gewiss nicht reich waren. Der Zerfall des Reiches ist auch ihr Zusammenbruch gewesen, eine Veränderung, an die sie sich erst nach erheblichen Widerständen gewöhnt hatten. Die Großmutter trug noch ein Medaillon mit dem Porträt der Kaiserin Elisabeth, der berühmten Sissi, am Hals, und sie, die Enkelin, hatte ihren Namen erhalten.

Der Zug hielt in Vicenza. Zwei Herren betraten das Abteil. Beide hatten einen Fensterplatz reserviert, doch man sah, dass sie nicht zusammengehörten. Der junge, vielleicht nicht einmal zwanzig, hatte gelocktes, schwarzes Haar, ein hübsches, noch bubenhaftes Gesicht. Elisabeth erkannte in ihm den äußerst geliebten, vielleicht sehr verwöhnten Sohn einer zu ängstlichen Mutter. Die neugierigen, lebhaften Augen betrachteten die Welt mit dem Vertrauen desjenigen, der nie eine richtige Enttäuschung erlebt hatte, desjenigen, der den wahren großen Schmerz, die großen Verluste nicht kannte. Die Einsamkeit. Das Fehlen der Liebe während der

Elisabeth lo guardò con piacere. Aveva belle mani, ancora di ragazzo, di chi non conosce il lavoro manuale. Mani di buona razza, pensò, incapaci di fare del male; chissà perché, i lineamenti del viso, forse anche i capelli e tutto l'insieme la convinsero che si trattava di un ragazzo ebreo.

Il treno ripartì quasi subito. Il vecchio signore, tutto vestito di nero, dai calzini fino alla camicia, dopo essersi tolto la giacca a vento, anch'essa nera, sportiva, assai giovanile, come del resto tutto il suo modo di vestire, si mise a sedere. Era chiaro che stava cercando un appiglio per attaccare bottone col ragazzo, forse lo aveva notato già prima di salire sul treno.

Era evidentemente uno di quelli che appena si mettono in viaggio hanno il bisogno urgente di comunicare col prossimo. Parlavano italiano, ma il vecchio aveva una chiara pronuncia straniera. Elisabeth conosceva questi tipi, ne aveva incontrati tanti, durante i suoi numerosi viaggi. Aprì il libro che aveva portato con sé, comprato all'ultimo momento in stazione, *La sonata a Kreutzer* di Tolstoi, e cercò di leggere almeno la prima pagina, ma non le riuscì di concentrarsi: benché i due nuovi arrivati parlassero a bassa voce e anzi si fossero piegati in avanti per sentirsi meglio, era pungolata da una strana curiosità. Il giovane disse di frequentare l'università, di aver dato con successo due esami e di voler raggiungere la sua ragazza a Vienna per trascorrervi il fine settimana. Aggiunse di essere italiano misto, dato che la mamma era... il rumore del treno coprì la sua voce. Elisabeth avrebbe dato qualcosa per conoscere il luogo di nascita della madre, ma sarebbe stata una vera indiscrezione chiedere. Le rimase la curiosità.

Kindheit.

Elisabeth sah ihn mit Wohlgefallen an. Er hatte die schönen, noch jungenhafte Hände desjenigen, der keine körperliche Arbeit kennt. Hände von erlesener Abstammung, dachte sie, unfähig Böses zu tun. Wer weiß warum sie die Gesichtszüge, vielleicht auch die Haare und alles zusammen davon überzeugten, dass es sich um einen jungen Juden handelte.

Der Zug fuhr beinahe sofort wieder los. Der alte, von den Socken bis zum Hemd ganz in Schwarz gekleidete Herr setzte sich, nachdem er die ebenfalls schwarze, sportlich-jugendlich wirkende Windjacke – wie übrigens der gesamte Rest seiner Kleidung – abgelegt hatte. Es war augenscheinlich, dass er mit dem Jungen ins Gespräch zu kommen versuchte; vielleicht hatte er ihn schon bemerkt, bevor er den Zug bestieg.

Er war offensichtlich einer von jenen, die, sowie sie sich auf eine Reise begaben, das dringende Bedürfnis haben, mit ihrem Gegenüber zu kommunizieren. Sie sprachen Italienisch, doch der Alte hatte einen deutlich erkennbaren ausländischen Akzent. Elisabeth kannte diese Typen, sie hatte auf ihren zahlreichen Reisen deren einige kennen gelernt. Sie schlug das mitgebrachte, im letzten Augenblick am Bahnhof gekaufte Buch auf, Tolstois Kreuzersonate, und versuchte zumindest die erste Seite zu lesen, doch es gelang ihr nicht sich zu konzentrieren. Obwohl die beiden zuletzt Zugestiegenen mit gedämpfter Stimme sprachen und sich sogar nach vorne gebeugt hatten, um sich besser zu verstehen, war sie von einer sonderbaren Neugierde angestachelt. Der Junge sagte, er besuche die Universität, habe erfolgreich zwei Prüfungen abgelegt und wolle zu seinem Mädchen nach Wien, um dort das Wochenende zu verbringen. Er fügte hinzu, dass er ein gemischter Italiener sei, da seine Mutter ... das Rattern des Zuges übertönte seine Stimme. Elisabeth hätte zu gerne den Geburtsort der Mutter erfahren, aber es wäre doch zu indiskret gewesen danach zu fragen. Ihr blieb die Neugierde.

L'uomo più anziano si presentò a voce alta, con la chiara intenzione di farsi sentire da tutti: «Hans Dietrich», e dichiarò subito di essere tedesco aggiungendo con una certa fierezza di aver compiuto da poco i settant'anni. Il giovane e anche Elisabeth si stupirono: non li dimostrava affatto. Ci mancò poco non lo dicesse. Ma a questo provvide il giovane.

«Mai avrei pensato... poco più di cinquanta, forse sessanta! Ha un segreto?» E rise divertito.

«Sono sportivo, faccio molte escursioni in montagna, sulle Alpi, quando la stagione lo permette e per il resto dell'anno nuoto; ho comprato una casetta nelle Marche e vi trascorro i mesi invernali. Ogni giorno faccio un bagno in mare, con qualsiasi tempo e la gente si meraviglia... gli italiani hanno paura dell'acqua. Ha notato che la maggior parte della gente che vive lungo la costa non sa nuotare?»

«Questo non lo sapevo e non riesco a crederlo, certo d'inverno... fare il bagno in mare, con qualsiasi tempo, mi sembra un po' esagerato.»

«È tutta questione di abitudine.» Abbassò ulteriormente la voce e si accostò al giovane che dopo qualche secondo scoppiò in una risata. Chissà cosa gli aveva consigliato. Elisabeth bruciava dalla curiosità, ma si trattenne e cercò di leggere nel suo libro. Subito dopo passarono alla politica. Il tedesco con sufficienza, ma più o meno divertito, prese a disquisire sugli italiani che si lasciavano accalappiare con grande facilità dal primo venuto, e si meravigliava che la gente desse il proprio voto a persone poco affidabili, pur conoscendone le magagne. Non poté evitare di aggiungere che il popolo italiano aveva un debole per certe forme di dittatura senza curarsi della figura che ci faceva col resto del mondo, incapace di imparare dagli errori passati, anzi dimentico

Der ältere Herr stellte sich mit lauter Stimme vor, in der offensichtlichen Absicht von allen gehört zu werden: »Hans Dietrich«, und erklärte gleich Deutscher zu sein, und fügte mit einem gewissen Stolz hinzu, dass er kürzlich siebzig geworden sei. Der junge Bursche und auch Elisabeth waren verblüfft: man sah es ihm überhaupt nicht an. Es fehlte nicht viel, dass er es nicht selber sagte. Doch dafür sorgte der Junge.

»Nie hätte ich das gedacht ... etwas mehr als fünfzig, sechzig vielleicht! Haben Sie ein Geheimnis?«, und er lachte belustigt.

»Ich bin sportlich, mache viele Bergwanderungen in den Alpen, wenn es die Jahreszeit zulässt, und für den Rest des Jahres schwimme ich; ich habe ein Häuschen in der Region Marche gekauft, wo ich die Wintermonate verbringe. Jeden Tag nehme ich im Meer ein Bad, bei jeder Witterung, und die Leute wundern sich ... die Italiener fürchten sich vor dem Wasser. Haben Sie bemerkt, dass der Großteil der Menschen, die an der Küste wohnen nicht schwimmen können?«

»Das habe ich nicht gewusst und kann es nicht glauben, gewiss, im Winter ... im Meer schwimmen, bei jedem Wetter, das erscheint mir ein wenig übertrieben.«

»Das ist alles eine Angelegenheit der Gewohnheit.« Er senkte die Stimme noch ein wenig und rückte näher an den Jungen heran, der nach ein paar Sekunden in Gelächter ausbrach. Wer weiß, was er ihm geraten hatte. Elisabeth brannte vor Neugier, doch hielt sie sich zurück und versuchte in ihrem Buch zu lesen. Gleich darauf wechselten sie zur Politik über. Überheblich, aber doch mehr oder weniger belustigt, begann der Deutsche über die Italiener zu dozieren, die sich ganz einfach vom erstbesten Dahergelaufenen bezirzen ließen, und wunderte sich, dass die Menschen so unzuverlässigen Leuten, deren Mängel sie genau kannten, ihre Stimme gaben. Er konnte es sich nicht verkneifen hinzuzufügen, dass das italienische Volk eine Schwäche für bestimmte Formen der Diktatur habe, ohne sich darum zu scheren, welche

o addirittura ignaro della propria storia.

«Chi dimentica i propri errori finisce col ripeterli» concluse tutto pieno di sé. Il ragazzo ascoltava ridendo e scuoteva la testa, non si capiva bene se si divertisse sul serio o se volesse soltanto evitare di ingolfarsi in discussioni sgradevoli.

«Lo so, ma la storia ha dimostrato che gli italiani sopportano, sanno sopportare anche abbastanza a lungo per abitudine, forse per un certo fatalismo, fino a quando perdono la pazienza e appendono i loro dittatori con i piedi in su. Del resto credo non ci sia popolo, in qualsiasi paese, che non si lasci sedurre, sarebbe meglio dire ingannare, con una certa facilità dal primo che promette benessere, giustizia sociale, eccetera. Guardi nel resto del mondo cosa succede. E in fondo, anche lei dovrebbe avere qualcosa da raccontare sul tema della seduzione... » Il tedesco lo interruppe, abbassò ancora di più la voce e riprese con la stessa foga di prima a discutere di politica in generale, soffermandosi in particolare sui tedeschi e il loro passato.

Nel frattempo anche il signore di prima aveva aperto la sua borsa. Con sorpresa di Elisabeth tirò fuori lo stesso libro: *La sonata a Kreutzer*!

«Mi accorgo che siamo stati nella stessa libreria della stazione», commentò divertita.

«Non c'era altro. Tutta robaccia. Oggigiorno si stampa un mucchio di robaccia, dappertutto, l'ha notato anche lei? Ho comprato questo libro benché l'abbia letto molti anni fa. So che già allora mi piacque tanto, anche se non ero proprio d'accordo su tutto, questo lo ricordo ancora. Ora voglio sapere perché: un buon motivo per rileggerlo.»

«Io non l'ho letto. Conosco solo *Anna Karenina* e *Guerra e pace*. Mi disturba la bigotteria: Tolstoi col suo fanatismo re-

Figur sie vor dem Rest der Welt abgaben, unfähig aus den Fehlern der Vergangenheit zu lernen, im Gegenteil, die eigene Geschichte vergessend oder nicht kennend.

»Wer die eigenen Fehler vergisst, endet damit sie zu wiederholen«, schloss er selbstgefällig. Der Junge hörte lächelnd zu und schüttelte den Kopf; man verstand nicht recht; ob er sich tatsächlich unterhielt; oder nur vermeiden wollte in unangenehme Diskussionen verwickelt zu werden.

»Ich weiß, aber die Geschichte hat gezeigt, dass die Italiener duldsam sind, aus Gewohnheit, vielleicht auch aus Fatalismus alles ertragen, bis sie die Geduld verlieren und ihre Diktatoren kopfüber aufhängen. Übrigens glaube ich, dass es nirgendwo ein Volk gibt, das sich nicht mit einer gewissen Leichtigkeit vom erstbesten, der Wohlstand, soziale Gerechtigkeit und so weiter verspricht, verführen, vielleicht sagt man besser betrügen lässt. Schauen Sie, was in der restlichen Welt passiert. Und im Grunde müssten auch Sie etwas zum Thema Verführung zu erzählen haben ...« Der Deutsche unterbrach ihn, senkte weiter seine Stimme und fuhr mit demselben Eifer von vorhin fort über Politik ganz allgemein zu dozieren, sich besonders mit den Deutschen und ihrer Vergangenheit beschäftigend.

In der Zwischenzeit hatte auch der Herr von vorhin seine Tasche geöffnet. Zu Elisabeths Überraschung zog er dasselbe Buch heraus: Die Kreuzersonate!

»Mir fällt auf, dass wir in derselben Buchhandlung im Bahnhof waren«, kommentierte sie belustigt.

»Es gab nichts anderes. Alles Plunder. Heutzutage druckt man eine Menge Plunder, überall, haben Sie das auch bemerkt? Ich habe das Buch gekauft, obwohl ich es vor vielen Jahren schon gelesen habe. Ich weiß, dass es mir schon damals sehr gefallen hat, auch wenn ich nicht mit allem einverstanden war, daran erinnere ich mich noch. Jetzt will ich wissen warum; ein guter Grund es wieder zu lesen.«

»Ich habe es nicht gelesen. Ich kenne bloß Anna Karenina und Krieg und Frieden. Mich stört die Bigotterie. Tolstoi,

ligioso riesce a stuccarmi, se posso permettermi questo giudizio, e sempre la doppia morale, così tipica del suo tempo.»

«Pensa veramente che la doppia morale sia una particolarità di quel tempo? E oggi?» Il giovane e il tedesco smisero di chiacchierare fra di loro e ascoltarono attenti: si vedeva che conoscevano ambedue Tolstoi e che il tema della doppia morale li interessava. Il tedesco non poté trattenersi.

«Scusate se mi permetto, ma la morale è soggetta all'evoluzione dei tempi: quello che oggi viene accettato come cosa naturale non lo era, per esempio, ai tempi della mia gioventù. Ma neanche trent'anni fa.»

«E questo cambiamento di moralità, come dice lei, a che cosa l'attribuisce?» Chiese il giovane, gli occhi brillanti di curiosità, ma ancor più divertito; ecco un argomento che gli piaceva più della storia del nazismo e della politica italiana. La morale, il progresso, la vita, il mondo. Tutto, fuorché il nazismo e la politica. In generale scoppiava di gioia di vivere, era semplicemente entusiasta di essere al mondo e tutto lo incuriosiva, anzi lo divertiva.

«Mah, direi, all'evoluzione naturale della vita.»

«Io l'attribuisco al femminismo» intervenne Elisabeth. «I grandi cambiamenti nella società contemporanea sono stati voluti dalle donne! Sono state le donne a...»

«Questa poi!», la interruppe subito piccato il tedesco. «Alle donne la società umana non deve nessun progresso, eccettuato quello di aver partorito qualche figlio geniale. Il femminismo iniziatore del progresso europeo! Das ist eine Schnapsidee... una bufala. Soltanto a una donna poteva venire un'idea simile. Guardi la storia dell'umanità e mi faccia il nome di una sola donna che abbia in qualche modo contri-

mit seinem religiösen Fanatismus vermag mich zu langweilen, wenn ich mir dieses Urteil erlauben darf, und immer diese für seine Zeit typische Doppelmoral.«

»Glauben Sie wirklich, dass die Doppelmoral eine Eigenheit jener Zeit ist? Und heute?« Der Junge und der Deutsche hörten auf miteinander zu plaudern und hörten aufmerksam zu. Man merkte, dass sie beide Tolstoi kannten und dass sie das Thema Doppelmoral interessierte. Der Deutsche konnte sich nicht zurückhalten.

»Entschuldigen Sie, wenn ich mir erlaube mich einzumischen, aber die Moral ist der Evolution der Zeiten unterworfen: das, was heute als natürliche Sache akzeptiert wird, war es zum Beispiel in meiner Jugendzeit nicht. Vor nicht einmal dreißig Jahren.«

»Und diese Veränderung der Moralität, wie Sie sagen, worauf führen Sie diese zurück?«, fragte der junge Bursche mit vor Neugierde leuchtenden Augen, noch mehr belustigt; na also, ein Thema, das ihm besser gefiel als die Geschichte des Nationalsozialismus und der italienischen Politik. Die Moral, der Fortschritt, das Leben. Alles, nur nicht Nazitum und Politik. Ganz allgemein sprühte er vor Lebensfreude, er war einfach begeistert auf der Welt zu sein und alles machte ihn neugierig, es belustigte ihn sogar.

»Ach, auf die natürliche Entwicklung des Lebens, würde ich sagen.«

»Ich führe sie auf den Feminismus zurück«, schaltete sich Elisabeth ein. »Die großen Veränderungen in der zeitgenössischen Gesellschaft wurden von den Frauen angestoßen! Es waren die Frauen, die ...«

»Na ja«, unterbrach sie der Deutsche pikiert, »die menschliche Gesellschaft schuldet den Frauen keinerlei Fortschritt, ausgenommen jenen vielleicht, einige geniale Kinder geboren zu haben. Der Feminismus als Initiator des europäischen Fortschritts! Das ist eine Schnapsidee. Nur eine Frau konnte auf einen derartigen Gedanken kommen. Schauen Sie sich die Menschheitsgeschichte an und nennen

buito al...»

Il signore di prima sollevò leggermente le sopracciglia mentre il ragazzo cercava di prendere quella uscita sul leggero e ridendo bonariamente lo rintuzzò:

«Ma lei ha la mentalità di un neanderthaliano! Si vede che appartiene a un'altra generazione. Noi ragazzi non la pensiamo così, basta vedere le scuole, le università. Le nostre compagne non scherzano davvero, sa. Sono cambiate molte cose, sarebbe da ciechi non vederlo.»

Elisabeth si pentì subito di aver parlato, avrebbe dovuto capirlo subito che non era il caso di mettersi a discutere con quel tipo sportivo, tutto pieno di sé, maschilista al cento per cento.

«Lasci perdere,» le sussurrò il signore di prima, «non ne vale la pena.»

I due stranieri, che evidentemente non avevano seguito il discorso, dato che non capivano una parola di italiano, cominciarono a prepararsi per scendere. La giovane donna si alzò in tutta la sua lunghezza, mostrando un corpo armonioso in ogni suo movimento e prese la giacca del suo compagno con l'intenzione di aiutarlo ad infilarla. Lui si irritò. Fece un gesto di disappunto, impaziente. Prima voleva tirare giù le valigie. Si capì dal tono della voce e dal modo in cui lei si sedette, rassegnata, la giacca in grembo, pronta a eseguire i suoi ordini.

I quattro viaggiatori avevano seguito con grande interesse questa scena: quell'uomo doveva essere anche lui un neanderthaliano, proveniente direttamente da una caverna, un pensiero che dovette passare nella testa di almeno tre di loro. Quando i due slavi uscirono sul corridoio, il giovane si mise a ridere ammiccando verso Elisabeth:

Sie mir eine einzige Frau, die in irgendeiner Weise dazu beigetragen hätte ...«

Der Herr von vorhin hob leicht die Augenbrauen, während er versuchte diese Äußerung nicht zu ernst zu nehmen während der Junge ihn gutmütig lächelnd zurechtwies:

»Sie haben die Mentalität eines Neandertalers! Man merkt, dass sie einer anderen Generation angehören. Wir Jungen denken nicht so, es genügt, die Schulen, die Universitäten anzuschauen. Unsere Kameradinnen scherzen gewiss nicht. Vieles hat sich verändert, Sie müssen blind sein es nicht zu sehen.«

Elisabeth bereute sofort, gesprochen zu haben, sie hätte gleich verstehen müssen, dass es nichts brachte, sich auf eine Diskussion mit diesem sportlichen, völlig von sich eingenommenen, hundertprozentig chauvinistischen Typen einzulassen.

»Lassen Sie es sein«, flüsterte ihr der Herr von vorhin zu, »es lohnt sich nicht.«

Die beiden Fremden, die dem Gespräch ganz offensichtlich nicht gefolgt waren, da sie kein Wort Italienisch verstanden, bereiteten sich darauf vor auszusteigen. Die junge Frau erhob sich in ihrer ganzen Größe, einen in jeder seiner Bewegungen harmonischen Körper zeigend, und nahm das Jackett ihres Lebensgefährten in der Absicht, ihm beim Anziehen behilflich zu sein. Er reagierte gereizt. Er machte eine verärgerte, ungeduldige Bewegung. Vorher wollte er noch die Koffer herunterholen. Man verstand es am Tonfall seiner Stimme und an der Art, wie sie sich resigniert mit der Jacke im Schoß hinsetzte, bereit seinen Anordnungen Folge zu leisten.

Die vier Mitreisenden hatten diese Szene mit großem Interesse verfolgt; dieser Mann musste seinerseits ein Neandertaler sein, direkt aus einer Höhle kommend, ein Gedanke, der mindestens dreien von ihnen durch den Kopf gehen musste. Als die beiden Slawen auf den Gang hinaustraten, begann der junge Bursche, Elisabeth zuzwinkernd zu la-

«Ecco un altro sopravvissuto all'età della pietra! Non sapevo che ce ne fossero ancora tanti in giro.» Elisabeth ricambiò il sorriso ma non volle fare nessun commento: magari il tedesco ci avrebbe infilato qualche riflessione velenosa contro le donne.

Cosa che del resto non si fece aspettare.

«Non è proprio necessario maltrattare le donne, non è dignitoso maltrattare i più deboli. È soltanto questione di educazione, di civiltà e i russi di civiltà ne hanno avuta sempre assai poca.»

Il signore di prima si indignò.

«Non credevo che ancora oggi, settant'anni dopo la grande sciagura provocata dal razzismo, ci potesse essere qualcuno del suo paese capace di parlare di un popolo slavo con un tono simile. A quanto pare la lezione non è bastata.»

Il tedesco si inalberò, la sua voce si fece tagliente.

«Io non ho parlato di razza, ma di civiltà...e se permette io ho più esperienza di lei, anche per questioni d'età: mio padre è stato ucciso dai russi. Io avevo appena quattro anni e per colpa dei russi sono cresciuto senza padre, so io cosa significa.» Elisabeth si morse le labbra. Proprio qualche ora prima il signore che le stava seduto di fronte aveva detto di non avere il padre.

Che strana combinazione, due compagni di viaggio ambedue senza padre. Cercò di prendere un tono leggero, visto che l'atmosfera cominciava a riscaldarsi troppo e quasi scherzando:

«Almeno lei, lo ha un padre, lei?», disse rivolta al giovane che aveva smesso di ridere, anzi era diventato assai serio, di colpo preoccupato, proprio come un bambino che cerca di capire qualcosa di molto astruso, qualcosa di particolarmente cattivo riservato solo agli adulti.

chen.

»Noch einer aus der Steinzeit! Ich wusste nicht, dass noch so viele in Umlauf sind.« Elisabeth antwortete auf das Lächeln, doch wollte sie keinen Kommentar abgeben; vielleicht hätte der Deutsche irgendeine giftige Bemerkung gegen Frauen eingeflochten.

Die übrigens nicht auf sich warten ließ.

»Es ist wirklich nicht nötig, die Frauen zu misshandeln, es ist nicht würdevoll die Schwächeren zu misshandeln. Es ist bloß eine Frage des Anstands, der Kultur, die Russen haben immer sehr wenig Kultur besessen.«

Der Herr von vorhin war empört.

»Ich hätte nicht geglaubt, dass es heute noch, siebzig Jahre nach dem großen, vom Rassismus provozierten Unglück in ihrem Land noch jemanden gibt, der dazu fähig ist, in diesem Ton über die Slawen zu reden. Wie es scheint, hat die Lektion nicht gereicht.«

Der Deutsche lehnte sich auf, seine Stimme wurde schneidender:

»Ich habe nicht von Rasse gesprochen, sondern von Zivilisation … und wenn Sie erlauben, habe ich mehr Erfahrung als Sie, auch aus Altersgründen; mein Vater ist von den Russen umgebracht worden. Ich war gerade vier und wegen der Russen bin ich ohne Vater aufgewachsen, ich weiß, was das bedeutet.« Elisabeth biss sich auf die Lippen. Gerade eine Stunde zuvor hatte der Herr, der ihr gegenüber saß, gesagt, dass er keinen Vater habe.

Was für ein Zufall, zwei Reisegefährten, beide ohne Vater. Sie versuchte einen leichten Ton anzuschlagen, da sich die Atmosphäre zu sehr aufzuheizen begann und sagte beinahe scherzhaft:

»Zumindest Sie, Sie haben aber einen Vater?«, sagte sie an den Jungen gewandt, der zu lachen aufgehört hatte und im Gegenteil sehr ernst geworden war, plötzlich besorgt, gerade wie ein Kind, das etwas sehr Abstruses, etwas besonders Böses, den Erwachsenen Vorbehaltenes zu verstehen

«Certo che ho un padre, non è poi così raro avere un padre, anzi credo sia la cosa più naturale del mondo. I miei amici all'università hanno tutti un padre, anche se spesso i genitori sono divisi.»

«Anche questo è frutto della cosiddetta emancipazione femminile: da noi in Germania la metà delle donne vivono senza marito, separate, o addirittura mai sposate! Ed è stata coniata una nuova parola: "Alleinerziehende[1]" come si direbbe Alleinvertreter[2] o che so io! Ai miei tempi, negli anni cinquanta e oltre... impensabile! Una donna che aveva un bambino senza essere sposata non aveva più diritto di far parte della società civile, un disonore per la famiglia, per sé stessa: doveva soltanto nascondersi.» Ancora una volta il signore di prima sentì la collera salire dallo stomaco.

«E lei questo lo considera giusto?», intervenne Elisabeth, indignata, incapace di trattenersi. Il ragazzo, più che mai interessato, non perdeva una battuta.

«Proprio giusto no, ma allora era così e c'erano dei buoni motivi perché fosse così: si aveva un maggior senso morale. Ecco. Così è stato per secoli e deve pur esserci una ragione. C'era più ordine, ognuno sapeva stare al posto suo, sapeva cosa è bene e cosa è male. E poi ogni tempo ha le sue leggi e queste leggi devono essere rispettate, qualunque esse siano, altrimenti ci sarebbe il caos.» Questa volta il ragazzo scoppiò a ridere. Era troppo.

«Vuoi vedere che lei è dell'opinione che nei tempi passati tutto funzionasse meglio di adesso?» E la prese a ridere. Era chiaro che non voleva attaccare briga con quell'uomo, senza contare che sentiva come l'aria si stesse facendo sempre più esplosiva. Il treno si fermò. Presi come erano nella discus-

1) Persona che educa da sola
2) Rappresentante unico

versucht.

»Aber sicher habe ich einen Vater, es ist wohl nicht so selten, einen Vater zu haben, ich glaube sogar, dass es die natürlichste Sache der Welt ist. Meine Freunde an der Universität haben alle einen Vater, auch, wenn sich die Eltern häufig voneinander getrennt haben.«

»Auch das ist der Erfolg der sogenannten feministischen Emanzipation; bei uns in Deutschland leben die Hälfte der Frauen ohne Ehemann, getrennt oder gar nie verheiratet! Und es ist ein neuer Begriff geprägt worden: ‚Alleinerziehende', so, als ob man ‚Alleinvertreter' oder was weiß ich sagen würde! Zu meinen Zeiten, in den fünfziger Jahren und danach unvorstellbar! Eine Frau, die ein Kind hatte, ohne verheiratet zu sein, hatte kein Recht mehr der Gesellschaft anzugehören, eine Schande für die Familie, für sich selber, sie konnte sich nur verstecken.« Ein weiteres Mal fühlte der Mann von vorhin die Wut aus seinem Bauch aufsteigen.

»Und Sie erachten das für gerecht?«, brachte sich Elisabeth entrüstet ein, unfähig sich zurückzuhalten. Der Junge, immer interessierter, ließ sich keinen Einwand entgehen.

»Nicht gerade gerecht, aber damals war es so und es gab gute Gründe dafür, dass es so war: man hatte ein höheres moralisches Empfinden. Jawohl. So ist es über Jahrhunderte gewesen, und es muss wohl einen Grund dafür geben. Es gab mehr Ordnung, jeder kannte seinen Platz, wusste was gut und was schlecht war. Und übrigens hat jede Zeit ihre Gesetze und diese Gesetze müssen respektiert werden, egal welche, andernfalls gäbe es ein Chaos.« Dieses Mal brach der junge Bursche in Gelächter aus. Das war zu viel.

»Sagen Sie bloß, dass Sie der Meinung sind, in früheren Zeiten habe alles besser funktioniert als heute«, belustigte er sich. Es war klar, dass er keinen Streit mit dem Mann anzetteln wollte, abgesehen davon, dass er spürte, wie die Atmosphäre immer explosiver wurde. Der Zug hielt an. Derart in die Diskussion vertieft, hatten sie nicht bemerkt in Me-

sione, non si erano accorti di essere arrivati a Mestre. Soltanto l'annuncio in stazione li fece sobbalzare. Il tedesco restò seduto, lui andava a Venezia.

Elisabeth si precipitò a prendere la sua valigia, subito aiutata dal signore di prima e dal ragazzo. I due uomini raccolsero i loro bagagli e scesero giusto in tempo prima che il treno ripartisse. Soltanto allora si accorsero di andare tutti e tre nella stessa direzione: insieme cercavano infatti la coincidenza per l'Austria.

Dopo un po' però dovettero separarsi, dato che il ragazzo aveva un posto prenotato in un'altra carrozza, già piena di gente.

«Venga con me», disse il signore di prima a Elisabeth, «nelle carrozze di coda troveremo sicuramente molti posti liberi.» E così fu. Trovarono anzi diversi scompartimenti vuoti. Dopo aver sistemato le valigie, si sedettero nello stesso ordine di prima.

Stranamente dopo quelle due ore di conversazione tanto intensa era nata fra di loro una sorta di confidenza, quasi un rapporto di amicizia.

«Quel tedesco e le sue idee... incredibile!» Commentò lui per primo. La sua rabbia cominciava a sbollire.

«Non deve essere sposato, altrimenti la moglie gli avrebbe chiarito le idee già da tempo. Ho visto che non portava la fede.»

«Lei non ha capito che quello appartiene all'altra sponda e della specie più resistente.»

«Dice davvero? A questo non ho pensato e poi non sono capace di distinguere. Forse per un uomo è più facile. Tante volte mio marito mi prende in giro per la mia ingenuità.»

Dopo un po' il treno si mise in movimento. Elisabeth riprese il suo libro questa volta fermamente intenzionata a leggere. Il signore seduto di fronte a lei fece lo stesso. Ora si sentiva

stre angekommen zu sein. Erst die Durchsage durch den Bahnhofslautsprecher ließ sie aufhorchen. Der Deutsche blieb sitzen, er fuhr nach Venedig weiter.

Elisabeth sprang auf, ihren Koffer herunterzuholen, sofort vom Herrn von vorhin und dem Jungen dabei unterstützt. Die beiden Männer rafften ihr Gepäck zusammen und stiegen gerade noch rechtzeitig aus. bevor der Zug wieder losfuhr. Erst jetzt bemerkten sie, dass sie alle in dieselbe Richtung gingen: in der Tat suchten alle drei den Anschlusszug nach Österreich.

Kurz darauf mussten sie sich aber trennen, da der junge Bursche einen Sitzplatz in einem anderen vollbesetzten Wagen reserviert hatte.

»Kommen Sie mit mir«, sagte der Herr von vorhin zu Elisabeth, »in dem Wagen am Zugende finden wir sicher freie Plätze.« Und so war es. Sie fanden sogar mehrere freie Abteile. Nachdem sie die Koffer verstaut hatten, setzten sie sich in derselben Anordnung wie vorhin.

Eigenartiger Weise war nach diesen beiden Stunden intensiver Konversation eine Art Vertrautheit entstanden, beinahe ein freundschaftliches Verhältnis.

»Dieser Deutsche und seine Ideen ... unglaublich!«, bemerkte er als erster. Sein Zorn begann zu verrauchen.

»Er kann nicht verheiratet sein, sonst hätte ihm seine Frau längst seine Ideen ausgetrieben. Ich habe gesehen, dass er keinen Ehering trug.«

»Sie haben nicht begriffen, dass er vom anderen Ufer ist und sogar der zähesten Sorte angehört.«

»Meinen Sie tatsächlich? Daran hatte ich nicht gedacht, und überhaupt bin ich nicht in der Lage zu unterscheiden. Vielleicht tut sich ein Mann da leichter. Oft nimmt mich mein Mann wegen meiner Einfalt diesbezüglich auf den Arm.«

Nach einer Weile setzte sich der Zug in Bewegung. Elisabeth nahm wieder ihr Buch zur Hand, dieses Mal fest entschlossen zu lesen. Der ihr gegenübersitzende Mann tat das

soltanto il suono ritmato delle ruote sulle rotaie, smorzato però, per via della neve che si ammassava lungo la massicciata: doveva aver nevicato tanto, negli ultimi giorni.

Il signore seduto di fronte dopo aver letto qualche pagina si fermò, mise il libro da parte e:

«Ci ha fatto caso che anche noi qui, più o meno, ci troviamo nella stessa situazione descritta in questo libro?» disse. «Più di cento anni dopo si discute ancora sul rapporto fra uomo e donna, e sempre c'è un parruccone con le idee arretrate che vorrebbe che le cose tornassero come erano prima!» Anche Elisabeth abbassò il suo libro in grembo. Aveva scoperto di non avere poi tanta voglia di leggere. Quel signore aveva una voce assai gradevole, sembrava intelligente e colto.

«Non credo che il problema si risolverà mai. In realtà siamo due pianeti diversi costretti a vivere nello stesso sistema solare. Non c'è niente di più diverso di una donna e di un uomo.» E lo diceva lei, sposata da una ventina d'anni con un uomo che la considerava ancora la metà più preziosa della sua vita.

Il signore seduto di fronte a lei l'ascoltò con interesse.

«Ma cosa sarebbe un pianeta da solo, senza l'altro? Anche l'universo è pieno di pianeti: se lo immagina un universo con un solo pianeta? Ma se torniamo al nostro: inimmaginabile. Si estinguerebbe irrimediabilmente.» Elisabeth sorrise: solo donne? Solo uomini? Non ci aveva mai pensato.

Con ingenuità risolse il problema. «Sono convinta che la Natura troverebbe una soluzione.»

«Ma si perderebbe la parte più importante di tutto: il rapporto a due. La natura ha previsto questo rapporto fra gli animali, le piante. E poi, come si fa a dimenticare il fattore essenziale: l'amore, il piacere di stare insieme, l'unione, lo

gleiche. Jetzt hörte man nur das rhythmische Geräusch der Räder auf den Gleisen, jedoch vom längs der Böschung angehäuften Schnee gedämpft. Es musste in den letzten Tagen ordentlich geschneit haben.

Nachdem der ihr gegenübersitzende Herr einige Seiten gelesen hatte, hielt er inne, legte das Buch beiseite und:

»Ist Ihnen aufgefallen, dass auch wir uns hier in derselben, in diesem Buch beschriebenen Situation befinden?« sagte er. »Mehr als hundert Jahre danach diskutiert man noch über das Verhältnis zwischen Mann und Frau, und immer gibt es da einen Zopf mit veralteten Vorstellungen, der möchte, dass die Verhältnisse von früher wiederkehrten!« Auch Elisabeth legte das Buch in den Schoß. Sie hatte festgestellt, dass sie keine wirklich große Lust zum Lesen hatte. Dieser Herr hatte eine sehr angenehme Stimme und schien intelligent und gebildet zu sein.

»Ich glaube nicht, dass das Problem jemals gelöst werden wird. In Wirklichkeit sind wir zwei verschiedene, in dasselbe Sonnensystem gezwängte Planeten. Es gibt nichts Gegensätzlicheres als eine Frau und einen Mann.« Und es war sie, die das sagte, seit ungefähr zwanzig Jahren mit einem Mann verheiratet, der sie immer noch für die wertvollere Hälfte seines Lebens hielt.

Der ihr gegenübersitzende Herr hörte ihr interessiert zu.

»Was wäre denn ein Planet alleine ohne den anderen? Auch das Universum ist voller Planeten: können Sie es sich mit einem einzigen Planeten vorstellen? Aber wenn wir auf unser System zurückkommen: unvorstellbar. Das Leben würde sofort aussterben.« Elisabeth lächelte: Nur Frauen? Nur Männer? Sie hatte nie daran gedacht.

Mit Naivität löste sie das Problem. »Ich bin überzeugt, dass die Natur eine Lösung finden würde.«

»Aber man verlöre den wichtigsten Teil des Ganzen: die Wechselbeziehung. Die Natur hat diese Beziehung unter den Tieren, den Pflanzen vorgesehen. Und wie könnte man den wichtigsten Faktor, die Liebe vergessen, das Vergnügen des

sciogliersi dell'uno nell'altra.»

«Oh, lo so. Gli uomini parlano sempre d'amore e intendono altro: possesso, potere.» Elisabeth sembrava decisa a non cedere dalla sua posizione rivoluzionaria.

«Ma come? Lei pensa veramente che gli uomini considerino l'amore un mezzo per esercitare potere sulle donne, per possederle come un oggetto, schiavizzarle? Ma sono idee antidiluviane. Mi meraviglio che una donna moderna come lei possa avere pensieri simili.» Elisabeth rise, ma non poté evitare di controbattere.

«Ammetta che un tantino di verità c'è: l'amore è possesso dell'altro. E anche nell'amore più sublime non manca una puntina di odio, di rivalità, un pizzico di veleno, una tensione spesso negativa e un'attesa superiore a ogni possibile realizzazione e... tanto egoismo. Senza contare la gelosia, l'origine di ogni male. L'unica forma di amore che considero autentica è la fase prenatale: quello è l'amore assoluto. Lì non ci sono attese, non c'è odio, non c'è gelosia.»

«Ma si tratta di simbiosi e niente altro. Io non lo considero amore. Nella simbiosi non c'è posto per l'amore. L'amore è anche il prodotto di un pensiero e che pensiero ci può essere in un feto? E la madre... è convinta che la madre ami quel piccolo sconosciuto che sta crescendo nella sua pancia?»

L'uomo la fissò intensamente.

In realtà sapeva anche lui, come tutti gli esseri umani, di quell'amore assoluto, ne conosceva la nostalgia, assai vaga certo, ma non per questo meno reale. Conosceva l'angoscia struggente che si annidava nel suo profondo, da sempre: tornare là dove era stato veramente amato, senza limiti, sen-

Beisammenseins, die Verbindung, das Ineinander-Aufgehen.«

»Oh, das weiß ich. Die Männer reden immer von der Liebe und meinen etwas anderes: Besitz, Macht.« Elisabeth schien entschlossen ihre revolutionäre Position nicht aufzugeben.

»Wie denn? Glauben Sie wirklich, dass Männer die Liebe als Mittel nutzen, um Macht über die Frauen auszuüben, um sie als Objekt zu besitzen, sie zu versklaven? Das sind vorsintflutliche Vorstellungen. Mich wundert, dass eine moderne Frau wie Sie derartige Gedanken haben kann.« Elisabeth lächelte, konnte aber nicht umhin dagegenzuhalten.

»Geben Sie doch zu, dass ein klein wenig Wahrheit dran ist: die Liebe ist der Besitz des Anderen. Und auch in der erhabensten Liebe fehlt nicht eine Prise Hass, Rivalität, Gift, eine häufig negative Spannung und eine über jede mögliche Erfüllung stehende Erwartung und ... sehr viel Egoismus. Ganz zu schweigen von der Eifersucht, dem Ursprung alles Bösen. Die einzige Form der Liebe, die ich für authentisch halte, ist die vorgeburtlich Phase, das ist die absolute Liebe. Da gibt es keine Erwartungen, da ist kein Hass, keine Eifersucht.«

»Aber es handelt sich um Symbiose und nichts anderes. Ich betrachte das nicht als Liebe. In der Symbiose ist kein Platz für die Liebe. Die Liebe ist auch das Produkt eines Gedankens und welcher Gedanke kann schon in einem Fötus sein? Und die Mutter ... sind Sie überzeugt, dass die Mutter diesen kleinen Unbekannten liebt, der in ihrem Bauch heran wächst?«

Der Mann sah sie fest an.

In Wirklichkeit wusste auch er, wie alle menschlichen Wesen, von jener absoluten Liebe, kannte die Sehnsucht, sehr vage, gewiss, aber deshalb nicht weniger wirklich. Er kannte die verzehrende Angst, die sich in seinem Inneren einnistete, seit jeher; dorthin zurückkehren, wo er wirklich geliebt

za tu e io, in una simbiosi assoluta che ora, da adulto, negava, quasi vergognandosene. Lui attribuiva questo desiderio angoscioso alla sua particolare situazione di bambino abbandonato, lasciato dalla madre subito dopo la nascita in un orfanotrofio.

Sapeva tutto, ormai, la madre gli aveva raccontato tutto: appena sedicenne, era stata cacciata via di casa, come usava allora, secondo la morale appunto di quel tempo, e nella sua disperazione non aveva trovato altra soluzione. L'uomo che l'aveva messa incinta, pur protestandole un amore infinito, come avrebbe fatto qualsiasi altro uomo nella sua stessa situazione, non se l'era sentita di prendersi quella responsabilità. In fondo, per lui era stata una storia piuttosto banale, una ragazzata e niente di più, se non ne fosse stata coinvolta una ragazzina alla prima esperienza sessuale. E poi, aveva dichiarato, i suoi genitori avevano progettato per lui un matrimonio con la figlia di un piccolo proprietario, amico di famiglia. La ragazzina non poteva offrire nessuna dote, oltre alla propria vita e quella del bambino che portava in grembo. Inoltre la natura non era stata particolarmente generosa con lei: infatti alla scarsa avvenenza fisica aggiungeva un carattere dispotico, appassionato, difficile da domare. Era stata forse questa la vera causa dell'abbandono? Per tre mesi, gli ultimi mesi di gravidanza, dato che la famiglia non voleva più tenerla in casa per la vergogna di dover dare spiegazioni ai vicini, ai parenti, era riuscita a trovare lavoro altrove, in un ospedale, in una cittadina sulla costa tirrenica, un rinomato posto di villeggiatura. E proprio lì, in un giorno freddo e tempestoso di febbraio, mentre la gente impazziva per le strade nei costumi più stravaganti del carnevale, era nato lui. La madre gli aveva raccontato tutto questo molto tempo dopo, quando finalmente era riuscita a prenderlo con sé.

worden war, grenzenlos, ohne Du und Ich, in einer absoluten Symbiose, die er jetzt, als Erwachsener, sich ihrer schämend, verneinte. Er schrieb diesen quälenden Wunsch seiner besonderen Lage als verlassenes Kind zu, von der Mutter gleich nach der Geburt in einem Waisenhaus zurückgelassen.

Er wusste mittlerweile alles; die Mutter hatte ihm alles erzählt. Gerade einmal sechzehn, war sie von Zuhause vertrieben worden, wie es damals Brauch war, nach der Moral jener Zeit eben, und in ihrer Verzweiflung hatte sie keine andere Lösung gefunden. Der Mann, der sie geschwängert hatte, hatte sich, obwohl er ihr, wie jeder andere Mann in seiner Lage, ewige Liebe versprochen hatte, nicht imstande gesehen, diese Verantwortung zu übernehmen. Schlussendlich war es für ihn eine ziemlich banale Geschichte gewesen, ein Jungenstreich und nichts weiter, wenn darin nicht ein kleines Mädchen bei ihrer ersten sexuellen Erfahrung verwickelt gewesen wäre. Und dann, hatte er erklärt, hatten seine Eltern seine Heirat mit der Tochter eines kleinen Landbesitzers geplant, einem Freund der Familie. Das Mädchen konnte außer ihrem eigenen Leben und dem des Kindes, das sie in sich trug, keine Mitgift bieten. Außerdem war die Natur nicht sehr großzügig mit ihr gewesen; der dürftigen äußeren Erscheinung hatte sie in der Tat einen despotischen, leidenschaftlichen, schwer zu bändigenden Charakter beigefügt. War das vielleicht der wahre Grund gewesen sie zu verlassen? Drei Monate lang, die letzten dieser Schwangerschaft, da die Familie aus Scham, den Nachbarn, den Verwandten Erklärungen schuldig zu sein, sie nicht mehr im Hause haben wollte, hatte sie anderswo eine Arbeit finden können, in einem Spital eines Ortes an der tyrrhenischen Küste, einem renommierten Urlaubsort. Und gerade dort, an einem kalten, stürmischen Februartag, während die Leute in den sonderbarsten Faschingskostümen närrisch durch die Straßen zogen, war er geboren worden. Die Mutter hatte ihm das alles lange Zeit später erzählt, als es ihr endlich ge-

Elisabeth sentì in quello sguardo che l'uomo non parlava tanto per parlare, che qualcosa di assai personale si nascondeva in quella affermazione, in quella negatività.

«Se ho capito bene, neanche lei crede nell'amore assoluto. Se anche la fase prenatale non è l'unica forma di amore assoluto ma solo una simbiosi, come la definisce lei, credo non ci sia nessuna speranza per l'amore assoluto.» Elisabeth sorrise. Seguì un lungo silenzio.

Proprio lei che aveva sempre creduto di conoscere l'amore assoluto ora cominciava a dubitarne: non aveva avuto figli, non conosceva il vero significato della maternità. Non aveva cresciuto nel proprio grembo un piccolo sconosciuto che avrebbe dovuto imparare ad amare: forse anche l'amore si impara? si chiese, di colpo piena di dubbi sull'essenza di questo sentimento così importante. Dipendeva dal fatto di non aver fatto questa esperienza considerata fondamentale nella vita di una donna? Solo una donna-madre conosce l'amore fine a sé stesso, senza contropartita, senza attese, così le aveva detto sua madre. La dipendenza del bambino non è già una ricompensa assai grande, un appagamento incomparabile, l'espressione, forse l'unica che possa avere una donna, di potere assoluto e quindi di amore assoluto? Ma che relazione può esserci fra amore e potere? Era disorientata.

Aveva sposato un vedovo con due figli, vent'anni più vecchio di lei. Con i due ragazzi aveva avuto molte difficoltà. Non era stata accettata come seconda madre. Nessuno poteva prendere il posto della madre morta, le avevano dichiarato senza possibilità di equivoci, e lei così giovane, quasi loro coetanea, meno che mai. Non aveva pensato di avere un figlio for-

lungen war ihn wieder zu sich zu holen.

Elisabeth nahm in jenem Blick wahr, dass der Mann nicht bloß der Unterhaltung wegen erzählte, dass sich hinter jener Behauptung, jener Negativität etwas sehr Persönliches verbarg.

»Wenn ich recht verstanden habe, glauben auch Sie nicht an die absolute Liebe. Wenn selbst die prenatale Phase nicht die einzige Form der absoluten Liebe sondern nur eine Symbiose ist, als die Sie sie bezeichnen, gibt es, so glaube ich, keinerlei Hoffnung für die absolute Liebe.« Elisabeth lächelte. Es folgte ein langes Schweigen.

Gerade sie, die immer geglaubt hatte die absolute Liebe zu kennen, begann jetzt zu zweifeln. Sie hatte keine Kinder, kannte die wahre Bedeutung der Mutterschaft nicht. Sie hatte keinen unbekannten Winzling in ihrem Schoß heranwachsen lassen, den sie hätte lieben lernen müssen. Vielleicht lernte man ja auch die Liebe, fragte sie sich plötzlich voller Zweifel hinsichtlich der Essenz dieses so wichtigen Gefühls. Hing es mit der Tatsache zusammen, dass sie diese im Leben einer Frau für wesentlich gehaltene Erfahrung nicht gemacht hatte? Nur eine Mutter kennt die selbstlose Liebe ohne Gegenleistung, ohne Erwartung, hatte ihre Mutter ihr gesagt. Ist nicht allein die Abhängigkeit des Kindes ein sehr großer Lohn, eine unvergleichliche Befriedigung, vielleicht der einzige Ausdruck der absoluten Macht und folglich der absoluten Liebe, die eine Frau erleben kann? Aber welcher Zusammenhang kann zwischen Liebe und Macht bestehen? Sie war verwirrt.

Sie hatte einen zwanzig Jahre älteren Witwer mit zwei Kindern geheiratet. Mit den beiden Buben hat sie schwer zu kämpfen gehabt. Sie war als Mutter nicht akzeptiert worden. Niemand durfte den Platz der verstorbenen Mutter einnehmen, hatten sie ihr, ohne den geringsten Zweifel zuzulassen, erklärt, und gerade sie, beinahe gleichaltrig mit ihnen,

se perché si sentiva lei stessa ancora una figlia, ma anche per le frustrazioni giornaliere che i figli acquisiti le procuravano. Inoltre la nuova famiglia non le aveva lasciato il minimo spazio per una vita a due, con un marito innamoratissimo ma troppo debole, incapace di stabilire un equilibrio fra lei e i figli gelosi.

Il signore seduto di fronte taceva anche lui, pensieroso, occupato con il ricordo di un'infanzia tanto diversa da quella degli altri ragazzini che aveva conosciuto poi a scuola.

"Che mestiere fa il tuo papà?" la classica domanda cui non aveva saputo rispondere. E la maestra aveva cominciato a tiranneggiarlo per lo stesso motivo, finché era intervenuta la madre che col carattere appassionato che si ritrovava aveva fatto una scenata colossale al direttore della scuola, che non potendo mettere a tacere i compagni per non mettere l'accento su tutto il problema, aveva però richiamato assai severamente l'insegnante. Quella domanda però lo aveva perseguitato per molti anni ancora, e ogni volta aveva dovuto cercare una risposta soddisfacente anche per sé stesso. Soprattutto per sé stesso. Prima aveva detto che il padre, carabiniere, era stato trasferito in Sicilia e per questo non lo vedeva mai; poi aveva cominciato a inventarsi una serie di mestieri che in ogni caso portavano il fantomatico padre lontano, finché una volta gli venne la geniale idea di farlo emigrare in Australia.

Col padre in Australia aveva risolto per molto tempo il problema. Poi, all'università, nessuno più si era occupato della sua famiglia.

Soltanto più tardi, forse ventenne, si era visto costretto a dare qualche spiegazione alle ragazze, più curiose dei suoi amici; in realtà non aveva mai chiesto alla madre quale fosse

weniger denn je. Sie hatte nicht gedacht ein Kind zu bekommen, vielleicht, weil sie sich selbst noch wie eine Tochter fühlte, aber auch wegen der alltäglichen Frustrationen, die ihr die angeheirateten Söhne bescherten. Außerdem hatte ihr die neue Familie nicht den geringsten Freiraum für ein Leben zu zweit mit einem sehr verliebten, aber zu schwachen Ehemann gelassen, unfähig ein Gleichgewicht zwischen ihr und den eifersüchtigen Söhnen herzustellen.

Der ihr gegenübersitzende Mann schwieg gleichfalls, nachdenklich, mit den so sehr von der der anderen Kinder verschiedenen Erinnerungen beschäftigt, die er dann später in der Schule kennengelernt hatte.

„Was für eine Arbeit hat dein Vater?", die klassische Frage, auf die er nicht zu antworten gewusst hatte. Und die Lehrerin hatte angefangen ihn aus diesem Grund zu tyrannisieren bis die Mutter mit dem leidenschaftlichen Charakter, der ihr eigen war, dem Schulleiter eine kolossale Szene gemacht hatte, der, seinerseits nicht fähig die Klassenkameraden zum Schweigen zu bringen, ohne das ganze Problem noch mehr herauszustreichen, die Lehrerin sehr hart zurechtgewiesen hatte. Diese Frage hatte ihn aber noch viele Jahre verfolgt und jedes Mal hatte er eine befriedigende Antwort, auch für sich selbst finden müssen. Zuerst hatte er gesagt, dass sein Vater, Carabiniere, nach Sizilien versetzt worden sei und er ihn deshalb nie sah; dann hatte er begonnen eine Reihe von Berufen zu erfinden, die den nicht fassbaren Vater weit weg führten, bis ihm eines Tages der geniale Einfall kam, ihn nach Australien auswandern zu lassen.

Mit einem Vater in Australien hatte er das Problem für lange Zeit gelöst. Auf der Universität hatte sich dann niemand mehr mit seiner Familie beschäftigt.

Später erst, vielleicht zwanzigjährig, sah er sich gezwungen den Mädchen, neugieriger als seine Freunde, irgendwelche Erklärungen abzugeben. In Wirklichkeit hatte er seine Mutter nie gefragt, welchen Ursprung seine Geburt hatte. Er

l'origine della sua nascita. Sentiva un muro non soltanto in lei, ma in tutta la famiglia; aveva capito che la sua nascita era legata a un tabù e che lui meno di tutti aveva il diritto di fare domande. Ma l'ultima donna, quella con la quale ormai da anni conviveva, lo aveva messo con le spalle al muro: lei voleva sapere. Fu costretto a chiedere e alla domanda "chi era mio padre" la madre inviperita aveva dato una risposta cui non era stato possibile replicare in alcun modo: "un animale, l'uomo che ti ha generato era un animale e niente altro"

Quella frase gli si era incisa nel cervello e non aveva voluto sapere altro. Ma conosceva la storia dei primi anni di vita, perché gli era stata raccontata dalla nonna e per un sogno che lo inseguiva da sempre: lui in un luogo non ben definito insieme a tanti bambini che piangevano. E un senso di abbandono, di desolazione; un sentimento che conosceva molto bene. Compagno assiduo e fedele che non lo aveva lasciato mai. Neanche da sveglio.

Ormai adulto era andato a rivedere il luogo della propria infanzia. Alla madre non aveva detto niente. Considerava quella storia tutta sua e soprattutto non voleva vedere il viso della madre farsi di pietra.

Uno squallore che superava ogni sogno, ogni incubo. Lì aveva trascorso gli anni più importanti della sua vita, sempre in attesa di quella giovane donna che veniva a intervalli, per lui lunghi come un'eternità, che restava due giorni, due giorni di tenerezze, abbracci disperati, di occhi tristi, di baci e lacrime. E la separazione. Ogni volta era stata una piccola morte, per il bambino e per la giovane madre. E poi di nuovo la solitudine, il vuoto immenso nel quale si perdeva. Un vuoto che lo inghiottiva fin quasi ad annientarlo, lui piccolo essere indifeso, incapace di distinguere il sé dall'altro. Poi,

spürte eine Mauer, nicht nur in ihr sondern in der ganzen Familie. Er hatte begriffen, dass seine Geburt mit einem Tabu zu tun hatte, und dass ihm weniger als allen anderen das Recht zustand Fragen zu stellen. Aber die letzte Frau, die, mit der er mittlerweile seit Jahren zusammenlebte, hatte ihn mit dem Rücken zur Wand gestellt: sie wollte es wissen. Er war gezwungen gewesen zu fragen und auf die Frage: Wer war mein Vater?, hatte die Mutter eine wütende Antwort gegeben, auf die zu erwidern in keiner Weise möglich gewesen war: „Ein Tier, der Mann der dich gezeugt hat, war ein Tier und nichts weiter."

Dieser Satz hatte sich in sein Hirn gemeißelt und er wollte nichts weiter wissen. Doch er kannte die Geschichte der ersten Lebensjahre, da sie ihm von der Großmutter erzählt worden war und wegen eines Traums, der ihn seit jeher verfolgte: Er, an einem nicht näher definierten Ort zusammen mit vielen weinenden Kindern. Und einem Gefühl des Verlassenseins, der Trostlosigkeit; einem Gefühl, das er sehr gut kannte. Ein beharrlicher und treuer Begleiter, der ihn nie verlassen hatte. Auch nicht im Wachzustand.

Mittlerweile erwachsen hatte er den Ort der eigenen Kindheit besucht. Der Mutter hatte er nichts gesagt. Er betrachtete diese Geschichte allein als die seine, vor allem aber wollte er nicht sehen, wie sich das Gesicht der Mutter versteinerte.

Eine Trostlosigkeit, die jeden Traum übertraf, jeden Albtraum. Dort hatte er die wichtigsten Jahre seines Lebens verbracht, immer in Erwartung jener jungen Frau, die in für ihn sich ewig anmutenden Abständen kam, zwei Tage blieb, zwei Tage der Zärtlichkeit, verzweifelter Umarmungen, trauriger Augen, voller Küsse und Tränen. Und dann der Abschied. Jedes Mal war sie für das Kind und die junge Mutter ein kleiner Tod gewesen. Und dann erneut die Einsamkeit, die unendliche Leere, in der er sich verlor. Eine Leere, die ihn verschlang, ihn beinahe vernichtete, ihn, das kleine unbeschützte Wesen, unfähig sein eigenes Selbst vom Anderen

quando ormai aveva dimenticato anche l'esistenza di quella giovane donna, ecco di nuovo apparire colei che sapeva stringerlo al seno fin quasi a soffocarlo, capace di restituirgli un corpo e la sensazione di essere vivo. Crescendo cominciò a riconoscerla e appena la vedeva le correva incontro; lui era uno dei pochissimi bambini che riceveva la visita di una donna, di quella che voleva essere chiamata mamma. Gli altri bambini non avevano mamma. E nella sua disperazione si consolava pensando di essere un bambino privilegiato perché, al contrario di tutti gli altri, lui aveva una mamma che ogni volta gli diceva che presto, presto lo avrebbe preso con sé. Lui non capiva, non sapeva cosa fosse 'presto' e perché quel presto si allungasse tanto nel tempo. Tanto più strazianti erano poi le separazioni.

Lo capì soltanto quando finalmente la vide arrivare in compagnia di una donna e di un uomo, i suoi nuovi genitori, gli fu detto, in realtà i genitori della mamma che per motivi legali avevano accettato di adottarlo, dato che una ragazza sola non avrebbe potuto farlo. E così si ritrovò ad avere due mamme. Per poco del resto, dato che arrivati a casa gli fu spiegato che una, la più anziana, era soltanto la nonna. Ma per lui non era importante. Aveva altri problemi da superare, altre difficoltà di adattamento che lo impegnavano giorno e notte.

Interruppe il flusso dei ricordi e si mise a parlare, a voce bassa, quasi a sé stesso.

«Chi non conosce la solitudine dei bambini abbandonati negli orfanotrofi non sa cosa sia le vera solitudine. Per un bambino è assai difficile rendersi conto della durata del tempo; la separazione è qualcosa di definitivo, come la morte. Un piccolo essere che appena distingue il giorno dalla notte non può capire il significato di parole come domani o un mese. Dire a un bambino piccolo: tornerò fra un'ora, o

zu unterscheiden. Dann, als er mittlerweile auch die Existenz jener jungen Frau fast vergessen hatte, tauchte sie wieder auf, sie, die ihn an die Brust zu drücken wusste, dass er beinahe erstickte, fähig ihm einen Körper und das Gefühl lebendig zu sein zurückzugeben. Heranwachsend lernte er sie zu erkennen und sowie er sie sah, lief er ihr entgegen; er war einer der wenigen Kinder, das von einer Frau Besuch bekam, von einer, die Mama genannt werden wollte. Die anderen Kinder hatten keine Mama. Und in seiner Verzweiflung tröstete er sich, indem er dachte ein privilegiertes Kind zu sein, weil er im Unterschied zu allen anderen eine Mama hatte, die ihm jedes Mal sagte, dass sie ihn bald mitnehmen würde. Er begriff nicht, wusste nicht, was 'bald' ist und warum sich dieses Bald so sehr in die Länge zog. Umso verzehrender waren dann die Trennungen.

Er verstand es erst, als er sie endlich in Begleitung einer Frau und eines Mannes kommen sah, seine neuen Eltern, sagte man ihm, in Wirklichkeit die Eltern der Mama, die aus juristischen Gründen zugestimmt hatten ihn zu adoptieren, da es ein alleinstehendes Mädchen nicht hätte tun können. Und so hatte er am Ende zwei Mamas. Übrigens nur kurz, da ihm, sowie sie zu Hause angekommen waren, eröffnet wurde, dass eine, die ältere, nur seine Großmutter war. Aber für ihn war das nicht wichtig. Er hatte andere Probleme zu bewältigen, andere Anpassungsschwierigkeiten, die ihn Tag und Nacht herausforderten.

Er unterbrach den Fluss der Erinnerungen und begann mit leiser Stimme beinahe zu sich selbst zu sprechen.

»Wer die Einsamkeit der verlassenen Kinder in den Waisenheimen nicht kennt, weiß nicht, was wahre Einsamkeit ist. Für ein Kind ist es sehr schwer sich über die Dauer von Zeit bewusst zu werden; die Trennung ist etwas Endgültiges wie der Tod. Ein kleines Wesen, das gerade einmal den Tag von der Nacht unterscheidet, kann die Bedeutung von Wörtern wie morgen oder Monat nicht verstehen. Einem Kind

domani o fra un mese è assurdo e inutile. Sono parole prive di significato. Un senso di impotenza, il desiderio di distruggere tutto e soprattutto sé stesso: questo è secondo me l'espressione del pianto disperato dei neonati, dei bambini. La prima percezione di un piccolo essere è il senso di abbandono, la solitudine infinita che poi si porterà dentro tutta la vita. E questo nasce dall'incapacità di misurare il tempo, di capire l'effettiva durata di un minuto, un'ora, un giorno. Una delle tante cose che distingue un essere umano da un animale è appunto il senso del tempo. A volte penso che gli animali siano tanto vicini al nostro stato infantile. Neanche loro sanno distinguere l'oggi dal domani.»

«È vero. Io ho un cane che si dispera appena mi vede uscire dalla porta di casa con la valigia. Inutile rassicurarlo che tornerò fra una settimana. Lui piange ogni giorno. Me lo dice mio marito. Poi, quando torno, è sempre una sorpresa. È come se non mi aspettasse più.» Elisabeth sorrise a quel ricordo. Presto avrebbe rivisto il suo amato cane alla stazione, e sapeva già i salti che avrebbe fatto e come avrebbe voluto raggiungere il suo viso per leccarla e farle festa.

«Lei parla di un cane. Può immaginare il dolore di un bambino? Mia madre ha dovuto lasciarmi in un orfanotrofio per ben sei anni, finché è riuscita a finire la scuola e trovare un lavoro. Quando sono nato io aveva solo sedici anni e viveva a Milano. Per nascondere la vergogna alla famiglia, ai parenti, fu costretta a trasferirsi assai lontano. Veniva ogni mese a trovarmi. Ma per me ogni sua partenza era una specie di morte. Continuo a sognare di essere abbandonato, di trovarmi in un cassone della spazzatura solo, disperato. Sogni che mi perseguitano da una vita. Non l'ho mai raccontato a nes-

zu sagen: Ich komme in einer Stunde wieder oder morgen oder in einem Monat ist absurd und unnütz. Das sind Wörter ohne Bedeutung. Ein Gefühl der Ohnmacht, der Wunsch alles und vor allem sich selbst zu zerstören, das ist meiner Meinung nach der Ausdruck des Weinens eines Neugeborenen, der Kinder. Die erste Wahrnehmung eines kleinen Wesens ist das Gefühl des Verlassenseins, der unendlichen Einsamkeit, das es ein ganzes Leben in sich tragen wird. Und dieses erwächst aus der Unfähigkeit die Zeit zu messen, die effektive Dauer einer Minute, einer Stunde, eines Tages zu begreifen. Eines der vielen Dinge, die das menschliche Wesen von einem Tier unterscheidet, ist eben der Sinn für die Zeit. Manchmal glaube ich, dass die Tiere unserem kindlichen Zustand sehr nahe sind. Auch sie können heute nicht von morgen unterscheiden.«

»Das stimmt. Ich habe einen Hund, der verzweifelt, sowie er mich mit dem Koffer zur Haustür hinausgehen sieht. Es ist unnütz ihn damit zu trösten, dass ich in einer Woche zurück sein werde. Er heult jeden Tag. Das sagt mir mein Mann. Dann, wenn ich zurück komme, ist es immer eine Überraschung. Es ist, als ob er mich nicht mehr erwartet hätte.« Elisabeth lächelte bei dieser Erinnerung. Bald würde sie ihren geliebten Hund am Bahnhof wiedersehen und sie wusste bereits, welche Luftsprünge er machen würde und wie er versuchen würde ihr Gesicht zu erreichen, um es abzuschlecken und sie zu feiern.

»Sie sprechen von einem Hund. Können Sie sich den Schmerz eines Kindes vorstellen? Meine Mutter musste mich sechs Jahre lang in einem Waisenhaus lassen, bis sie die Schule abgeschlossen und eine Arbeit gefunden hatte. Als ich zur Welt kam, war sie erst sechzehn und lebte in Mailand. Um die Schande vor der Familie und den Verwandten zu verbergen, war sie gezwungen weit fortzuziehen. Sie kam mich jeden Monat besuchen. Aber für mich war ein jeder Abschied von ihr eine Art Tod. Ich träume immer noch verlassen zu werden, mich alleine, verzweifelt in einem

suno. È molto strano che lo dica adesso a lei. Forse perché so che per lei non è importante.»

Elisabeth era commossa, le lacrime agli occhi:

«Oh no. Non dica queste cose. È una storia molto triste, la capisco, non so proprio cosa dire. Mi è capitato già altre volte di sentire storie assai drammatiche, in treno. Credo dipenda dalla brevità dell'incontro, dal fatto che ognuno di noi sa che non ci incontreremo più, non so. Un qualcosa di definitivo, irripetibile. Ma, tornando a quanto mi ha raccontato...»

«No, no. Lasci stare. Non c'è niente da dire. Anzi sarebbe meglio dimenticare tutto.»

Era molto imbarazzato e non sapeva come uscire da quella situazione. Deciso cambiò argomento: «mi è sembrato di vedere un vagone ristorante. Posso permettermi di invitarla a mangiare un boccone con me?» Elisabeth lo guardò stupita. Dopo quanto era stato detto non si aspettava una proposta simile.

«Oh grazie, molto gentile. Ma oggi ho deciso di mangiare solo una mela. Grazie.» Sorrise come per scusarsi e cercò nella propria borsa la mela in questione.

Lui si alzò quasi contento del suo rifiuto e dopo un breve cenno di saluto si allontanò. «Allora, a più tardi.»

Ogni volta che tornava a casa, bastava una settimana per metterla in crisi; i genitori, o meglio la mamma, la costringeva a mangiare tanto, col risultato che al ritorno aveva qualche chilo in più. Ora prese la mela e restò soprappensiero. Il racconto del suo compagno di viaggio l'aveva sconvolta. Non

Müllkasten wiederzufinden. Träume, die mich ein Leben lang verfolgen. Ich habe es nie jemandem erzählt. Es ist sehr seltsam, dass ich es jetzt Ihnen erzähle. Vielleicht, weil ich weiß, dass es für Sie nicht wichtig ist.«

Elisabeth war gerührt, hatte Tränen in den Augen.

»Aber nein doch. Sagen Sie sowas nicht. Es ist eine sehr traurige Geschichte, ich verstehe Sie, ich weiß gar nicht, was sagen. Es ist mir schon andere Male passiert, im Zug sehr dramatische Geschichten zu hören. Ich glaube, das hat mit der Kürze der Begegnung zu tun, mit dem Umstand, dass jeder von uns weiß, dass wir uns nie mehr begegnen werden, ich weiß es nicht. Etwas Endgültiges, nicht Wiederholbares. Aber um darauf zurückzukommen, was Sie mir erzählt haben ...«

»Nein, nein. Lassen Sie es bleiben. Da gibt es nichts zu sagen. Im Gegenteil, vielleicht wäre es besser alles zu vergessen.«

Er war sehr beschämt und wusste nicht, wie sich aus dieser Lage befreien. Entschlossen wechselte er das Thema: »Mir schien einen Speisewagen gesehen zu haben. Darf ich mir erlauben Sie einzuladen eine Kleinigkeit mit mir zu essen?« Elisabeth sah ihn überrascht an. Nach allem was gesprochen worden war, hatte sie einen derartigen Vorschlag nicht erwartet.

»Oh, danke, sehr höflich, aber heute habe ich beschlossen nur einen Apfel zu essen.« Sie lächelte, als wolle sie sich entschuldigen und suchte in ihrer Handtasche nach besagtem Apfel.

Er stand beinahe zufrieden auf und mit einem kurz angedeuteten Gruß entfernte er sich. »Dann bis später.«

Jedes Mal wenn sie nach Hause zurückkehrte, genügte eine Woche, um sie aus dem Rhythmus zu bringen; die Eltern, beziehungsweise die Mutter zwang sie viel zu essen, mit dem Ergebnis, dass sie bei der Heimkehr einige Kilo mehr wog. Jetzt nahm sie gedankenverloren den Apfel. Die

voleva uscirle dalla testa, e intanto che sbocconcellava la sua mela rivedeva gli occhi disperati di quell'uomo, la voce che quasi si spezzava tanta era l'agitazione. Nonostante i tanti anni trascorsi, lui soffriva ancora come quando era bambino. Un dolore che lo aveva segnato per la vita.

Guardò l'orologio. Ancora un'ora e avrebbe dovuto cambiare a Villach. Finalmente avrebbe potuto prendere uno di quei bei treni austriaci, dove aveva l'impressione di rientrare nella cerchia delle persone che in qualche modo le erano vicine; passare la frontiera per lei era sempre stato un motivo di sicurezza, di calma. Era un tornare veramente a casa.

Lei si sentiva in tutto e per tutto austriaca. Che il luogo della sua nascita si trovasse in territorio straniero l'aveva sempre disturbata, fin da bambina; la madre era italiana, trentina, questo era vero, ma il padre e tutta la sua famiglia erano tedeschi del Sudtirolo, e ci teneva sempre a dirlo. Il suo desiderio era sempre stato di andare a vivere in Austria e quando aveva conosciuto quel vedovo, venuto in vacanza nel maso dei suoi genitori insieme ai figli in età prerivoluzionaria, si era innamorata subito di lui, magari convinta di essere attratta soltanto dal suo essere viennese.

In realtà era stata incantata dal fascino del quarantenne esperto di donne, e nonostante la differenza d'età e l'ostilità dei figli, qualche mese dopo lo aveva seguito a Vienna, per studiare all'Università, come aveva detto ai propri genitori. Studiò infatti romanistica, data la sua perfetta conoscenza della lingua italiana, e insegnò poi questa lingua a Vienna, specializzandosi poi come interprete estemporanea nelle due lingue.

Erzählung ihres Reisegefährten hatte sie aufgewühlt. Sie wollte ihr nicht aus dem Kopf und während sie am Apfel knabberte, sah sie die verzweifelten Augen jenes Mannes mit der Stimme, die vor lauter Aufregung beinahe zerbrach. Trotz der vielen verflossenen Jahre, litt er noch so wie als Kind. Ein Schmerz, der ihn fürs ganze Leben gezeichnet hatte.

Sie sah auf die Uhr. Noch eine Stunde und sie würde in Villach umsteigen müssen. Endlich würde sie einen jener schönen österreichischen Züge besteigen können, in denen sie den Eindruck hatte in den Kreis jener Personen einzutreten, die ihr nahe waren; die Grenze zu überqueren, war für sie immer ein Gefühl der Sicherheit, der Ruhe gewesen. Es war ein wirkliches Nachhausekommen.

Sie fühlte sich in allem als Österreicherin. Dass sich ihr Geburtsort auf fremdem Territorium befand, hatte sie immer gestört, bereits als Kind. Die Mutter war Italienerin aus dem Trentino, das stimmte, aber der Vater und seine ganze Familie waren Deutsche aus Südtirol und sie legte Wert darauf das zu betonen. Es war immer ihr Wunsch gewesenen in Österreich zu leben und als sie jenen Witwer kennengelernt hatte, der gemeinsam mit seinen sich in vorrevolutionärem Alter befindlichen Kindern auf den Hof ihrer Eltern auf Urlaub gekommen war, hatte sie sich sofort in ihn verliebt, vielleicht davon überzeugt, bloß von seinem Wiener-Sein angezogen zu sein.

In Wirklichkeit war sie vom Charme des vierzigjährigen Experten in Frauendingen verzaubert worden und trotz des Altersunterschieds und der Feindseligkeit der Kinder war sie ihm einige Monate darauf nach Wien gefolgt, um an der Universität zu studieren, wie sie zu ihren Eltern sagte. In der Tat studierte sie aufgrund ihrer perfekten Kenntnisse der italienischen Sprache Romanistik, lehrte dann diese Sprache in Wien und spezialisierte sich dann als Dolmetscherin in beiden Sprachen.

«Guardi come nevica, qui l'inverno non accenna a finire.»

Il signore di prima, rientrando nello scompartimento, interruppe i pensieri di Elisabeth. Fuori una vera tempesta di neve imperversava sulle montagne, nascondendone i contorni fra dense nubi di vapore. Si era calmato, la voce non tradiva la minima emozione. La donna guardò fuori del finestrino.

«A me piace tanto la neve, soprattutto fuori, fra le montagne. In città è meno bella e scomoda. Un paesaggio montano, candido di neve: non credo ci sia niente di più magico, di fantastico. Da bambina giocavo ore e ore con la neve, finché mia madre mi portava via che ero già un ghiacciolo.»

«Io sono cresciuto in una grande città, la neve sulle montagne l'ho vista soltanto da grande. Devo confessare di non saper sciare, di non capire come ci si possa tenere in equilibrio su due assi così insicure. Ma forse non è poi necessario capire tutto. A proposito, sa chi ho incontrato? Il giovanotto di prima. Forse viene a farci visita. Mi ha detto che il discorso di quel tedesco lo ha piuttosto disturbato. È di origine ebraica.» Elisabeth fu subito rinfrancata dal tono leggero di conversazione superficiale che aveva assunto lui, forse pentito di aver parlato di sé, poco prima, con tanta emozione.

«Strano, ma l'ho pensato subito, appena l'ho visto. Mi è sembrato un bravo ragazzo, molto pulito e forse ingenuo, ma non per questo stupido, tutt'altro. Le ha raccontato qualcosa della propria famiglia?»

«Ha detto che di tutta la famiglia l'unica superstite è stata la nonna, nascosta presso una famiglia amica durante il terrore nazista. Credo che in tutta l'Europa e forse nel mondo non ci sia un solo ebreo che non abbia una storia di persecu-

»Sehen Sie bloß, wie es schneit; hier macht der Winter kein Anzeichen enden zu wollen.«

Wieder im Abteil zurück unterbrach der Herr von vorhin Elisabeths Gedanken. Auf den Bergen draußen tobte ein Schneesturm und verbarg deren Silhouetten zwischen dichten Nebelschwaden. Er hatte sich beruhigt und seine Stimme verriet nicht die geringste Emotion. Die Frau schaute zum Fenster hinaus.

»Mir gefällt der Schnee sehr, vor allem draußen in den Bergen. In der Stadt ist er weniger schön und eher lästig. Eine schneeweiße Berglandschaft, ich glaube nicht, dass es etwas Zauberhafteres, Fantastischeres gibt. Als Kind spielte ich Stunden über Stunden mit dem Schnee, solange bis mich meine Mutter, zu einem Eiszapfen gefroren, ins Haus holte.«

»Ich bin in einer großen Stadt aufgewachsen; den Schnee auf den Bergen habe ich erst als Erwachsener gesehen. Ich muss gestehen, dass ich nicht Skifahren kann, dass ich nicht verstehe, wie man auf zwei so unsicheren Brettern das Gleichgewicht halten kann. Aber vielleicht ist es auch nicht notwendig alles zu verstehen. Übrigens, wissen Sie, wen ich getroffen habe? Den jungen Burschen von vorhin. Vielleicht kommt er uns besuchen. Er hat mir gesagt, dass ihn der Diskurs jenes Deutschen ziemlich gestört hat. Er ist jüdischer Abstammung.« Elisabeth wurde gleich vom leichten Tonfall ermuntert, den er bei der eher oberflächlich gehaltenen Konversation angeschlagen hatte; vielleicht hatte er bereut kurz zuvor so leidenschaftlich von sich erzählt zu haben.

»Eigenartig, aber ich hatte es gleich gedacht, wie ich ihn gesehen habe. Er schien mir ein guter Junge zu sein, sehr ordentlich, vielleicht einfältig, aber deshalb nicht dumm, ganz im Gegenteil. Hat er Ihnen etwas von seiner Familie erzählt?«

»Er sagte, dass von seiner ganzen Familie, die während der Naziherrschaft bei einer befreundeten Familie untergekommene Großmutter die einzige Überlebende gewesen sei. Ich glaube, dass es in ganz Europa und vielleicht sogar auf

zioni da raccontare. Io considero gli ebrei le vittime ingiuste dell'umanità. Senza di loro saremmo tanto più poveri, tanto più arretrati: un mondo senza ebrei sarebbe come una minestra senza sale e guai a voler eliminare il sale.»

«Eppure da oltre sessant'anni in Europa non c'è un solo ebreo, o per lo meno ce ne sono troppo pochi perché possano contare sulla nostra vita, sulla nostra società come invece era prima; tutta la cultura europea dei secoli scorsi era in mano a loro, nell'arte, nella scienza, nel progresso sociale. Una perdita irreparabile per tutta l'umanità. Da oltre cinquant'anni non una personalità del calibro di Kraus, non uno scrittore come Kafka.» Tacque.

Anche il signore seduto di fronte a lei restò silenzioso. Aprì il libro e tentò di leggere. Sentiva ancora una strana tensione, quasi si vergognasse di quanto era accaduto prima, di aver toccato temi troppo intimi. Quanto meglio sarebbe stato se ora il treno si fosse fermato e lui fosse potuto scendere nel buio di una stazioncina sconosciuta, e sparire per sempre.

«Vedo che lei è molto avanti.»

«Quando comincio un libro devo sempre finirlo, è una cattiva abitudine, perché a volte mi accorgo di aver perso del tempo, che non ne valeva la pena, ma voglio sempre dare una chance all'autore, fino all'ultimo. Non sono capace di mettere da parte un libro, mi sembra ingiusto verso l'autore.» Elisabeth rispose sollevata: ecco un tema neutrale dietro il quale era possibile nascondere i propri pensieri.

«Io invece non riesco quasi mai a finire un libro, anche que-

der ganzen Welt keinen einzigen Juden gibt, der nicht eine Geschichte der Verfolgung zu erzählen hätte. Ich halte die Juden für die ungerechtfertigten Opfer der Menschheit. Ohne sie wären wir sehr viel ärmer, sehr viel rückständiger. Eine Welt ohne Juden wäre wie eine Suppe ohne Salz und wehe, man wollte das Salz eliminieren.«

»Und trotzdem gibt es seit über sechzig Jahren in ganz Europa keinen einzigen Juden mehr, beziehungsweise es gibt zu wenige von ihnen, als dass sie in unserem Leben, in unserer Gesellschaft wieder wie früher etwas zählen könnten; die gesamte europäische Kultur der vergangenen Jahrhunderte lag in ihren Händen, die Kunst, die Wissenschaft, der soziale Fortschritt. Ein nicht wieder wettzumachender Verlust für die gesamte Menschheit. Seit über fünfzig Jahren keine einzige Persönlichkeit von der Größe eines Kraus, kein einziger Schriftsteller wie Kafka.« Sie schwieg.

Auch der ihr gegenübersitzende Herr blieb stumm. Er schlug das Buch auf und versuchte zu lesen. Er spürte noch eine seltsame Anspannung, beinahe so, als schäme er sich dessen, was vorhin passiert war, zu intime Dinge angesprochen zu haben. Wie viel besser wäre es gewesen, wenn der Zug jetzt angehalten hätte und er in der Dunkelheit irgendeines unbekannten winzigen Bahnhofs aussteigen und für immer hätte verschwinden können.

»Ich sehe, dass Sie schon sehr weit gekommen sind.«

»Wenn ich ein Buch zu lesen anfange, muss ich es immer zu Ende lesen; es ist eine schlechte Angewohnheit, denn manchmal stelle ich fest, Zeit vergeudet zu haben, dass es sich nicht ausgezahlt hat, aber ich will dem Autor immer eine Chance geben, bis zum Schluss. Ich bin nicht imstande ein Buch beiseite zu legen, es erscheint mir ungerecht dem Autor gegenüber«, antwortete Elisabeth erleichtert: da war ein neutrales Thema, hinter dem es möglich war, die eigenen Gedanken zu verbergen.

»Ich hingegen kann beinahe kein Buch zu Ende lesen,

sta una cattiva abitudine. Sono impaziente, spesso salto intere pagine. Non sono un buon lettore. Vede, ho letto questo libro una trentina di anni fa e non riesco a ricordare il perché del titolo *Sonata a Kreutzer*. C'entra questa musica?»

«Certo. È per via di questa sonata che il protagonista uccide la moglie e viene assolto in tribunale. Cose che potevano accadere solo nei secoli passati, almeno qui in Europa. La gelosia di un marito giustificava perfino l'omicidio!»

«Ah, si tratta di gelosia? Non capisco, non conosco questa passione.»

«Lei non è geloso di sua moglie?»

«Non sono sposato, convivo con una compagna, già da anni, che poi è la stessa cosa. Credo di non essere geloso, in nessun caso.»

«Io invece sono estremamente gelosa. Questo però non vuol dire che ucciderei mio marito! Ma sono gelosa e ne soffro tanto: basta che mio marito tardi a tornare a casa, la sera, per perdere la testa. Quando poi sono via, come adesso, gli telefono continuamente per sapere dov'è, cosa fa. Una vera pazzia. Penso infatti che non ci possa essere vero amore senza gelosia. Non giustifico con questo un marito che uccide la moglie per gelosia, badi bene.»

«Da lei non mi sarei aspettato altro.» E il suo compagno di viaggio sorrise. Soltanto adesso Elisabeth notò che lo vedeva sorridere per la prima volta. Ora lo guardò meglio. Di media statura, un po' pesante, i capelli appena brizzolati, un viso dai lineamenti decisi, molto meridionali.

«Mi scusi se mi permetto una domanda così privata, ma ho l'impressione che lei sia di origine meridionale... ma sì, l'ho dimenticato, mi sembra che sua madre sia genovese o milanese, scusi l'indiscrezione. Com'è strano, perfino il luogo di nascita può suscitare dei problemi. Io, non so se glie-

auch das eine schlechte Angewohnheit. Ich bin ungeduldig, oft überspringe ich ganze Seiten. Ich bin kein guter Leser. Sehen Sie, ich habe dieses Buch vor ungefähr dreißig Jahren gelesen und kann mich nicht an das Warum des Titels *Kreuzersonate* erinnern. Hat das mit dieser Musik zu tun?«

»Gewiss. Wegen dieser Sonate bringt der Protagonist seine Frau um und wird vom Gericht freigesprochen. Dinge, die nur in den vergangenen Jahrhunderten passieren konnten, zumindest hier in Europa. Die Eifersucht eines Ehemanns rechtfertigte sogar den Mord!«

»Ach, es handelt sich um Eifersucht? Das verstehe ich nicht, ich kenne diese Leidenschaft nicht.«

»Sie sind nicht eifersüchtig auf ihre Frau?«

»Ich bin nicht verheiratet, ich lebe mit meiner Lebensgefährtin zusammen, bereits seit Jahren, was dann auch dasselbe ist. Ich glaube nicht eifersüchtig zu sein, keinesfalls.«

»Ich hingegen bin äußerst eifersüchtig. Das heißt aber nicht, dass ich meinen Mann umbringen würde! Aber ich bin eifersüchtig und leide sehr darunter: Es genügt, dass sich mein Mann am Abend beim Nachhausekommen verspätet, damit ich durchdrehe. Wenn ich dann fort bin, wie jetzt, dann telefoniere ich fortwährend, um zu erfahren, wo er ist, was er macht. Wohlgemerkt aber, ich rechtfertige damit keinen Ehemann, der seine Frau aus Eifersucht umbringt.«

»Von Ihnen hätte ich nichts anderes erwartet«, und ihr Reisegefährte lächelte. Erst jetzt bemerkte Elisabeth, dass sie ihn das erste Mal lächeln sah. Sie musterte ihn jetzt genauer. Mittelgroß, ein bisschen übergewichtig, die Haare ein wenig angegraut, ein Antlitz mit entschlossenen Gesichtszügen, sehr südländisch.

»Entschuldigen Sie, wenn ich Ihnen eine derartig intime Frage stelle, aber ich habe den Eindruck, dass Sie aus dem Süden stammen … aber ja doch, ich habe es vergessen, mir scheint, dass ihre Mutter Genuesin oder Mailänderin ist, entschuldigen Sie bitte die Indiskretion. Wie seltsam, sogar

l'ho detto, sono per metà trentina e per parte di padre sudtirolese, ma mi considero del tutto sudtirolese. Non so come la pensi lei, ma nonostante l'autonomia non sopporto l'idea di essere considerata italiana: è una questione di identità che gli italiani non vogliono o forse non possono capire. A volte penso che gli italiani non si facciano problemi di identità, di patria e non so che altro. Un popolo assai strano che non riesco a capire.»

Il signore l'aveva ascoltata con attenzione. Lui viveva a Milano e dei problemi altoatesini aveva sentito assai poco: una minoranza nazionalista, così aveva letto qualche volta su un giornale, che godeva di grandi privilegi e continuava a lamentarsi per danni subiti nel passato. Di più non sapeva.

Sul luogo della sua nascita aveva riflettuto già altre volte e aveva tratto le sue conclusioni:

«In fondo il luogo in cui nasciamo è sempre affidato al caso. Non so perché si dia tanta importanza a un fatto del quale non si è in ogni caso responsabili. Mia madre è infatti di origine meridionale, come del resto molti milanesi, e io stesso sono cresciuto a Milano. Di mio padre non so niente. Mia madre è stata la classica ragazza madre cacciata via di casa, minacciata dal padre per aver disonorato la famiglia. Ad ogni modo la storia di mia madre mi ha insegnato ad apprezzare e comprendere il movimento femminista. Oggi credo che una storia simile non potrebbe accadere, credo non ci sia una sola famiglia...»

«Non lo dica con tanta sicurezza. Vada nel Sud. Ancora adesso ci sono ragazze che vengono cacciate di casa per lo stesso motivo. È sempre colpa delle donne se restano incinte. Non siamo affatto lontani dal mondo islamico, come si vuol cre-

der Geburtsort kann Probleme hervorrufen. Ich weiß nicht, ob ich es Ihnen gesagt habe, ich bin zur Hälfte Trentinerin und väterlicherseits Südtirolerin, empfinde mich aber ganz als Südtirolerin. Ich weiß nicht, wie Sie darüber denken, aber trotz der Autonomie kann ich es nicht leiden als Italienerin betrachtet zu werden; es ist eine Frage der Identität, die die Italiener nicht verstehen wollen oder vielleicht nicht verstehen können. Manchmal denke ich, dass sich die Italiener dem Problem der Identität des Vaterlandes und wer weiß was noch, gar nicht stellen. Ein sehr seltsames Volk, das ich nicht verstehen kann.«

Der Herr hatte ihr aufmerksam zugehört. Er lebte in Mailand, von den Südtirolproblemen hatte er sehr wenig gehört; eine nationalistische Minderheit, so hatte er manchmal in einer Zeitung gelesen, die große Privilegien genoss und fortfuhr sich wegen in Vergangenheit erlittener Schäden zu beklagen. Mehr wusste er nicht.

Über seinen Geburtsort hatte er bereits andere Male nachgedacht und seine Schlüsse gezogen.

»Im Grunde ist der Ort, an dem wir geboren werden, dem Zufall überlassen. Ich weiß nicht, warum man einem Umstand, für den man nicht verantwortlich ist soviel Wichtigkeit zuschreibt. Meine Mutter ist in der Tat südländischen Ursprungs, so wie übrigens viele Mailänder, und ich selbst bin in Mailand aufgewachsen. Über meinen Vater weiß ich nichts. Meine Mutter war die klassische aus dem Haus gejagte, vom Vater verfluchte uneheliche Mutter, da sie die Ehre der Familie beschmutzt hatte. Jedenfalls hat mich die Geschichte meiner Mutter gelehrt die Frauenbewegung zu schätzen und zu begreifen. Heute glaube ich, dass eine ähnliche Geschichte nicht geschehen könnte, ich glaube es gibt keine einzige Familie ...«

»Seien Sie sich dessen nicht so sicher. Gehen Sie in den Süden. Heute noch gibt es Mädchen, die aus demselben Grund von zu Hause vertrieben werden. Es ist immer die Schuld der Frauen, wenn sie schwanger werden. Wir sind in

dere: ci sono ancora fratelli che uccidono le sorelle per motivi di onore, ci si creda o no. In realtà, anche se non più riconosciuto dalla legge, esiste ancora il delitto d'onore. Di recente ho letto un libro che mi ha sconvolto. Storie di donne violentate e uccise dai loro mariti, storie vere, documentate. Gli uomini reagiscono con violenza quando sentono di perdere terreno con le loro donne. Non so se in passato fosse così, ma è spaventoso.»

«Le passioni sono di tutti i tempi e la gelosia è senz'altro una delle colonne portanti dei rapporti umani: pensi a Paolo e Francesca, Otello e non ricordo chi altri. Tutti uomini gelosi che hanno ucciso le loro donne in modo brutale. Non abbiamo motivo di meravigliarci di niente.»

«Mi scusi, se mi permetto, ma sua madre non si è più sposata, non ha avuto altri figli?»

«Mia madre, dopo quell'esperienza, credo abbia fatto delle profonde riflessioni, per lo meno è ciò che penso io, perché non ne parliamo mai. È una donna assai autoritaria; in fondo mi ha fatto anche da padre e con estrema disciplina, direi, quasi di tipo militare.» Scosse la testa, sorpreso. Sembrava lo pensasse per la prima volta.

Tacquero a lungo. Il treno prese a rallentare. Scesero insieme a Villach per l'ultimo cambio, almeno per chi doveva andare a Vienna.

Elisabeth era arrivata quasi alla fine del suo romanzo quando la porta dello scompartimento si aprì: controllo dei bi-

der Tat nicht so weit von der islamischen Welt entfernt, wie man glauben machen möchte; es gibt noch die Brüder, die ihre Schwestern aus Gründen der verletzten Ehre umbringen, ob man es glauben will oder nicht. In Wirklichkeit existiert immer noch, auch wenn vom Gesetz nicht mehr geduldet, der Ehrenmord. Kürzlich habe ich ein Buch gelesen, das mich erschüttert hat. Geschichten der von ihren Ehemännern vergewaltigten und ermordeten Frauen, wahre, dokumentierte Berichte. Die Männer reagieren gewalttätig, wenn sie ihren Frauen gegenüber an Terrain verlieren. Ich weiß nicht, ob es auch früher so war, doch ist es erschreckend.«

»Die Leidenschaften gehören zu jeder Zeit und die Eifersucht ist gewiss eine der tragenden Säulen der menschlichen Beziehungen, denken Sie an Paolo und Francesca, an Othello und an, wer weiß wen, noch. Alles eifersüchtige Männer, die ihre Frauen auf brutale Weise getötet haben. Wir haben keine Ursache uns über irgendetwas zu wundern.«

»Entschuldigen Sie, wenn ich es mir erlaube, aber hat ihre Mutter denn nicht mehr geheiratet, hat sie keine weiteren Kinder bekommen?«

»Nach jener Erfahrung hat meine Mutter, glaube ich, gründlich nachgedacht, zumindest nehme ich das an, denn wir haben nie darüber geredet. Sie ist eine sehr autoritäre Frau; im Grunde hat sie für mich auch den Vater gespielt, mit äußerster Disziplin, würde ich sagen, beinahe militärisch.« Er schüttelte überrascht den Kopf. Es schien, als würde er das zum ersten Mal denken.

Sie schwiegen lange. Der Zug begann langsamer zu werden. Sie stiegen in Villach gemeinsam zum letzten Umstieg aus, zumindest der letzte für die, die nach Wien mussten.

Elisabeth war beinahe am Ende ihres Romans angelangt, als sich die Tür des Abteils öffnete: Fahrscheinkontrolle, dieses

glietti questa volta in lingua tedesca e subito dopo il giovanotto di prima, venuto a cercarli. Grandi scambi di cordialità quasi si conoscessero da una vita. Il ragazzo, felice di rivedere la bella signora, non faceva che ridere di ogni sciocchezza.

«Beh, la lascio in buona compagnia. Io devo cambiare a Bruck an der Mur, per Graz. Lei penso sia diretta a Vienna.» Disse il signore seduto di fronte. «È stato un bellissimo viaggio e lo devo a lei, gentile signora, alla sua cortesia, alla sua sensibilità.»

«O no, il piacere è stato tutto mio. Lei è un conversatore molto interessante. Se dovesse venire a Vienna la prego di venirmi a trovare. Sono certa che mio marito l'accoglierà con molto piacere: lui, come lei, dice di non essere geloso.» Aggiunse sorridendo e gli porse il suo biglietto da visita, mentre lui contraccambiava di buona voglia, ambedue convinti di non rivedersi più.

Il treno si fermò. Il signore raccolse in fretta le sue cose, infilò il giaccone pesante, pronto a uscire. Si strinsero la mano, come vecchi amici e lui non dimenticò di raccomandare al giovane di aiutare la signora con la sua grossa valigia, all'arrivo a Vienna.

„Ancora un'ora e mezza fino a Vienna ed è già buio pesto", sospirò Elisabeth. „Nevica tutto il giorno, qui."

Avrebbe trovato la città tutta bianca di neve. Ma il pensiero del suo piccolo cane, e delle braccia calde che l'avrebbero stretta alla stazione, la consolò subito.

«Col suo permesso vado a prendere la mia roba e mi trasferisco qui, vedo che ci sono posti a sufficienza. A fra poco.»

Mal in deutscher Sprache, und gleich darauf der junge Mann von vorhin, auf der Suche nach ihnen. Herzlicher Höflichkeitsaustausch, so als würden sie sich schon ein Leben lang kennen. Glücklich die schöne Frau wiederzusehen, tat der Junge nichts anderes als über jede Kleinigkeit zu lachen.

»Nun, ich lasse Sie in guter Begleitung. Ich muss in Bruck an der Mur in den Zug nach Graz umsteigen. Sie, denke ich, fahren nach Wien weiter«, sagte der gegenübersitzende Herr. »Es war eine sehr schöne Reise und das verdanke ich Ihnen, verehrte gnädige Frau, Ihrer Höflichkeit, Ihrem Feingefühl.«

»Aber nicht doch, das Vergnügen war ganz meinerseits. Sie sind ein sehr interessanter Gesprächspartner. Sollten Sie nach Wien kommen, bitte ich Sie mich zu besuchen. Ich bin mir sicher, mein Mann würde Sie mit Vergnügen empfangen; er behauptet, wie Sie, nicht eifersüchtig zu sein«, fügte sie lächelnd hinzu und reichte ihm ihre Visitenkarte, was er freudig erwiderte, beide überzeugt, sich niemals wiederzusehen.

Der Zug hielt an. Der Herr packte eilig seine Sachen zusammen, schlüpfte in die schwere Jacke, bereit auszusteigen. Sie gaben sich die Hand wie alte Freunde und er vergaß nicht den Jungen daran zu erinnern, der Frau bei ihrer Ankunft in Wien mit ihrem großen Koffer behilflich zu sein.

„Noch eineinhalb Stunden bis nach Wien und es ist schon stockfinster", seufzte Elisabeth. „Hier schneit es den ganzen Tag."

Sie würde die Stadt ganz in Weiß vorfinden, doch der Gedanke an ihren kleinen Hund und die wärmenden Arme, die sie am Bahnhof empfangen würden, trösteten sie sofort.

»Mit Ihrer Erlaubnis werde ich meine Sachen holen und hierher übersiedeln; wie ich sehe gibt es hier freie Plätze zur Genüge. Bis gleich.«

Il giovanotto si allontanò, impaziente di tornare e finire il viaggio con la bella signora. Elisabeth sorrise e si sistemò per schiacciare un pisolino: una giornata interessante ma faticosa, concluse prima di chiudere gli occhi.

Der junge Bursche entfernte sich, ungeduldig seine Reise mit der schönen Frau fortzusetzen. Elisabeth lächelte und machte es sich bequem, um ein Nickerchen zu machen. Ein interessanter, aber anstrengender Tag, stellte sie fest, bevor sie die Augen schloss.

Solo una scommessa
Una biografia

Qualche giorno dopo Natale, appena all'inizio del 1933 nacque inaspettatamente, cioè prima del tempo più o meno calcolato, una bimba di due chili, forse meno (in quella casa non c'era una bilancia), minuta, leggera come una bamboletta priva di vita. Ma era viva, si rassicurò la madre: aveva qualche esperienza non essendo al suo primo parto. Due bambine erano già nate, una andava a scuola, la più grandina; l'altra, di tre anni, le stava ancora attaccata alla gonna, ma si vedeva che aveva un carattere assai accomodante. La nuova nata fu battezzata subito, dato che tutti erano convinti che non avrebbe passato l'inverno: le poche vicine che si erano avventurate nella tempesta di neve che aveva imperversato per alcuni giorni in quella stretta vallata avevano sentenziato: "non ha energia, e poi è troppo bella per questa terra. Deve essere un angelo che ha sbagliato strada ed è caduto in questa fattoria". Infatti la bambina era di una bellezza fuori del comune, soprattutto se si considera la fatica del parto e la piccolezza del corpicino. Mai visto un neonato così perfetto. Ma la cosa che aveva impressionato tutte erano gli occhi che guardavano. Proprio così, guardavano! Non i soliti occhi slavati, magari azzurri ma senza sguardo, in qualche modo ancora perduti in un mondo senza visioni, o meglio fuori da quello che comunemente si chiama realtà, appunto il ventre materno, un mondo a parte, per i più sconosciuto, dimenticato o presente solo nei sogni: lei non solo aveva subito aperto gli occhi, ma aveva guardato con attenzione le

Nur eine Wette
Eine Biografie

Einige Tage nach Weihnachten, Anfang 1933, kam völlig unerwartet, das heißt vor dem ungefähr errechneten Zeitpunkt ein zwei Kilo schweres (vielleicht auch weniger, in jenem Haus gab es keine Waage) Mädchen zur Welt, zierlich, leicht wie eine leblose Puppe. Aber es lebte, beruhigte man die Mutter; sie hatte schon einige Erfahrung, da es nicht ihre erste Geburt war. Zwei Mädchen waren schon auf der Welt, eines, das ältere, ging schon zur Schule, das andere, drei Jahre alt, hing noch an ihrem Rock, doch sah man, dass es einen sehr friedlichen Charakter hatte. Das Neugeborene wurde sofort getauft, da alle überzeugt waren, dass es den Winter nicht überleben würde. Die wenigen Nachbarinnen, die sich in den Schneesturm hinausgewagt hatten, der seit einigen Tagen in diesem engen Tal wütete, hatten geurteilt: „Das Kind hat keine Energie und überhaupt ist es zu schön für diese Welt. Es muss ein Engel sein, der den Weg verfehlt hat und in dieses Bauernhaus gefallen ist." In der Tat war das Mädchen von außergewöhnlicher Schönheit, vor allem, wenn man die Anstrengungen der Geburt und die Winzigkeit dieses Körperchens berücksichtigte. Nie hatte man ein derart perfektes Neugeborenes gesehen. Was aber alle beeindruckt hatte, waren die sich umblickenden Augen. Tatsächlich, sie sahen sich um! Nicht die üblichen wässrigen Augen, vielleicht blau aber blicklos, irgendwie noch in einer Welt ohne Visionen verloren, beziehungsweise außerhalb dessen, was man allgemein Realität nennt, eben im Mutterleib, einer Welt für sich, den meisten unbekannt, vergessen

persone che le stavano intorno, sorprendendo tutti.

La madre aveva subito capito che si trattava di una creatura speciale, in ogni caso diversa dalle sue bambine e dai bambini del villaggio. Certo non aveva visto molti bambini in quel posto sperduto fra le montagne, a oltre mille metri di altezza: un paesino con qualche centinaio di abitanti, poche fattorie sparse, un sentiero che si arrampicava lungo il crinale, una piccola chiesa assai antica, risalente al XII secolo, situata in cima a un dirupo, un negozietto di generi misti, la scuola. La zona, senza un piccolo spazio per una piazzetta, chiusa in una stretta vallata ricca di storia, forse per la sua posizione assai facile da difendere, era abitata già mille anni prima dell'era cristiana: la valle di Ulten diventata poi la Val d'Ultimo. Giù, oltre una scarpata scoscesa, rumoreggiava un torrente, ricco di acque soprattutto in primavera, il Falschauer, Valsura in italiano, prima di finire nell'Adige e quindi nell'Adriatico. Questo il mondo in cui si sarebbe svolta l'infanzia e tutta l'adolescenza della bambina.

Non persero tempo. Il parroco si dichiarò pronto a salvare quell'anima e senza alcuna cerimonia speciale, cosa che del resto la famiglia non avrebbe potuto permettersi, date le condizioni assai modeste in cui versava. Battezzò la piccola appena due giorni dopo la nascita col nome di Maria. La madre la chiamò sempre Moidele e tale restò sempre.

La piccola superò l'inverno e anche la primavera, accudita amorosamente dalla madre che aveva sempre l'impressione di tenere in braccio un angioletto in qualche modo caduto dal cielo. La prima idea di una vicina era infatti rimasta fissa nella testa di tutti: quella non poteva essere una crea-

oder nur in Träumen präsent: zur Überraschung aller hatte es aber, nicht nur sofort die Augen aufgesperrt sondern gleich alle umherstehenden Anwesenden aufmerksam gemustert.

Die Mutter hatte sofort begriffen, dass es sich um eine besondere Kreatur handelte, auf jeden Fall anders als ihre anderen Töchter und die Kinder im Ort. Gewiss, sie hatte in diesem einsamen Dorf auf über tausend Metern zwischen den Bergen nicht viele Kinder gesehen, ein Ort mit ein paar hundert Einwohnern, wenigen verstreuten Bauernhöfen, einem Weg, der sich entlang eines Grates hinaufwand, einer kleinen über einem Abhang stehenden, ziemlich alten, auf das XII. Jahrhundert zurückreichenden Kirche, einem kleinen Gemischtwarenladen, einer Schule. Die Gegend ohne Raum für einen Dorfplatz, eingekeilt in einem engen Tal, reich an Geschichte, vielleicht wegen seiner Lage sehr leicht zu verteidigen, war bereits tausend Jahre vor der christlichen Ära besiedelt gewesen: das Tal von Ulten, aus dem später das Ultental wurde. Weit unten, am Fuße der steilen Böschung toste ein vor allem im Frühjahr wasserreicher Bach, Falschauer genannt, bevor er in die Etsch und dann in die Adria mündete. Das war die Welt, in der sich die ganze Kindheit und die Jugend des Mädchens abspielen würde.

Sie verloren keine Zeit. Der Pfarrer erklärte sich bereit, diese Seele ohne besonderes Zeremoniell zu retten, das sich die Familie angesichts der äußerst bescheidenen Verhältnisse ohnehin nicht hätten leisten können. Er taufte die Kleine gerade einmal zwei Tage nach ihrer Geburt auf den Namen Maria. Die Mutter nannte sie immer Moidele und dieser Name blieb ihr für immer.

Die Kleine überstand den Winter und auch das Frühjahr, liebevoll von der Mutter umsorgt, die immer das Gefühl hatte, ein irgendwie vom Himmel gefallenes Engelchen im Arm zu halten. Der erste Eindruck einer Nachbarin war in der Tat allen im Gedächtnis haften geblieben: das konnte kein

tura terrestre! Era biondissima, la prima nella sua famiglia, e piena di ricciolini: la madre non trovò mai il coraggio di tagliare quei capelli per timore di disperdere tutto quell'oro e non ritrovarlo più. Le manine delicate, i piedini di zucchero, il corpicino formato quasi da mano divina suggerivano la provenienza non terrena di quella creatura; senza contare gli occhi che la seguivano in ogni suo movimento, quasi volessero dirle qualcosa di particolare, un messaggio dell'aldilà, forse, in ogni caso di un mondo soprannaturale.

Durante la breve estate montana la piccola Moidele fu portata nei campi per la raccolta del fieno, ben sistemata in un cesto della biancheria e non piangeva, tanto meno urlava, come facevano di solito gli altri bambini: la Moidele sembrava osservare tutto e tutti con sorpresa ma anche con particolare interesse. Guardava soprattutto il cielo, azzurro come i suoi occhi, quasi si specchiassero in esso, o vi ritrovassero il luogo della propria provenienza. Tutto era nuovo per lei e la incuriosiva. Stranamente le due sorelline maggiori la coccolavano non meno della mamma e non erano affatto gelose delle cure e delle attenzioni speciali che tutti avevano per lei. Tornare da scuola e dare subito un'occhiata nella culla, chiedere con insistenza di poterla prendere in braccio, quasi si trattasse di una bambola, benché avesse ormai raddoppiato il peso e avesse l'aspetto di una bambina normale, erano scene di tutti i giorni.

La bambina ben presto imparò a sorridere e regalava il suo sorriso a chiunque la guardasse, particolare che restò poi per il resto della sua lunga vita: Moidele era sempre gentile, e più che il sorriso erano sempre gli occhi a dare il benvenuto alla gente accattivandole le simpatie di tutti. A scuola fu un'alunna ideale, con un particolare talento per la musica.

irdisches Wesen sein! Es war strohblond, als erstes in der Familie, und voller Locken. Die Mutter fand aus Angst all dieses Gold zu zerstreuen und es nicht wiederzufinden nie den Mut diese Haare zu schneiden. Die zarten Händchen, die Zuckerfüßchen, der beinahe von göttlicher Hand geformte kleine Körper vermittelte beinahe den Eindruck einer überirdischen Herkunft dieses Geschöpfs, ohne die Augen zu berücksichtigen, die jeder ihrer Bewegungen folgten, beinahe als wollten sie ihr etwas Besonderes sagen, vielleicht eine Nachricht aus dem Jenseits geben, jedenfalls aus einer überirdischen Welt kommend.

Während des kurzen Sommers im Gebirge wurde das kleine Moidele mit auf die Wiesen zur Heumahd genommen, gut in einen Wäschekorb gepackt, es weinte nicht und noch weniger schrie es, wie es gewöhnlich andere Kinder machen: Moidele schien alles und jeden überrascht, aber auch mit besonderem Interesse zu beobachten. Sie blickte vor allem in den Himmel, so blau wie ihre Augen, beinahe als spiegelten sie sich in ihm, oder als würden sie in ihm den Ort ihrer Herkunft finden. Alles war neu für sie und machte sie neugierig. Eigenartigerweise hätschelten sie ihre beiden älteren Schwestern nicht weniger als die Mutter und sie waren überhaupt nicht eifersüchtig auf die Pflege und die besondere Aufmerksamkeit, die ihr alle zukommen ließen. Von der Schule nach Hause kommen und sofort einen Blick in die Wiege werfen, mit Nachdruck bitten sie in den Arm nehmen zu dürfen, beinahe so als handle es sich um eine Puppe, obwohl sie inzwischen doppelt so viel wog und das Aussehen eines normalen Kindes hatte, war das das alltägliche Ritual.

Das Mädchen lernte schnell zu lächeln und schenkte es jedem, der sie ansah, ein Merkmal, das ihm für den Rest ihres langen Lebens erhalten blieb. Moidele war immer freundlich und mehr noch als das Lächeln hießen ihre Augen immer die Menschen willkommen und eroberten die Sympathie aller. Sie war eine ideale Schülerin mit einem be-

Cantava, bene intonata. La sua vocina deliziosa si levava per la gioia di tutti e, quasi non bastasse, abbastanza presto cominciò a suonare tutti gli strumenti che le venivano per le mani: il flauto dolce, ma soprattutto la cetra, trovata in casa. Senza chiedere nessuna spiegazione si era messa a suonare, prima cercando i suoni e poi cercando le melodie che aveva imparato a scuola. Appena ascoltava una nuova canzoncina si ingegnava di riprodurla sulla cetra. Una conferma in più del suo essere diversa dagli altri bambini. Aveva quello che comunemente viene definito un buon carattere: una conseguenza del suo essere sempre accettata da tutti o era semplicemente innato come al contrario pensavano tutti?

Sarebbe interessante capire cosa è innato e cosa è frutto di una situazione il più delle volte creata inconsciamente dall'ambiente nel quale si vive: essere accettati dalla madre e dalla famiglia, meglio ancora dal mondo intero, forma un carattere positivo, sempre disponibile, gentile; molto più importante: insegna ad accettare sé stessi e quindi elimina o meglio previene eventuali conflitti interiori. Nascere e subito essere considerati angeli venuti dal cielo, cioè creature fuori dall'ordinario, come in realtà dovrebbero essere tutti i bambini, dà una sicurezza tutta particolare. Sì, rassicura: la vita è una continua scoperta, la gente è buona, tutti hanno gioito di questa nascita... chi può vantare un tale ingresso nella vita? Annullate anche le possibili rivalità delle sorelline, almeno per i primi anni, e l'amore esclusivo della mamma e del papà che si considerano privilegiati di avere una bambina così! Un favoloso lasciapassare per tutta la vita...

Ma la vita riserva altre sorprese, del tutto inattese e sconvol-

sonderen musikalischen Talent. Sie sang sehr schön, mit reiner Intonation. Ihr reizendes Stimmchen erklang zur Freude aller und beinahe so, als würde das allein nicht genügen, begann sie sehr früh alle Instrumente zu spielen, die ihr in die Hände kamen: die Flöte, vor allem aber die Zitter, die sie im Hause fand. Ohne um irgendeine Anleitung zu bitten, hatte sie zu spielen begonnen, erst auf der Suche nach den Tönen, dann nach den Melodien, die sie in der Schule gelernt hatte. Sowie sie ein neues Liedchen hörte, bemühte sie sich es auf der Zitter zu wiederholen. Eine weitere Bestätigung, dass sie sich von anderen Kindern unterschied. Sie besaß das, was man ganz allgemein als guten Charakter bezeichnete, eine Folge dessen, dass sie immer von allen angenommen wurde oder ganz einfach, wie alle dachten, weil er ihr angeboren war.

Es wäre interessant zu verstehen, was angeboren ist und was das Ergebnis einer in den meisten Fällen unbewusst von der Umgebung, in der man lebt, geschaffenen Situation ist: von der Mutter und der Familie akzeptiert zu werden, besser noch von der ganzen Welt, formt einen positiven Charakter, immer willig, freundlich; viel wichtiger noch, es lehrt einen sich selbst zu akzeptieren und eliminiert, beziehungsweise baut eventuellen inneren Konflikten vor. Auf die Welt kommen und gleich als vom Himmel gefallener Engel, das heißt für ein außergewöhnliches Wesen gehalten zu werden, wie es in Wirklichkeit alle Kinder sein sollten, verleiht eine ganz besondere Sicherheit. Ja, es beruhigt: das Leben ist eine fortwährende Entdeckung, die Menschen sind gut, alle haben sich über diese Geburt gefreut … wer kann sich schon eines solchen Eintritts in das Leben rühmen? Auch die möglichen Rivalitäten der Schwestern sind zumindest in den ersten Jahren ausgeschlossen, und die ausschließliche Liebe der Mutter und des Vaters, die sich für privilegiert halten ein solches Kind zu haben, sind ihr sicher! Eine wunderbare Eintrittskarte ins Leben …

Doch das Leben hält auch andere, völlig unerwartete und

genti. Infatti le prime lotte dell'infanzia sono importanti per preparare in modo adeguato a un futuro non sempre positivo, necessarie per sviluppare le prime armi di difesa e quindi per sopravvivere anche in situazioni negative e inaspettate.

Crebbe e la sua posizione nella piccola comunità nella quale viveva non cambiò, anzi la gente aveva pietà di lei perché apparteneva a una famiglia di Dableiber! Arrivò infatti l'anno delle Opzioni in cui tutto il Sudtirolo fu messo in subbuglio: c'era stato un accordo fra Italia e Germania secondo il quale gli altoatesini di lingua tedesca avrebbero potuto scegliere di restare nelle loro case o meglio ancora di oltrepassare le Alpi dove pareva esserci la terra promessa. Qui avrebbero acquisito la cittadinanza tedesca e con essa una quantità di diritti che abbastanza presto per la maggior parte degli Optanti si rivelò per quello che era: un trucco politico e niente altro. La cosa più grave fu che perfino il Podestà del paese, fratello della madre, consigliava a tutti di emigrare. Da qui discussioni senza fine, dissensi, atmosfera tesa fino al referendum. Poi tutto il paese diviso e questo fino alla fine della guerra, quando ormai nessuno più sperava in un ritorno all'Austria, ma almeno in un'autonomia dall'Italia.

La guerra non le impedì di frequentare la scuola del paese fino alla licenza: seguì un secondo studio a Merano di economia domestica che concluse a 17 anni.

I genitori non le permettevano di fare i soliti lavori nei campi, in stalla, secondo loro troppo pesanti per la sua fragile costituzione, fra le proteste delle due sorelle maggiori. A lei venivano risparmiati perfino i lavori di casa: lei era nata per una vita migliore.

erschütternde Überraschungen bereit. In der Tat sind die ersten Kämpfe der Jugendzeit wichtig, um sich entsprechend auf eine nicht immer positive Zukunft vorzubereiten, notwendig, um die ersten Abwehrkräfte zu entwickeln und fürs Überleben in negativen und unerwarteten Situationen gerüstet zu sein.

Sie wuchs heran und ihre Position in der kleinen Gemeinschaft, in der sie lebte, änderte sich nicht, im Gegenteil, die Menschen hatten Mitleid mit ihr, da sie aus einer Familie von Dableibern kam! Es kam das Jahr der Option, bei der ganz Südtirol in Aufruhr geriet. Da gab es die Vereinbarung zwischen Italien und Deutschland, laut der die deutschsprachigen Südtiroler zwischen dem Verbleib in ihrer Heimat und dem Überschreiten der Alpen, wo das gelobte Land zu liegen schien, wählen sollten. Dort hätten sie die deutsche Staatsbürgerschaft erhalten und mit ihr eine Menge an Rechten, die sich für den Großteil der Optanten als das erwies, was es war: eine politische Trickserei und nichts weiter. Das Schlimmste war, dass sogar der Podestà, der Ortsvorsteher, ein Bruder ihrer Mutter, allen zur Auswanderung riet. Von da an gab es bis zum Referendum Diskussionen ohne Ende, Auseinandersetzungen, eine spannungsgeladene Stimmung und schließlich bis zum Kriegsende ein geteiltes Dorf, als niemand mehr an eine Rückkehr zu Österreich glaubte, aber doch zumindest eine von Italien gewährte Autonomie erhoffte.

Der Krieg hinderte sie nicht, die Dorfschule bis zum Abschluss zu besuchen; darauf folgte ein Studium der Hauswirtschaft in Meran, das sie im Alter von siebzehn Jahren abschloss.

Die Eltern erlaubten ihr – unter dem Protest der beiden älteren Schwestern – die üblichen Arbeiten, auf dem Feld und im Stall nicht, laut den Eltern zu anstrengend für ihre zarte Konstitution. Sie blieb sogar von den Arbeiten im Haus verschont: sie war für ein besseres Leben auf dieser Welt.

Subito, appena adolescente, trovò lavoro nell'unico negozio del paese e fu una specie di benedizione per i padroni, perché tutti si intrattenevano volentieri con lei e a volte compravano più del necessario per godere più a lunga della sua presenza. I giovani e anche i meno giovani cominciarono a guardarla con una certa insistenza: il suo corpo fioriva a vista d'occhio e la sua bellezza era sempre tale da affascinare uomini e donne quasi nella stessa misura. Gli occhi guardavano con sempre maggiore ingenuità il mondo che le girava intorno: praticamente ignorava la vita, i lati oscuri della vita.

All'inizio degli anni Cinquanta la situazione economica della famiglia, come del resto di tutte le famiglie sudtirolesi, nonostante le due mucche, le galline, i prati e l'orto che dava giusto il necessario per sopravvivere, era talmente critica che la maggior parte delle ragazze del paese emigrò in cerca di lavoro, come già in precedenza del resto avevano fatto anche gli uomini. A cominciare dagli anni Venti un numero sempre crescente di giovani donne erano emigrate per un certo periodo di tempo in Italia, Germania e Svizzera, spesso come domestiche o bambinaie, richieste soprattutto per la loro conoscenza della lingua italiana e tedesca, oltre per un particolare molto interessante: sapevano leggere e scrivere in due lingue, cosa del tutto sconosciuta nel resto dell'Italia, dato l'alto grado di analfabetismo allora imperante.

Moidele seguì una parente che aveva trovato lavoro in Svizzera: vi restò neanche otto mesi. Fu la nostalgia a spingerla a tornare? Aveva fatto delle esperienze negative? Non ne parlò mai. Riprese a lavorare nel negozietto di alimentari del paese, sempre estranea alla vita faticosa che in realtà conduceva la sua famiglia e tutte le famiglie del luogo. Ogni pretendente veniva inesorabilmente scartato perché non adeguato alle sue aspettative, o forse solo alle aspettative

Gerade einmal halbwüchsig fand sie gleich Arbeit im einzigen Laden des Dorfes, sie war eine Art Segen für die Eigentümer, denn alle unterhielten sich gerne mit ihr und manchmal kauften sie mehr als notwendig, nur um ihre Gesellschaft etwas länger genießen zu können. Die Jungen und auch die weniger jungen Erwachsenen begannen sie mit einer gewissen Eindringlichkeit zu beobachten: ihr Körper erblühte offensichtlich und ihre Schönheit war immer von einer Art, die Männer wie Frauen gleichermaßen faszinierte. Ihre Augen betrachteten die Welt, die sie umkreiste mit wachsender Unschuld; sie ignorierte praktisch das Leben, die finsteren Seiten des Lebens.

Anfang der Fünfzigerjahre war die wirtschaftliche Lage der Familie, wie übrigens die aller Südtiroler Familien, trotz der beiden Kühe, der Hühner, der Heuwiesen und des Gemüsegartens, die gerade einmal das Nötigste zum Überleben abwarfen, derart kritisch, dass der Großteil der Mädchen des Dorfes auf Arbeitssuche auswanderte, so wie es bereits vorher die Männer getan hatten. Seit den Zwanzigerjahren war eine ständig wachsende Anzahl von jungen Frauen für eine Zeit lang nach Italien, Deutschland und in die Schweiz gegangen, häufig als Haushaltsgehilfinnen oder Kindermädchen, insbesondere wegen ihrer Kenntnisse der italienischen und der deutschen Sprache, überwiegend aber wegen einer sehr interessanten Besonderheit: sie konnten in beiden Sprachen lesen und schreiben, eine im restlichen Italien angesichts des damals weit verbreiteten Analphabetismus, nicht vorhandene Fähigkeit.

Moidele folgte einer Verwandten, die in der Schweiz Arbeit gefunden hatte; sie blieb nicht einmal acht Monate dort. War es das Heimweh, das sie zur Heimkehr trieb? Hatte sie schlimme Erfahrungen gemacht? Sie sprach nie darüber. Sie begann wieder in dem kleinen Gemischtwarenladen im Dorf zu arbeiten, immer unbeteiligt am beschwerlichen Leben, das ihre und alle anderen Familien des Ortes führten. Jeder Verehrer wurde unweigerlich abgewiesen, da er ihren Er-

dei genitori che sognavano per lei il principe azzurro.

Le sorelle si sposarono, ma Moidele restava in casa, protetta come qualcosa di prezioso dai genitori, sempre più isolata dalla vita reale che si svolgeva subito fuori la porta di casa.

Verso la fine degli anni Cinquanta, quando ormai si lavorava alla costruzione di una delle sette dighe che avrebbero sfruttato le acque del Falschauer, completando anche la strada che univa l'Ultental con Lana, si vedevano operai provenienti da altre località. Sembrava che la valle si fosse svegliata a nuova vita.

Il piccolo negozio di generi misti dove lavorava Moidele era una specie di centro di incontro per gli operai che dalla primavera all'autunno lavoravano nel cantiere. La giovane donna non poteva passare inosservata: alta, slanciata, un bel viso dai lineamenti quasi aristocratici, una figurina elegante, signorile, non tipica della contadina abituata ai lavori pesanti, aveva qualcosa che la rendeva diversa. Era avvenuto un cambiamento: sorrideva sempre, gentile, ma i suoi occhi non davano più il benvenuto. Seri, concentrati, sembrava che non guardassero veramente l'interlocutore, anzi che guardassero oltre, quasi in attesa di qualcuno che non si decideva a venire. I suoi vestiti, modesti ma sempre curati, il suo non voler portare il camice, come avrebbe voluto il padrone, e tutto il suo modo di fare, cortese ma distante, in cui affiorava un chiaro senso di superiorità verso il mondo nel quale era costretta a vivere, le avevano procurato qualche risentimento fra le donne del luogo e un soprannome: 'la principessa'.

I giovani e i meno giovani che frequentavano quotidianamente il negozio, dopo i primi approcci, le prime rivalità, i

wartungen nicht genügte oder vielleicht denen der Eltern, die für sie den Märchenprinzen erträumten.

Die Schwestern heirateten, doch Moidele blieb daheim, von den Eltern wie etwas Kostbares beschützt, immer abgeschirmter vom wirklichen Leben, das sich vor ihrer Haustür abspielte.

Gegen Ende der Fünfzigerjahre, als man mittlerweile am Bau der sieben Staudämme arbeitete, die die Wasser der Falschauer nutzen sollten und dabei auch die Straße fertigstellte, die das Ultental mit Lana verband, sah man im Tal Arbeiter, die aus anderen Gegenden kamen. Es schien als wäre das Tal zu neuem Leben erwacht.

Der kleine Gemischtwarenladen in dem Moidele arbeitete, war eine Art Begegnungspunkt der Arbeiter, die vom Frühjahr bis in den tiefen Herbst hinein auf den Baustellen arbeiteten. Die junge Frau konnte unmöglich unbeachtet bleiben: groß, schlank, ein schönes Gesicht mit aristokratischen Zügen, ein elegantes Figürchen, herrschaftlich, untypisch für eine hart arbeitende Bäuerin hatte sie etwas, das sie anders erscheinen ließ. Es war eine Veränderung von statten gegangen: sie lächelte immer, war freundlich, doch ihre Augen hießen nicht mehr willkommen. Ernst, konzentriert, es schien als würde sie ihr Gegenüber nicht wirklich ansehen, im Gegenteil, es war so, als würde sie durch die Person hindurchblicken, beinahe in Erwartung jemandes, der zu kommen sich nicht entschloss. Ihre Kleidung, einfach aber immer gepflegt, ihre Weigerung die Schürze anzuziehen, wie es der Besitzer gewollt hätte, und ihre ganze Art sich zu geben – freundlich aber distanziert –, in der eine gewisse Überlegenheit der Welt gegenüber, in der zu leben sie gezwungen war, zum Ausdruck kam, hatte ihr einigen Groll unter den Frauen des Ortes eingebracht, und einen Spitznamen: 'die Prinzessin'.

Die jungen und auch nicht mehr so jungen Männer, die tagtäglich den Laden aufsuchten, ließen es nach den anfäng-

primi tentativi di attirare la sua attenzione, la lasciavano andare, magari ridacchiando ironici o borbottando fra i denti qualche offesa. Due amici si erano incapricciati di lei: all'uscita del negozio l'aspettavano sempre sperando di poterla accompagnare, parlarle, sedurla, in ogni caso farsi notare. Per Moidele tutti gli avventori del negozio erano in ogni caso al di sotto di lei, molto al di sotto, e glielo faceva sentire. Si scherzava sulla sua alterigia, magari qualcuno si arrabbiava e giurava prima di partire, in autunno, di fargliela pagare: come, non era chiaro a nessuno, ma i più avrebbero voluto darle una lezione, piegare quell'alterigia, quell'offensivo senso di superiorità che feriva l'orgoglio dei maschi sicuri di sé. Sì, era chiaro a tutti: meritava una lezione.

E così in autunno accadde l'irreparabile: i due corteggiatori respinti si misero d'accordo. Non la seguirono come facevano spesso, ma si appostarono in un luogo isolato dove sapevano che sarebbe passata per tornare a casa, dopo la chiusura del negozio. Moidele tremava sempre quando attraversava quel tratto di bosco. Fin da bambina era il suo cammino casa-scuola-casa: il negozio era proprio di fronte alla scuola e la fattoria dei genitori piuttosto fuori dal cosiddetto paese, cioè a mezz'ora di cammino dal resto delle altre case. Quante corse aveva fatto, quante volte un uomo, un vagabondo, l'aveva aspettata magari nascondendosi dietro un albero per spaventarla o soltanto per mostrarle il suo organo genitale, così, soltanto per un piacere suo particolare. Ora erano in due ad aspettarla e li conosceva per averli visti spesso nel negozio. Pensò di mettersi a correre, come faceva da bambina, ma uno di loro la bloccò ridendo e rivolgendosi al compagno: «Lo fai tu o lo faccio io?»

lichen Annäherungsversuchen, den ersten Rivalitäten untereinander, den ersten Versuchen ihre Aufmerksamkeit auf sich zu lenken, bleiben, vielleicht ironisch lächelnd oder manche Beleidigung zwischen den Zähnen herauspressend. Zwei Freunde hatten sich in sie vernarrt: sie warteten vor der Ladentür auf sie, immer in der Hoffnung sie begleiten zu dürfen, beziehungsweise auf sich aufmerksam zu machen. Für Moidele waren alle Kunden in jedem Fall unter ihrer Würde und sie ließ es sie spüren. Man scherzte über ihren Hochmut, manch einer erzürnte sich vielleicht und schwor es ihr heimzuzahlen, bevor er im Herbst abreisen würde: wie, war niemandem klar, aber die meisten hätten ihr gerne eine Lektion erteilt, diesen Hochmut gebrochen, diese beleidigende Überlegenheit, die den Stolz der selbstbewussten Männer verletzte. Ja, es war allen klar: sie verdiente eine Lektion.

Und so geschah im Herbst das Nichtwiedergutzumachende: die beiden zurückgewiesenen Verehrer einigten sich. Sie folgten ihr nicht, wie sie es oft gemacht hatten, sondern lauerten ihr an einem abgeschiedenen Ort auf, an dem sie, wie sie wussten, auf dem Nachhauseweg nach Ladenschluss vorbeikommen musste. Moidele erschauerte immer, wenn sie dieses Waldstück durchquerte. Seit ihrer Kindheit war das ihr Schulweg gewesen: der Laden lag genau der Schule gegenüber und der elterliche Hof ziemlich außerhalb des sogenannten Dorfes, das heißt einen halbstündigen Fußmarsch von den anderen Häusern entfernt. Wie oft war sie gelaufen, wie oft hatte ihr ein Mann, etwa ein Vagabund hinter einem Baum aufgelauert, um sie zu erschrecken oder ihr sein Geschlecht zu zeigen, einfach so, nur zu seinem besonderen Vergnügen. Jetzt waren sie zu zweit, die auf sie warteten und sie kannte sie, weil sie sie oft im Laden gesehen hatte. Sie dachte daran wegzulaufen, wie sie es als Kind tat, aber einer der beiden hielt sie lachend auf und sagte zu seinem Kameraden: »Machst du es oder soll ich es machen?«

L'altro non rispose, si slanciò come una belva assetata di sangue e in un attimo la svestì, o meglio le strappò di dosso la gonna e gli indumenti intimi, con violenza, intanto che l'altro la teneva saldamente. Moidele, presa dal panico, non riuscì neanche a gridare. E così, in piedi, fu straziata, lacerata, insozzata. Alla fine la buttarono per terra e andarono via, senza fretta, mentre il primo continuava a ridere.

Pochi minuti che cambiarono la sua vita.

Restò a lungo raggomitolata per terra incapace di muoversi, piangendo piano piano, un pianto che le veniva dal profondo, del quale non era neanche cosciente. Ad un certo punto sentì qualcuno lamentarsi e non capì che era lei stessa, che quel lamento sarebbe rimasto sempre la sua voce interiore, la sola con la quale avrebbe potuto comunicare con sé stessa.

Niente e nessuno avrebbe potuto restituirle la purezza, l'innocenza e soprattutto la fiducia nella vita e negli uomini. In quei momenti di immobilità assoluta prese coscienza di sé come mai prima: fu un incontro inaspettato con il proprio corpo ma anche con il suo io ferito; come aveva vissuto fino ad allora? Quella violenza le aveva aperto gli occhi su una realtà che aveva sempre ignorato, cioè sulla vulnerabilità dell'essere umano, sulla fragilità del corpo e ancor più dell'anima: bastava la volontà di un uomo per distruggere, annientare sia l'uno che l'altra. Per sempre. Sapeva di essere stata assai vicina alla morte. Sapeva che quei due tipi erano pronti a tutto, lo aveva sentito con estrema chiarezza: da loro, dai loro corpi emanava violenza, rabbia, odio, desiderio di rivincita. Un odore acre, da rapaci affamati che annusano il sangue della preda. Mai avrebbe dimenticato quel contatto, la vicinanza di quei due corpi, il loro odore.

E seppe che mai più, per il resto della sua vita, avrebbe cercato o sopportato la vicinanza di un corpo maschile.

Der andere antwortete nicht, warf sich wie eine blutrünstige Bestie auf sie, riss ihr mit Gewalt den Rock und die Unterhose herunter, während der andere sie festhielt. Von Panik ergriffen konnte Moidele nicht einmal schreien. Und so wurde sie im Stehen zerfleischt, zerrissen, besudelt. Schließlich warfen sie sie zu Boden und gingen ohne Eile davon, während der eine fortwährend lachte.

Nur wenige Minuten, die ihr Leben veränderten.

Sie blieb lange zusammengekauert am Boden sitzen, unfähig sich zu bewegen und weinte leise, ein Weinen, das aus der Tiefe kam und dessen sie sich gar nicht bewusst war. Irgendwann hörte sie jemanden klagen und begriff nicht, dass sie selbst es war, dass dieses Wehklagen für immer ihre innere Stimme bleiben würde, die einzige, mit der sie mit sich selbst würde kommunizieren können.

Nichts und niemand hätte ihr die Reinheit, die Unschuld und vor allem das Vertrauen in das Leben und die Menschen zurückgeben können. In diesem Augenblick der absoluten Bewegungslosigkeit wurde sie sich ihrer selbst bewusst wie nie zuvor. Es war eine unerwartete Begegnung mit dem eigenen Körper, aber auch mit dem verletzten Ich. Wie hatte sie bisher gelebt? Diese Gewalt hatte ihr den Blick auf eine Wirklichkeit eröffnet, die sie immer ignoriert hatte, das heißt auf die Verwundbarkeit des menschlichen Wesens, die Zerbrechlichkeit des Körpers und mehr noch der Seele. Es genügte der Wille eines Mannes, um sowohl das eine wie das andere zu vernichten. Für immer. Sie wusste, dass sie dem Tod ziemlich nahe gewesen war. Sie wusste, dass die beiden Typen zu allem bereit gewesen waren, sie hatte es in aller Klarheit gespürt: ihre Körper strömten Gewalt, Zorn, Hass aus, den Wunsch nach Vergeltung. Ein beißender Geruch von hungrigen Raubtieren, die das Blut des Opfers riechen. Nie würde sie diese Begegnung, die Nähe dieser beiden Körper, ihren Geruch vergessen.

Und sie wusste, dass sie nie mehr, für den gesamten Rest ihres Lebens die Nähe eines männlichen Körpers suchen

La vita futura, il futuro più prossimo, non sarebbe più stato come prima. Era stata uccisa nella sua dignità di essere umano. Questa è l'altra morte, più grave di quella materiale, perché infine da morti non si soffre più: la morte della speranza, della fiducia, della bellezza, dell'illusione che ci possa essere un amore puro, senza violenza, senza necessità di potere dell'uno sull'altra. Questa morte è molto più grave e ugualmente irreparabile della morte fisica.

La madre, il padre, l'avevano tenuta lontana da ogni difficoltà, le avevano mostrato solo la faccia luminosa della luna nascondendole il lato oscuro, quello che non aveva neanche intuito: come se lo era immaginato quel principe azzurro cui sembrava essere destinata, secondo le aspettative, i sogni dei genitori? Un uomo senza corpo, senza mani, in ogni caso senza quegli organi che avrebbero potuto violarla, ferirla. Certo aveva visto come gli animali si accoppiano, ma non aveva mai pensato che potesse essere motivo di umiliazione per la bestia che veniva montata, e non aveva percepito nessuna violenza da parte del maschio inseminatore: sembrava un processo naturale, voluto dalla natura, senza nessuna crudeltà, senza dolore.

Soprattutto senza la volontà di fare del male, solo male.

Gli scherzi grossolani che spesso aveva sentito nel negozio, gli ammiccamenti, le allusioni a carattere sessuale, tutto era scivolato su di lei senza intaccare la sua corazza di estrema ingenuità scambiata per arroganza, senso di superiorità. Aveva sempre sorriso, arrossendo, non sapendo in realtà di cosa si trattasse. Era rimasta la bambina iperprotetta, coccolata, risparmiata in tutto e per tutto dalla madre e dal padre. Ancora e sempre chiusa nel grembo materno.

oder dulden würde.

Das zukünftige Leben, die allernächste Zukunft würde nicht mehr wie früher sein. Sie war in ihrer Würde als menschliches Wesen getötet worden. Das ist der andere Tod, schlimmer als der materielle, denn schließlich leidet man als Toter nicht mehr; es war der Tod der Hoffnung, des Vertrauens, der Schönheit, der Illusion, dass es eine reine Liebe ohne Gewalt, ohne Notwendigkeit der Herrschaft des Einen über die Andere geben könnte. Dieser Tod ist viel schlimmer und wie der physische Tod gleichfalls nicht wiedergutzumachen.

Die Mutter, der Vater hatten sie von jeder Schwierigkeit ferngehalten, sie hatten ihr nur die helle Seite des Mondes gezeigt und die finstere vor ihr verborgen, jene Seite, die sie nicht einmal erahnt hatte. Wie hatte sie sich jenen Märchenprinzen vorgestellt, für den sie laut den Erwartungen, den Träumen der Eltern bestimmt zu sein schien? Ein Mann ohne Körper, ohne Hände, auf jeden Fall ohne jene Organe, die sie hätten entweihen, verletzten können. Gewiss, sie hatte gesehen, wie sich die Tiere paaren, aber nie hatte sie gedacht, dass es für das begattete Tier eine Demütigung hätte sein können und sie hatte im besamenden Männchen keinerlei Gewalt ausgemacht: es schien ihr ein natürlicher, von der Natur gewollter Vorgang ohne jegliche Gewalt, ohne Schmerzen zu sein.

Vor allem ohne den Willen, Leid zuzufügen, nur Leid.

Die groben Scherze, die sie im Laden oft gehört hatte, das Augenzwinkern, die Anspielungen sexuellen Charakters, das alles war an ihr abgeprallt ohne ihren Panzer extremster Arglosigkeit, der mit Arroganz und Überheblichkeit verwechselt wurde zu streifen. Sie hatte immer gelächelt, war rot geworden, ohne in Wirklichkeit zu verstehen, worum es ging. Sie war das über alles behütete, gehätschelte, von der Mutter und vom Vater vor Allem und Jedem beschützte Mädchen geblieben. Immer noch und für immer im Mutterleib eingeschlossen.

Si fece buio. Lentamente si rivestì cercando di non toccare il proprio corpo con le mani, quasi fosse immondo, violato di ogni sacralità: ogni corpo ha una sua sacralità, nella vita e nella morte, qualcosa cui si deve rispetto, e il suo corpo era stato sconsacrato, violentato quasi per una scommessa fra uomini. Solo per una scommessa.

Sì, era stata una scommessa e niente di più.

Lo seppe molti, molti anni dopo.

Si avviò verso casa, la testa confusa, il corpo dolorante. Sentì di essere malata, infinitamente malata e per la prima volta pensò alla morte come all'unica via di uscita, alla soluzione di tutto: l'avessero uccisa sul posto avrebbe sofferto di meno, anzi le sarebbe stata risparmiata la vera sofferenza, quella che cominciava a impadronirsi di lei, quella che sarebbe diventata la compagna inseparabile e definitiva della sua vita. Il senso di eternità, di gioia di vivere, di attesa anche di una felicità senza faccia e senza nome; quell'istinto che è in ogni creatura, sia umana che animale, come parte fondamentale del suo essere al mondo, tutto era stato distrutto per sempre.

Dietro ogni albero, ogni angolo di strada, ovunque si nascondeva un pericolo ben più grave della morte: la violenza e la perversione.

Che dire alla madre, al padre che l'aspettavano sicuramente in ansia? Perché aveva tardato e come mai era così lacerata? E dopo... avrebbe potuto andare al negozio come niente fosse e magari rivedere quei due tipi?

Andò subito a letto. Disse di essere caduta, la radice di un albero ne era stata la causa. Restò a letto una settimana, rifiutando ogni aiuto dai genitori, rispondendo a monosillabi, chiusa in un mutismo che allontanava, che voleva ignorare

Es wurde dunkel. Langsam zog sie sich wieder an, darauf achtend den eigenen Körper nicht mit den Händen zu berühren, beinahe als wäre er unrein, in all seiner Heiligkeit vergewaltigt. Jeder Körper hatte seine Heiligkeit, im Leben und im Tod, etwas, dem man Respekt schuldet, und ihr Körper war entweiht worden, vergewaltigt, nur wegen einer Wette unter Männern. Nur wegen einer Wette.

Jawohl, es ist eine Wette gewesen und nichts weiter.

Sie erfuhr es viele Jahre später.

Sie machte sich mit verwirrtem Kopf und mit schmerzendem Körper auf den Nachhauseweg. Sie fühlte sich krank, unendlich krank und zum ersten Mal dachte sie an den Tod als einzigen Ausweg, als Lösung für alles: hätten sie sie an Ort und Stelle umgebracht, sie hätte weniger gelitten, im Gegenteil, ihr wäre das wahre Leid erspart geblieben, jenes, das sich ihrer zu bemächtigen begann, jenes, das zum untrennbaren und endgültigen Lebensbegleiter wurde. Das Gefühl der Ewigkeit, der Lebensfreude, der Erwartung auch eines Glücks ohne Gesicht und ohne Namen, jener Instinkt, der in jeder Kreatur, sei sie Mensch, sei sie Tier als wesentlicher Teil ihres auf der Welt Seins angelegt ist, alles war für immer zerstört.

Hinter jedem Baum, jeder Straßenbiegung, überall verbarg sich eine weit schlimmere Gefahr als der Tod: die Gewalt und die Abartigkeit.

Was sollte sie der Mutter, dem Vater erzählen, die bestimmt besorgt auf sie warteten? Warum hatte sie sich verspätet und wieso war sie so zerlumpt? Und nachher ... hätte sie noch zur Arbeit gehen können als sei nichts gewesen ... und vielleicht diese beiden Typen wiedersehen?

Sie ging gleich zu Bett. Sie sagte, sie sei hingefallen, eine Baumwurzel wäre die Ursache gewesen. Sie blieb eine Woche im Bett, lehnte jede Hilfe der Eltern ab, antwortete einsilbig, eingeschlossen in einem Schweigen, das zurückwies,

la vita stessa. Pensava? No. Non pensava. Si era chiusa nel grembo materno, era rientrata là da dove era uscita, in un mondo senza pensieri, senza ricordi, senza prospettive future.

Cadde la prima neve. Ora di colpo sveglia, capì che i lavori nella diga sarebbero stati interrotti: poteva tornare al negozio certa che non avrebbe incontrato nessun operaio.

Qualche mese dopo scoprì di essere incinta. Lo aveva temuto tutto il tempo; inconsciamente aveva saputo fin dal primo momento che quell'uomo sarebbe rimasto sempre in lei. Sempre.

Non disse niente alla madre, avrebbe dovuto raccontare ciò che considerava un incubo da dimenticare. Decise di andar via. Lì non poteva più restare. Mai avrebbe sopportato gli sguardi curiosi, i commenti velenosi dei paesani, o meglio delle paesane, i sorrisetti compiaciuti degli uomini nel vedere quella pancia diventare sempre più grossa... perché loro sapevano!

Trovò un annuncio sul giornale: un negozio di generi misti di Nova Ponente cercava una commessa con esperienza. Scrisse subito una lettera indicando anche il posto di lavoro dove era impiegata: per motivi suoi privati aveva bisogno di andare altrove. Una settimana dopo entrò nel negozio uno sconosciuto, un signore un po' corpulento, distinto, vestito con cura, un professore di musica, come subito dopo chiarì. Non comprò niente, soltanto la osservò qualche minuto prima di chiederle un colloquio: era l'inserzionista al quale lei aveva scritto. Fuori li aspettava una donna di mezza età che l'uomo presentò come sua moglie, la padrona del negozio di Nova Ponente. Fu un colloquio breve. Moidele piacque subito alla coppia. Si misero d'accordo su un trasferimento: avrebbe abitato da loro. Erano soli, da poco era morto il loro

das das Leben selbst ignorieren wollte. Dachte sie nach? Nein. Sie dachte nicht. Sie hatte sich im Mutterleib eingeschlossen, war dorthin zurückgekehrt, woher sie gekommen war, in eine Welt ohne Gedanken, ohne Erinnerungen, ohne Zukunftsperspektiven.

Es fiel der erste Schnee. Jetzt, plötzlich wach, begriff sie, dass die Arbeiten an der Staumauer unterbrochen waren: sie konnte in den Laden zurück, sicher, dass ihr kein Arbeiter begegnen würde.

Einige Monate später entdeckte sie schwanger zu sein. Sie hatte es die ganze Zeit befürchtet; unbewusst hatte sie es vom ersten Moment an gewusst, dass dieser Mann immer in ihr bleiben würde. Immer.

Sie sagte der Mutter nichts; sie hätte ihr erzählen müssen, was sie als zu vergessenden Albtraum betrachtete. Sie beschloss fortzugehen. Hier konnte sie nicht bleiben. Niemals hätte sie die neugierigen Blicke, die giftigen Bemerkungen der Dörfler beziehungsweise der Dörflerinnen ertragen, das zufriedene Lächeln der Männer beim Anblick dieses immer größer werdenden Bauches ... denn sie wussten Bescheid!

Sie sah eine Anzeige in der Zeitung: ein Gemischtwarenladen in Deutschnofen suchte eine erfahrene Verkäuferin. Sie schrieb einen Brief, in dem sie auch den Arbeitsplatz angab, wo sie bisher angestellt war: aus privaten Gründen musste sie anderswo hin. Eine Woche darauf betrat ein Unbekannter den Laden, ein etwas korpulenter Herr, vornehm, sorgfältig gekleidet, ein Musikprofessor, wie er gleich anschließend erklärte. Er kaufte nichts, er beobachtete sie nur ein paar Minuten lang, bevor er sie um ein Gespräch bat: es war der Inserent, dem sie geantwortet hatte. Draußen wartete eine Frau mittleren Alters, die ihr der Mann als seine Frau vorstellte, die Besitzerin des Ladens in Deutschnofen. Es war ein kurzes Gespräch. Moidele gefiel dem Paar sofort. Sie einigten sich auf ihre Übersiedelung: sie würde bei ih-

unico figlio adottivo in un incidente stradale, e avevano bisogno urgente di qualcuno per il negozio.

Assai presto Moidele si rese conto che quelle due persone non avevano bisogno soltanto di qualcuno per il negozio, ma per loro stessi: dopo la scomparsa del giovane la solitudine era diventata insopportabile. Il loro rapporto ebbe subito un carattere familiare; la signora le insegnò a tenere la sua stanza in ordine (e si vergognò ricordando come la madre non le avesse mai fatto muovere un dito in casa), la sua roba e man mano ad aiutarla, quando era libera dal negozio, nelle faccende domestiche. La trattò come una figlia da educare con pazienza e amore. Dopo qualche tempo Moidele trovò finalmente la forza e il coraggio di raccontare a lei e al marito quanto le era accaduto. Dar forma con parole a pensieri, immagini, brutti sogni, ricordi; liberarsi dal peso che la opprimeva giorno e notte al punto da toglierle ogni desiderio di vivere, di continuare a vivere: questa fu l'essenza di quella specie di psicanalisi, molto alla buona, che in qualche modo sostituiva la funzione della confessione in chiesa praticata da secoli più o meno con lo stesso risultato. L'aiuto sensibile e misurato della coppia riuscì a farle trovare un nuovo equilibrio, restituendole quel senso di fiducia che credeva di aver perso per sempre. Ne nacque un rapporto che durò tutta la vita, con profitto per ambedue le parti: il professore, trasferito anni dopo in una cittadina della Val Pusteria, morì in tarda età, così pure la moglie, ambedue assistiti e amati dalla Moidele fino alla fine: in essi aveva trovato due nuovi genitori, molto diversi da quelli naturali. Forse più veri.

Ormai vicina al parto, da Nova Ponente con la corriera andò all'ospedale di Bolzano. Fu ricevuta dall'infermiera del re-

nen wohnen. Sie waren alleine; vor kurzem war ihr einziger Adoptivsohn bei einem Autounfall ums Leben gekommen und sie brauchten dringend jemanden für den Laden.

Sehr schnell wurde Moidele klar, dass diese beiden Personen nicht bloß jemanden für den Laden brauchten, sondern auch für sich selbst. Nach dem Tod des Jungen war die Einsamkeit unerträglich geworden. Ihr Verhältnis nahm sofort einen familiären Charakter an; die Frau brachte ihr bei, ihr Zimmer, ihre Sachen in Ordnung zu halten (und sie schämte sich daran erinnert zu werden, dass ihre Mutter sie im Haus nie genötigt hatte einen Finger krumm zu machen), und nach und nach ihr im Haushalt zu helfen, wenn sie nicht im Laden zu tun hatte. Sie behandelte sie wie eine mit Geduld und Liebe zu erziehende Tochter. Nach einiger Zeit fand Moidele endlich den Mut, ihr und ihrem Mann zu erzählen, was geschehen war. Mit Worten, Gedanken, Bildern, bösen Träumen und Erinnerungen ein Gesicht zu geben; sich von der Last befreien, die sie Tag und Nacht so sehr bedrückte, dass sie ihr jede Lebenslust nahm, jede Lust weiterzuleben, das war die Essenz dieser Art einer sehr beiläufigen Psychoanalyse, die in irgend einer Weise die Funktion der Beichte ersetzte, wie sie mehr oder weniger mit demselben Erfolg seit Jahrhunderten von der Kirche angewandt wurde. Der feinfühligen und angemessenen Hilfe des Paares gelang es, sie ein neues Gleichgewicht finden zu lassen und ihr jenes neue Vertrauen zurückzugeben, das sie für immer verloren zu haben glaubte. Es erwuchs daraus eine Beziehung, die gewinnbringend für alle ein ganzes Leben währte. Der Jahre später in ein Städtchen im Pustertal versetzte Professor starb, wie auch seine Frau, in hohem Alter, beide bis ans Ende von Moidele gepflegt und geliebt. In ihnen hatte sie neue Eltern gefunden, völlig von ihren natürlichen Eltern verschiedene. Vielleicht wahrhaftigere.

Mittlerweile kurz vor der Geburt, fuhr sie mit dem Autobus von Deutschnofen ins Krankenhaus von Bozen. Sie wurde

parto maternità, una suora, come allora era uso, che subito le chiese dove fosse il marito. Una donna incinta deve avere per forza un marito, aggiunse. Moidele disse di essere sola, di non avere un marito.

Come dimenticare lo sguardo carico di disprezzo, le parole che cercò di non sentire, pronunciate con voce stridente, cattiva: aggiunse che non poteva metterla insieme alle donne oneste, nella sala parto. La infilò in una specie di ripostiglio e la lasciò lì. Sola. Non chiamò neanche un'ostetrica, un medico per farla visitare. Le ore trascorse in quel luogo, le doglie sempre più frequenti e infine lo strazio, il nuovo strazio nella stessa parte del corpo dove nove mesi prima era stata lacerata, restarono sempre un ricordo indelebile per tutti gli anni successivi.

Svenne dopo essersi liberata del fardello che non strillava, non si muoveva. Qualche ora dopo venne la stessa suora, le tagliò il cordone ombelicale: la bambina era blu. Ancora una volta non chiamò un medico, batté leggermente il piccolo corpicino, lo lavò e glielo diede: la bambina sopravvisse e fu un miracolo. Ma non fu mai come tutti gli altri bambini.

von der Krankenschwester in der Geburtenabteilung empfangen, einer Nonne, wie es damals Brauch war, die sie sofort fragte, wo denn der Ehemann sei. Eine schwangere Frau musste gezwungenermaßen einen Mann haben, fügte sie hinzu. Moidele sagte, dass sie alleine sei, dass sie keinen Mann habe.

Wie sollte sie den verachtungsvollen Blick vergessen, die Worte, die sie sich nicht zu hören bemühte, ausgesprochen mit schriller, böser Stimme: sie fügte hinzu, dass sie sie nicht mit den ehrbaren Frauen auf der Geburtenabteilung zusammenlegen könne. Sie steckte sie in eine Art Abstellkammer und ließ sie dort. Alleine. Sie rief nicht einmal eine Hebamme, einen Arzt, um sie untersuchen zu lassen. Die Stunden verrannen an jenem Ort, die Wehen in immer kürzeren Abständen und schließlich die Qualen an derselben Stelle, an der sie neun Monate zuvor zerfleischt worden war; sie blieben immer eine unauslöschliche Erinnerung in all den darauffolgenden Jahren.

Als sie sich von dem Bündel, das nicht schrie, sich nicht bewegte befreit hatte, wurde sie ohnmächtig. Einige Stunden später kam dieselbe Nonne wieder und trennte die Nabelschnur ab: das Kind war blau angelaufen. Auch dieses Mal rief sie keinen Arzt, klopfte leicht auf den kleinen Körper, wusch ihn und gab ihn ihr: Das Mädchen überlebte und es war ein Wunder. Aber es war nie wie all die anderen Kinder.

Le lusinghe del canto

Sulle responsabilità del maestro di canto.

Veramente il titolo dovrebbe accennare, oltre al bruciante tema delle responsabilità del maestro, anche alla assai discutibile disponibilità e credulità dell'aspirante cantante.

Che il canto sia una specie di ricettacolo per un folto gruppo di persone con più o meno accentuati disturbi della personalità, è un fatto assodato: fra gli strumentisti è difficile trovare tanti Rubinstein come fra i cantanti Pavarotti in spe.

Non si può negare che ci sia una gran quantità di insegnanti di canto innocenti, come certi peccatori, solo perché non sanno quello che fanno... ma che dire degli altri, dei più famosi, di quelli che rifiutano uditori per timore di venire derubati dei loro piccoli segreti, o che addirittura non danno mai una spiegazione di carattere tecnico per non confondere le idee dell'allievo? Come giudicare questa categoria?

Con tutto ciò, nonostante i maestri di canto incompetenti, e un numero considerevole di studenti a dir poco disastrati, il mondo è pieno di cantanti di ottima levatura. Solo che se si sente un cantante abbaiare, urlare, lamentarsi in qualche modo, automaticamente si pensa al suo insegnante di canto, ignorando la responsabilità del cantante stesso, la sua mancanza di talento, di autodisciplina, di autocritica. Al bravo cantante non viene mai attribuito un buon insegnante, secondo la vecchia teoria che anche il migliore insegnante del

Die Verführungen des Gesanges

Über die Verantwortung des Gesangslehrers

In Wahrheit müsste der Titel neben dem heißen Thema der Verantwortung des Lehrers auch auf die sehr fragwürdige Bereitschaft und Leichtgläubigkeit des angehenden Sängers verweisen.

Dass der Gesang eine Art Sammelbecken für zahlreiche Menschen mit mehr oder weniger ausgeprägten Persönlichkeitsstörungen ist, ist eine gefestigte Tatsache: unter den Instrumentalisten ist es schwieriger so viele Rubinsteins zu finden wie Pavarottis und Konsorten unter den Sängern.

Es ist unbestreitbar, dass sich unter den Gesangslehrern eine Menge Unschuldiger befindet, gewissen Sündern gleich, aber nur, weil sie nicht wissen, was sie tun ... doch was soll man über die anderen, die berühmten sagen, über die, die Gasthörer aus Angst ablehnen, sie könnten ihnen ihre kleinen Geheimnisse rauben oder die, die niemals eine Erläuterung technischen Charakters abgeben, um den Schüler nicht zu verwirren? Wie soll man diese Kategorie beurteilen.

Trotz alledem, trotz der inkompetenten Gesangslehrer und einer beträchtlichen Anzahl von gelinde gesagt geschädigten Schülern, ist die Welt voller Sänger von gehobenem Niveau. Doch hört man einen Sänger kreischen, brüllen, auf irgendeine Weise jammern, denkt man automatisch an seinen Gesangslehrer und ignoriert dabei die Verantwortung des Sängers selbst, sein mangelndes Talent, die fehlende Disziplin, die Selbstkritik. Der gute Sänger wird nie mit einem guten Lehrer in Verbindung gebracht. Einer alten The-

mondo non basta per creare un ottimo cantante; mentre un vero talento non potrà mai essere rovinato da nessun insegnante, per quanto grandi possano essere le sue manchevolezze.

Con questo non voglio escludere le responsabilità dei maestri, i quali in moltissimi casi dovrebbero rimandare a casa certi studenti, magari dotati di voce potente, ma privi in modo assoluto di quello che io chiamo l'istinto del canto, unica vera dote richiesta per diventare cantanti.

Molti anni fa, il mio maestro, Erik Werba, ammise che dopo più di 35 anni di insegnamento non era riuscito a scoraggiare uno solo dei suoi innumerevoli studenti (alcune migliaia, di tutte le nazionalità possibili). "Se diplomaticamente o in modo piuttosto esplicito faccio notare l'inutilità di tutto quell'arrabattarsi, studiare, spendere soldi ed energia, perché la qualità o la quantità (ma questo ha sempre una importanza molto relativa) della voce è insufficiente, le capacità espressive molto limitate e infine tutto l'insieme è inadeguato anche per una piccola carriera solistica, leggo subito nei suoi occhi: quello non capisce niente! E corre subito dal prossimo maestro". E questo per anni. So di gente che insegue questa illusione per dieci e più anni, sempre convinto di non aver ancora incontrato l'insegnante giusto.

Il fatto è che ognuno sente sé stesso come fosse un Caruso o una Callas. Non dimentico mai un giovane studente di teologia e di musica sacra che studiava canto come materia complementare: "quando sono nella mia stanza, da solo, ogni suono che produco è un miracolo di bellezza." Diceva. "Ogni frase, ogni accento... un grande cantante mi può soltanto lustrare le scarpe! Quando poi vengo a lezione, tutto cambia..." Quasi volesse attribuirne la colpa all'insegnante.

orie zufolge genügt auch der beste Lehrer nicht, um einen sehr guten Sänger zu schaffen, während ein wahres Talent von keinem Lehrer, so groß seine Mängel auch sein mögen, ruiniert werden kann.

Damit will ich nicht die Verantwortung der Lehrer ausschließen, die in sehr vielen Fällen bestimmte Studenten nach Hause schicken sollten, die vielleicht mit einer mächtigen Stimme ausgestattet sind, jedoch ohne das, was ich den Gesangsinstinkt nenne, der einzig erforderlichen wahren Begabung, um Sänger werden zu können.

Vor vielen Jahren hat mein Lehrer, Erik Werba, zugegeben, dass er in fünfunddreißig Jahren Unterrichtstätigkeit keinen einzigen seiner zahllosen Schüler (einige Tausende jeder möglichen Nationalität) zu entmutigen imstande gewesen war. „Wenn ich ihn auf diplomatische oder sehr direkte Weise auf die Sinnlosigkeit seines ganzen Bemühens, Studierens, Geld- und Energieinvestierens aufmerksam machte, da die Qualität oder die Quantität der Stimme (was immer eine relative Wichtigkeit hat) nicht ausreiche, die Ausdrucksfähigkeiten sehr begrenzt seien und das ganze Gemeinsame auch für eine kleine Solistenkarriere unzulänglich sei, lese ich sofort in seinen Augen: 'Der versteht nichts!, und rennt sofort zum nächsten Lehrer." Und das viele weitere Jahre lang. Ich weiß von Menschen, die dieser Illusion zehn und mehr Jahre hinterherrennen, immer davon überzeugt, noch nicht den richtigen Lehrer gefunden zu haben.

Tatsache ist, dass jeder sich fühlt, als wäre er ein Caruso oder eine Callas. Ich werde nie den jungen Studenten der Theologie und der geistlichen Musik vergessen, der Gesang als Nebenfach belegte. „Wenn ich alleine in meinem Zimmer bin, ist jeder Ton, den ich hervorbringe, ein Wunder an Schönheit", sagte er. „Jeder Satz, jeder Ansatz ... Ein großer Sänger könnte mir nur die Schuhe putzen! Wenn ich dann zum Unterricht komme, ändert sich alles ..." Beinahe als wolle er die Schuld auf den Lehrer schieben.

Che pensare? Dovrei aggiungere che quel giovane cantava effettivamente come un cane: ma la sua illusione era più importante della realtà. Lui si 'sentiva' cantare come un grande cantante e questo lo rendeva felice. Per prolungare quel momento di beatitudine era disposto a investire anni di studio, denaro, energia e non so che altro.

Il canto è una droga: solo chi lo ha provato può capire questa mia affermazione. E una volta assaggiato questa specie di elisir di felicità non è più possibile farne a meno. Ma non è soltanto felicità: può essere anche un veleno che macera l'anima fino alla disperazione.

Ogni essere vivente ha bisogno di farsi sentire, questo è un dato di fatto di per sé indiscutibile. La nascita, come ognuno sa, si annuncia con un grido... la più importante dichiarazione di appartenenza al genere umano. Si dice infatti che prima nacque il canto (che è un grido coltivato) come imitazione degli uccelli e poi la parola. Esprimersi senza l'uso della parola; farsi capire: ecco la fonte di ogni ricerca di un mezzo espressivo che non necessariamente deve perseguire un fine artistico.

Ancora tante altre osservazioni si potrebbero fare sulla necessità di ogni essere umano di cantare; sugli effetti liberatori per ogni suono che si riesce a produrre.

Ma tornando al problema delle responsabilità del maestro e dell'allievo, voglio ricordare qualche episodio risalente all'inizio degli anni Sessanta.

Il baritono M.S., credo per la prima volta, ma non ne sono sicura, tenne un seminario di canto a Pesaro, presso il Conservatorio Rossini, della durata di due mesi. Io, allora studentessa, vi partecipai per due motivi: primo perché al corso era collegata una borsa di studio che mi avrebbe permesso

Was soll man davon halten? Ich sollte hinzufügen, dass dieser junge Mann tatsächlich wie ein Hund jaulte, doch seine Einbildung war ihm wichtiger als die Wirklichkeit. Er 'hörte' sich als großen Sänger singen und das machte ihn glücklich. Um diesen Augenblick der Glückseligkeit hinauszuziehen, war er bereit jahrelanges Studium, Geld, Energie und ich weiß nicht, was sonst noch zu investieren.

Der Gesang ist eine Droge: nur wer sie ausprobiert hat, kann diese Behauptung verstehen. Einmal von diesem Lebenselixier gekostet, kann man nicht mehr davon lassen. Doch es ist nicht nur Glück: es kann auch ein Gift sein, das die Seele in die Verzweiflung stürzt.

Jedes Lebewesen hat das Bedürfnis gehört zu werden, das ist eine an und für sich nicht zur Debatte stehende Tatsache. Die Geburt, wie jeder weiß, kündigt sich durch einen Schrei an ... die wichtigste Zugehörigkeitserklärung zum menschlichen Geschlecht. Man sagt in der Tat, dass der Gesang, der ein kultivierter Schrei ist, ursprünglich eine Nachahmung der Vögel war und daraus erst die Sprache entstand. Sich ohne die Verwendung von Worten auszudrücken, sich verständlich zu machen, das ist der Ursprung einer jeden Suche nach einem Ausdrucksmittel, das nicht notwendigerweise einen künstlerischen Zweck verfolgen muss.

Man könnte noch viele weitere Anmerkungen machen zum Bedürfnis eines jeden menschlichen Wesens bezüglich des Singens, zu der befreienden Wirkung eines jeden Tons, den es hervorzubringen vermag.

Doch um auf das Problem der Verantwortung des Lehrers und des Schülers zurückzukommen, möchte ich an einige Episoden erinnern, die auf die Sechzigerjahre zurückgehen.

Ich glaube, doch bin ich mir dessen nicht ganz sicher, dass der Bariton M.S. sein erstes, zwei Monate dauerndes Gesangsseminar am Rosmini-Konservatorium von Pesaro gehalten hat. Ich, damals Studentin, nahm daran aus zwei Gründen teil: Erstens weil der Kurs mit einem Studiensti-

di sopravvivere appunto per almeno due mesi, e secondo per la curiosità di conoscere questa specie di mostro sacro, che avevo visto e sentito a Roma, durante la sua ultima recita del Falstaff, negli anni Cinquanta.

M.S. era un vecchio cadente, vicino agli ottant'anni, accasciato, avvilito, forse per suoi problemi personali o, secondo l'opinione di qualcuno di noi, perché costretto ogni giorno ad ascoltare una banda di gente senza talento. Lo vedo ancora seduto pesantemente, piegato in avanti perché non sentiva bene, scontento, scuotere solo una mano in segno di dissenso. Eppure almeno tre o più di quel gruppo di studenti fece una carriera di cantante discreta se non addirittura assai buona, anche in campo internazionale. In una parola non eravamo tutti dei cani, come voleva darci a intendere.

In particolare ricordo un giovane basso, proveniente da un paesino della costa tirrenica, che cantava come un dio! Cantò solo un'aria, per tutto il tempo. Non sapeva altro. 'Ella giammai m'amò'. A fatica, per consiglio di M.S., studiò il duetto Posa-Filippo 'Restate', perché nel gruppo c'era un buon baritono col quale voleva accoppiarlo. Il duetto, fino alla fine, non andò mai senza errori, fermate, interruzioni di ogni sorta.

Il fatto è che il basso non conosceva la musica, come ora suppongo, e aveva grosse difficoltà ad imparare qualcosa di nuovo.

Ma quel giovane 'sapeva cantare'. Questo è il punto. Aveva l'istinto del canto, sapeva semplicemente usare la voce, che era "naturalmente" sana e bella. Inoltre la sua musicalità era sincera, convincente, senza nessuna ricercatezza.

Raccontò di studiare canto da qualche anno col... barbiere del suo paese! Il quale barbiere, anche lui totalmente

pendium verknüpft war, das mir das Überleben für mindestens zwei Monate garantierte und zweitens aus Neugierde, diese Art Koryphäe kennen zu lernen, die ich bei einer Aufführung des Falstaff in den Fünfzigerjahren in Rom gesehen und gehört hatte.

M.S. war ein gebrechlicher Alter, nahezu achtzig, entmutigt, deprimiert, vielleicht wegen persönlicher Probleme oder, laut der Meinung einiger von uns, weil er gezwungen war, jeden Tag eine Meute von Leuten ohne Talent anzuhören. Ich sehe ihn noch schwerfällig dasitzen, nach vorne gebeugt, weil er schlecht hörte, unzufrieden, nur mit einer Hand abwinkend, zum Zeichen seiner Missbilligung. Und trotzdem machten drei oder mehrere aus dieser Gruppe eine diskrete, wenn nicht sogar sehr gute Karriere als Sänger, auch auf internationalem Parkett. Kurz gesagt waren wir nicht allesamt heulende Hunde, wie er uns zu verstehen geben wollte.

Besonders gut erinnere ich mich an einen jungen, aus einem Dörfchen an der tyrrhenischen Küste stammenden Bass, der wie ein Gott sang! Er sang die ganze Zeit nur eine einzige Arie. Er konnte nichts anderes: 'Ella giammai m'amò'. Auf den Rat M.S.'s hin studierte er mühevoll das Duett Posa-Filippo 'Restate' ein, weil es in der Gruppe einen guten Bariton gab, mit dem er ihn zusammenbringen wollte. Bis zum Schluss gelang das Duett nie ohne Fehler, ohne Pausen, ohne Unterbrechungen jeglicher Art.

Es lag daran, so nehme ich heute an, dass der Bass keine Noten lesen konnte und deshalb große Schwierigkeiten hatte etwas Neues einzustudieren.

Aber dieser junge Mann 'konnte singen"' Das ist der Punkt. Er hatte den Instinkt für den Gesang, wusste ganz einfach die Stimme zu verwenden, die auf natürliche Art gesund und schön war. Zudem war die Musikalität ehrlich, überzeugend, ohne irgendeine Geziertheit.

Er erzählte, dass er seit einigen Jahren Gesang studierte ... beim Barbier aus seinem Dorf! Dieser Barbier, auch er in

ignorante di musica scritta, accompagnandolo con la chitarra gli aveva insegnato appunto quell'unica aria che cantava.

Tutta la classe lo ascoltava ogni giorno, affascinata. E nonostante i consigli di M.S., quel ragazzo continuò imperterrito a cantare la sua aria come prima, senza mutare un suono, un accento, un piano o un forte: fu il solo a finire il corso senza danni per la voce. Io invece andai via con un inizio di noduli alle corde vocali. E non fui la sola.

Quel giovane era stato guidato da un sano istinto e con una enorme dose di cocciutaggine o di ignoranza o di chissà che altro, non aveva mai voluto seguire i consigli del maestro.

Non so se quel basso abbia fatto carriera, anche perché non ne ricordo neppure il nome.

Questo episodio mi diede sempre molto da pensare, appunto sulle reciproche responsabilità del maestro e dell'allievo.

Ma un altro episodio, avvenuto durante lo stesso seminario, ancora adesso, dopo tanti anni, mi mette a disagio.

Il maestro veniva quasi sempre la mattina fra le 10 e le 12,30. Ci ascoltava, appunto sonnecchiando, con le palpebre abbassate, si diceva per una malattia agli occhi, e dopo averci fatto cantare l'aria che ognuno di noi conosceva da capo a fondo già da prima che iniziasse il seminario, senza commenti o dando qualche segno di scontentezza, ce la faceva ripetere altre due o tre volte o anche quattro e ci rimandava a sedere. L'unica cosa che almeno a me diceva sempre era „forte, più forte" e basta. Evidentemente trovava la mia voce troppo piccola...

Alla fine avvilito, stanco, deluso dei magri risultati, dato che tutti ripetevano gli stessi errori, andava a pranzo. Da-

völliger Unkenntnis niedergeschriebener Noten, hatte ihm, ihn auf der Gitarre begleitend, eben die Arie beigebracht, die er vortrug.

Die ganze Klasse hörte ihm jeden Tag fasziniert zu. Trotz der Ratschläge von M.S.s fuhr dieser junge Mann fort seine Arie wie immer zu singen, ohne eine Betonung, einen Akzent, ein Piano oder Forte zu ändern. Er war der Einzige, der das Seminar beendete, ohne dass seine Stimme Schaden nahm. Ich hingegen verließ den Kurs mit einem Ansatz von Knoten an den Stimmbändern. Und ich war nicht die Einzige.

Dieser junge Mann wurde von einem gesunden Instinkt und einer riesigen Dosis an Sturheit oder Unwissenheit, oder, wer weiß, was sonst geleitet; er hatte nie den Ratschlägen des Lehrers folgen wollen.

Ich weiß nicht, ob dieser Bass Karriere gemacht hat, auch weil ich mich nicht einmal mehr an seinen Namen erinnere.

Diese Episode hat mir eben immer sehr über die gegenseitige Verantwortung Lehrer-Schüler zu denken gegeben.

Doch eine andere, während desselben Seminars vorgefallene Episode, bereitet mir noch heute, viele Jahre danach Unbehagen.

Der Maestro erschien beinahe immer am Vormittag zwischen 10:00 und 12:30 Uhr. Er hörte uns zu und döste schläfrig mit niedergeschlagenen Augenlidern vor sich hin, man vermutete ein Augenleiden, und nachdem er uns die Arie hatte singen lassen, die jeder von uns bereits vor Beginn des Seminars von Anfang bis zum Ende auswendig kannte, ließ er sie uns ohne irgendeinen Kommentar oder ein Zeichen der Unzufriedenheit zwei, drei Mal wiederholen und schickte uns dann auf unsere Plätze. Das Einzige, das er zumindest mir immer sagte, war: „Lauter, lauter“, und das war’s. Offensichtlich fand er meine Stimme zu klein …

Am Ende ging er enttäuscht von den mageren Ergebnissen, da alle ständig dieselben Fehler wiederholten, zum Mit-

vanti alla porta lo aspettava sempre un uomo, di una quarantina d'anni, modesto, rispettoso, anzi umile, che gli porgeva il braccio e lo accompagnava fuori. Noi pensavamo fosse un parente, un segretario, uno schiavo.

Un giorno la pianista che ci accompagnava non venne. Il maestro, sapendo dei miei precedenti musicali, mi chiese di accompagnare i colleghi. Fu un disastro! Una cosa è suonare una sonata di Beethoven, un'altra accompagnare un cantante. Dopo qualche tentativo, assolutamente infelice, mi ritirai. La lezione fu interrotta.

Qualche giorno dopo questo spiacevole incidente, stavo studiando nell'aula deserta. Era tardi e nell'Istituto non c'era più quasi nessuno. Sentii bussare alla porta. Entrò l'uomo che accompagnava il maestro. Si presentò, timido e insicuro; mi chiese se avevo un momento di tempo per ascoltarlo. Io pensai che volesse raccontarmi qualcosa. Invece si trattava di ascoltarlo, nel senso di fare un'audizione! Era un cantante, allievo di M.S. e non un parente o altro.

È difficile immaginare la mia sorpresa.

Mi raccontò una storia, la sua storia. Era siciliano, possidente, sposato da molti anni, senza figli. Non so più se tre o quattro anni prima aveva conosciuto M.S. e subito „fu per me come un padre". Queste le sue parole.

Non ricordo neanche come avvenne che M.S. scoprì in lui una voce di tenore... o fu lui a voler fare un'audizione, fatto sta che questo signore, anche sostenuto dalla moglie, prese a studiare canto e dato che il maestro abitava a Milano cominciò a spostarsi a intervalli regolari. Alla fine vi si stabilì per molti mesi dell'anno. Cominciò a trascurare i suoi poderi, finì col vendere qualche agrumeto, e precipitò in non so più che rovinose transazioni... sempre inseguendo il sogno

tagessen. An der Tür wartete immer ein etwa vierzigjähriger, einfacher, respektvoller, beziehungsweise bescheidener Mann auf ihn, der ihm den Arm anbot und ihn hinausbegleitete. Wir dachten, es handle sich um einen Verwandten, seinen Sekretär, einen Sklaven.

Eines Tages erschien die Pianistin, die uns immer begleitete, nicht. Da der Maestro von meiner musikalischen Vorgeschichte wusste, bat er mich meine Kollegen zu begleiten. Es war eine Katastrophe! Es ist eine Sache eine Sonate von Beethoven zu spielen, eine andere einen Sänger zu begleiten. Nach einigen, völlig verunglückten Versuchen, zog ich mich zurück. Die Lektion wurde unterbrochen.

Einige Tage nach diesem unerfreulichen Zwischenfall übte ich in der leeren Aula; es war bereits spät und beinahe niemand hielt sich mehr im Konservatorium auf. Ich hörte es an der Tür klopfen. Es trat der Mann ein, der immer den Maestro begleitete. Er stellte sich schüchtern und unsicher vor. Er fragte mich, ob ich ihn einen Moment anhören könnte. Ich dachte, er wolle mir etwas erzählen, stattdessen ging es aber darum, ihn anzuhören, im Sinne eines Vorsingens! Er war Sänger, ein Schüler M.S.'s und kein Verwandter oder dergleichen.

Man kann sich meine Überraschung ausmalen.

Er erzählte mir eine Geschichte, seine Geschichte. Er war Sizilianer, Gutsbesitzer, seit Jahren verheiratet und kinderlos. Drei oder vier Jahre zuvor, ich weiß es nicht mehr genau, hatte er M.S. kennengelernt und „er war gleich wie ein Vater für mich", so seine Worte.

Ich kann mich nicht mehr erinnern, wie es dazu kam, dass M.S. in ihm einen Tenor ausmachte ... oder war er es gewesen, der ihn um ein Vorsingen ersucht hatte, Tatsache war, dass dieser Herr, von seiner Frau dazu ermuntert, ein Gesangsstudium begann und da der Maestro in Mailand lebte, er sich in regelmäßigen Abständen auf die Reise begab. Am Ende blieb er für mehrere Monate im Jahr dort. Er begann seinen Gutsbesitz zu vernachlässigen, einige Orangen-

di una grande carriera. I guadagni futuri, la gloria e tutto il resto lo avrebbero ripagato di tutti i sacrifici.

Il maestro M.S. però non gli permetteva mai di cantare davanti a nessuno, perché, diceva, non era ancora pronto; ma quel che è peggio, non gli permetteva di ascoltare le lezioni degli altri cantanti. Conclusione, non aveva nessuna possibilità di confronto.

Ora veniva da me perché era venuto a sapere che suonavo il pianoforte. Per motivi che mi sembra qui superfluo chiarire, si fidava del mio giudizio.

Io ascoltai tutto questo racconto sempre più inquieta. Ero troppo giovane, non avevo nessuna esperienza: gli dissi che proprio non mi sentivo all'altezza di dare un qualsiasi giudizio.

Non ci fu verso: mi pregò quasi con le lacrime agli occhi. Disse che era giunto il momento di prendere una decisione, voleva capire a che punto stava.

Aveva portato la musica di 'Ch'ella mi creda libero e lontano' dalla Fanciulla del West.

Purtroppo non arrivammo al 'lontano' che già smise di cantare, scoppiando in singhiozzi.

In realtà io non avevo detto una sola parola, ma forse il mio viso parlò per me. O forse lui stesso per la prima volta si sentì: ogni suono era infatti un grido strozzato, un urlo di disperazione che non aveva niente a che fare col canto. Non ho mai sofferto tanto nell'ascoltare qualcuno cantare. Mi ringraziò e senza aggiungere altro andò via.

Il giorno dopo M.S. entrò per la prima volta inquieto, chiese se qualcuno avesse visto il suo accompagnatore. Scuoteva la

haine zu verkaufen und stürzte sich in, ich weiß nicht welche, ruinösen Transaktionen, immer den Traum einer großen Karriere verfolgend. In der Annahme die zukünftigen Verdienste, der Ruhm und der ganze Rest würden ihm seine ganzen Opfer vergelten.

Maestro M.S. jedoch erlaubte ihm nie vor jemand anderem zu singen, denn, so sagte er, er wäre noch nicht so weit. Noch schlimmer aber war, dass er ihm nicht erlaubte den Lektionen der anderen Sänger beizuwohnen. Demzufolge hatte er keinerlei Vergleichsmöglichkeiten.

Jetzt kam er zu mir, weil er in Erfahrung gebracht hatte, dass ich Klavier spiele. Aus Gründen, die mir hier zu erwähnen überflüssig scheinen, vertraute er meinem Urteil.

Immer beunruhigter hörte ich mir diese Geschichte an. Ich war zu jung, hatte keine Erfahrung. Ich sagte ihm, dass ich mich nicht in der Lage sähe irgendein Urteil abzugeben.

Es war nichts zu machen; beinahe mit Tränen in den Augen bat er mich darum. Er sagte, es sei der Augenblick gekommen eine Entscheidung treffen zu müssen; er wolle wissen, woran er sei.

Er hatte die Arie 'Ch'ella mi creda libero e lontano' aus der Fanciulla del *West* mitgebracht. Leider kamen wir nicht einmal bis 'lontano', da er zu singen aufhörte und zu schluchzen begann.

In Wirklichkeit hatte ich kein einziges Wort gesagt, aber vielleicht sprach mein Gesichtsausdruck an meiner statt. Oder vielleicht hörte er selber sich zum ersten Mal: jeder Ton war in der Tat ein abgewürgter Schrei, ein Schrei der Verzweiflung, der nichts mit Gesang zu tun hatte. Nie mehr habe ich so gelitten, wenn ich jemandem beim Singen zugehört habe. Er dankte mir und ging, ohne etwas hinzuzufügen.

Am nächsten Tag kam M.S. zum ersten Mal beunruhigt, fragte, ob jemand seinen Begleiter gesehen habe. Er schüttelte den Kopf. „Nicht einmal im Hotel wüssten sie etwas",

testa. „Neanche in albergo sapevano niente", borbottava fra sé e sé. Io non osai aprir bocca.

Dopo questa storia, a dir poco agghiacciante, credo sia superfluo aggiungere altro sulle responsabilità degli insegnanti di canto e sulla buonafede degli allievi.

brummte er in sich hinein. Ich wagte nicht, den Mund aufzumachen.

Nach dieser gelinde gesagt grauenhaften Geschichte ist es, glaube ich, überflüssig noch etwas hinsichtlich der Verantwortung der Gesangslehrer und der Gutgläubigkeit der Schüler hinzuzufügen.

Indice

Inhaltsverzeichnis

Libri di Ada Zapperi Zucker in lingua italiana

Il vestitino di Angelica
Romanzo
2021, 192 pagine, 13,80 €

Un pugno di storie
Lorella Rotondi e Ada Zapperi Zucker
Divagazioni e riflessioni
2021, 212 pagine, 12,80 €

Due donne del Sud
Caterina Mammola e Ada Zapperi Zucker
Dialogo in 24 lettere
2020, 212 pagine, 12,80 €

Una vita di donna in Sicilia
Romanzo
2019, 148 pagine, 12,80 €

Un'infanzia quasi felice
Racconti
2018, 144 pagine, 10,80 €

I padri assenti
Due racconti
2017, 196 pagine, 11,80 €

La casa del nonno
Romanzo
2016, 264 pagine, 13,80 €

La Cucchiara

Racconti siciliani

2015, 174 pagine, 12,80 €

Un giorno a Bolzano

Quattro racconti e frammenti di una biografia

2013, 224 pagine, 11,80 €

La scuola delle catacombe

Racconti sudtirolesi

2013, 224 pagine, 9,80 €

Teatro di ombre

Romanzo

2012, 176 pagine, 14,00 €

Le inquietudini della sora Elsa

Racconti

2011, 176 pagine, 13,00 €

Il silenzio

Romanzo

2009, 160 pagine, 12,00 €

Deutschsprachige Bücher von Ada Zapperi Zucker

Singende Menschen
Antworten von Sängern auf 17 Fragen
2018, 264 Seiten. 24,80 €

Das Haus in der Widenmayerstraße
Roman
2017, 296 Seiten. 13,80 €

Das Unbehagen der Sora Elsa
Erzählungen
2016, 214 Seiten, 13,80 €

Ein Tag in Bozen
Vier Erzählungen und Fragmente einer Biographie
2014, 224 Seiten, 13,80 €

Die Katakombenschule
Erzählungen aus Südtirol
2013, 248 Seiten, 11,80 €

Das Schweigen
Roman
2010, 168 Seiten, 16,80 €

Andere zweisprachige Bücher des VoG Verlages
Altri libri in due lingue della casa editrice VoG

Vikis blaue Augen
Gli occhi azzurri di Viki
Ada Zapperi Zucker
Ein Kinderbuch / Un libro per bambini
Mit Hörbuch / Audiolibro incluso
2020, 100 Seiten/pagine, 15,80 €

Das Glyzinienhaus
La casa dei glicini
Ada Zapperi Zucker
Erzählungen / Racconti
2020, 252 Seiten/pagine, 13,80 €

Herta und andere Geschichten
Herta e altre storie
Ada Zapperi Zucker
Erzählungen / Racconti
2019, 248 Seiten/pagine, 13,80 €

Geht dieser Zug nach Taranto?
Questo treno va a Taranto?
Ester Cecere
Erzählungen / Racconti
2019, 208 Seiten/pagine, 13,80 €

Liebe und andere Verdrießlichkeiten
Amori e altre peripezie
Ada Zapperi Zucker
Erzählungen / Racconti
2018, 196 Seiten/pagine, 11,80 €

Von Sizilien in die Toskana
Dalla Sicilia alla Toscana
Lorella Rotondi, Ada Zapperi Zucker
Erzählungen / Racconti
2017, 164 Seiten, 11,80 €

Über Frauen und andere Geschöpfe
Storie di donne e altre creature
Ada Zapperi Zucker
Erzählungen / Racconti
2015, 128 Seiten, 11,80 €

Gedruckt im Februar 2022
Stampato nel mese di Febbraio 2022
BoD, D-22848 Nordstedt